KB211960

『인생 항해 THE VOYAGE OF LIFE』 4부작_National Gallery of Art 소장
토머스 콜 Thomas Cole (1801~1848)

미국 화가 토머스 콜의 『인생 항해』 연작중 〈청년기〉가 이 책의 원서 『Life Lessons: Reaching Teenagers Through Literature』 표지에도 실려있습니다. 인생의 시기에 따라 4점의 그림으로 구성된 작품 전체를 함께 감상하면 청소년기의 의미가 더욱 잘 전달됩니다

Thomas Cole ,1842 _Oil on canvas _133 cm × 198 cm

유년기 CHILDHOOD

어린 아이를 태운 조각배가 어두운 동굴에서 꽃이 만발한 들판으로 나온다. 수호천사가 뒤에서 아이를 보호하고 있다. 뱃머리에는 아름다운 장식과 모래시계가 있다

Thomas Cole ,1842 _Oil on canvas _134 cm × 194 cm

청년기 YOUTH

천사와 작별한 소년은 스스로 조종간을 잡고
멀리 보이는 성(이상)을 향해 나아간다.

청소년을 위한 **발도르프학교**의

문학수업

\ 자 아 를 향 한 여 정 \

Life Lessons_Reaching Teenagers Through Literature

청소년을 위한 발도르프학교의 문학 수업_자아를 향한 여정

1판 1쇄 발행 · 2015년 8월 25일, 1판 2쇄 발행 · 2016년 4월 15일 (양장본)
1판 1쇄 발행 · 2021년 7월 20일(무선제본)

지은이 · 데이비드 슬론
옮긴이 · 하주현

펴낸이 · 사)발도르프 청소년 네트워크 도서출판 푸른씨앗

책임편집 · 남승희 | 편집 · 백미경, 최수진, 김기원
디자인 · 유영란, 김미애
번역기획 · 하주현
홍보 마케팅 · 남승희
총무 · 이미순

등록번호 · 제 25100-2004-000002호
등록일자 · 2004.11.26.(변경신고일자 2011.9.1.)
주소 · 경기도 의왕시 청계로 189-6 전화번호 · 031-421-1726
페이스 북 · greenseedbook 카카오톡 · @도서출판푸른씨앗
전자우편 · greenseed@hotmail.co.kr

www.greenseed.kr

값 20,000원
ISBN 979-11-86202-33-3 (03800)

청소년을 위한 **발도르프학교**의

문학수업

\ 자아를 향한 여정 \

데이비드 슬론 지음

하주현 옮김

도서출판
ㅍㄹㅆㅇ
푸른씨앗

감사의 글

이 책을 부모님과 나의 가족에게 바칩니다.

뛰어난 이야기꾼으로 평생을 사셨던 아버지 솔 슬론Sol Sloan과 여전히 언어의 힘, 특히 운율을 사랑하시는 어머니 폴리 슬론Polly Sloan, 그리고 형제 그레이Gray, 스티브Steve, 베넷Bennett. 그들 삶의 이야기는 많은 부분 나의 이야기이기도 합니다.

내게 영감을 주는 뮤즈muse이자 '즐거움을 주는a-muse' 사람, 나의 아내 크리스틴Christine과 아이들 조슈아Joshua, 벤자민Benjamin, 카이틀린Caitlin, 재커리Zachary. 이들로 인해 '그 후로도 오래오래 행복하게' 살고 있습니다.

일러두기

1.발도르프학교의 학제는 보통 1~8학년(만7세~만14세)까지 한 명의 교사가 8년간 학생들을 맡아 교육하는 담임과정과 9~12학년(만15세~만18세)까지 상급과정으로 나뉩니다.
2.수업 예시로 사용한 작가와 작품은 본문에 굵은 글씨로 표시하고, 책 뒤편에 따로 모았습니다.
3.인용문 중 다른 번역본에서 따온 경우는 출처를 표시하였습니다.
4.루돌프 슈타이너 인용문은 전집의 서지번호 GA를 표시하였습니다.
5.본문 그림은 수업시간에 작업한 학생 작품입니다.

차례

머리말

문학이 선물해준 두 번의 감동

옛말에 장작은 우리를 두 번 따뜻하게 해준다고 했다. 장작을 팰 때 한 번, 그리고 불을 지폈을 때 또 한 번. 아이들과 함께 한 세월 동안 문학은 내게 장작처럼 두 번의 온기를 선사해주었다. 첫 번째는 처음 책을 읽을 때였고 그 책을 가르칠 때의 감동이 두 번째였다.

열 살 무렵 나는 그리스 신화에 열광했다. 특히 내 상상력을 강하게 뒤흔든 이야기는 헤라클레스의 노역*이었다. 책 읽기라는 마법이 시작되는 순간, 종이 위의 단어들은 이야기 속 세상을 보여주는 작은 창문으로 변했다. 책장이 넘어갈수록 그 창문은 조금씩 커지다가 마침내 활짝 열린 문이 되어 나를 이야기 속으로 끌어들였다. 그 속에서 나는 거친 용사가 되어 아우게이아스 왕의 외양간을 청소하고 용감한 영웅이 되어 네메아의 사자와 맞붙어 싸웠다. 내가 그 무렵 정신없이 읽어댄 또 다른 책은 클레어 비Clair Bee의 『칩 힐튼Chip Hilton』 시리즈였다. 칩 힐튼 이야기를 위대한 문학작품의 반열에 올리는 사람은 아무도 없겠지만 자아가 형성되던 시기에 그 책은 내게

* 제우스의 아내 헤라가 내린 광기로 자신의 아이들을 죽인 헤라클레스는 에우리스테우스 왕 밑에서 네메아의 사자를 퇴치하는 일과 외양간 청소를 포함한 12가지 과제를 수행하면서 죄를 씻어야 했다.

실로 지대한 영향을 주었다. 칩 힐튼은 사춘기 시절 나의 역할 모델이었다. 세 가지 종목의 운동을 따라올 자가 없을 정도로 뛰어나게 잘하고, 힘없는 이들을 괴롭히는 불량배들은 혼쭐을 내지만 친구들 앞에서는 잘난 척 하지 않고, 그러면서도 그들이 위험에 빠지면 선뜻 나서서 구해주는 그런 사람이 되는 꿈을 꾸었다.

교사가 되어 문학 수업을 하면서 가르치는 나와 배우는 학생들 모두에게 그때와 같은 감동과 열정이 다시 타오르는 것을 느꼈다. 그 느낌이 특히 강렬했던 건 뭐니 뭐니 해도 햇병아리 교사로 그린 메도우 발도르프학교에 부임한 처음 몇 년이었다. 20대 후반, 그린 메도우 학교로 삶의 터전을 옮기기 직전에 나는 캘리포니아 남부 산 속에 자리한 한 기숙학교에서 일했었다. 그 학교는 마약이나 알코올 의존증 전력이 있는 아이들, 자존감이 지나치게 낮거나 가정 폭력과 학대에 시달렸던 청소년들을 위한 곳이었다. 그곳에서 4년이란 시간을 보낸 뒤 아내가 임신을 하면서 우리 부부는 발도르프학교 환경 속에서 아이를 키우기로 결정했다. 동, 서부 해안의 수많은 학교를 하나하나 찾아다니던 중 뉴욕 스프링밸리에 위치한 그린 메도우 발도르프학교를 방문하게 되었다.

그날 나는 6학년 광물학 수업을 참관했다. 내가 다음 해 담임교사 지원

자라는 공식적인 언급은 한 마디도 없었지만 눈치 빠른 아이들은 벌써 짐작하고 있었다. 내가 지켜보고 있는데도 아니, 어쩌면 그랬기 때문에 그날 그 학급은 모든 교사가 꿈에서도 만나고 싶어 하지 않을 최악의 난장판이었다. 당시 담임교사는 성품이 온화하고 다소 연배가 있는 분이었다. 아이들을 광물의 세계로 끌어가고자 최선을 다하고 있었지만 학급 규율을 잡는 건 분명 그분의 장기가 아니었다. 선생님이 아이들에게서 등을 돌리고 칠판에 기하학적인 형태를 그리는 동안 교실은 아수라장이 되었다. 돌려가며 관찰하라고 나누어준 원석에서 수정 기둥을 부러뜨려 서로 집어던지고, 그것으로 책상에 글자를 새기고, 만화책을 꺼내 읽고, 교실 뒤편에서는 서로 창문 밖으로 밀어내려는 몸싸움이 벌어지고, 삼삼오오 어울려 수다 꽃을 피웠다. 칠판 앞에 서서 뭐라도 해보려 안간힘을 쓰는 교사의 존재는 이들에게 아예 없는 거나 마찬가지였다. 수업이 끝나자 그중 제일 안하무인이던 녀석이 슬쩍 다가와 말을 걸었다. "우리 반 어때요? 오늘은 정말 얌전했던 건데." 그때 내 머리에 떠오른 유일한 대답은 "그랬구나? 나도 그랬는데."였다.

말하자면 그 순간 나는 자기들과 한번 붙어보겠냐는 아이들의 도전장을 받아들인 것이다. 일종의 오기랄까, 왠지 모르게 그 말썽꾸러기 녀석들을 맡고 싶어졌다. 요 녀석들쯤이야! 약물 중독, 성폭력 피해자, 범죄 성향의 비행청소년들과 무려 4년을 보냈던 내가 아닌가? 오만하게도 나는 그 제멋대로에 버릇없는 열세 살짜리 27명쯤은 간단히 제압할 수 있을 거라고 믿었다. 하지만 내 오만은 얼마 못 가 여지없이 박살나고 말았다. 영문법 몇 자를 가르쳐보려고(솔직히 말해 아이들이 내 말을 한마디라도 듣게 해보려고) 2주 넘게 별짓을 다 해보았지만 씨도 먹히지 않았다. 쉴 새 없이 차오르는 분노의 눈물을 닦으며 미친 듯이 자전거를 몰고 집으로 가던 길이 생각난다. 개별적으로 만날 때는 하나같이 뛰어나게 영리하고 마음 따뜻한 아이들이었지만 7학년이라는 이름으로 모이는 순간 잔인하리만큼 무례하고, 예의범절이나 타인에 대한 존중이라곤 눈곱만큼도 찾아볼 수 없는 폭도가 되어버렸다. 그날 밤 나는 몇 명의 학부모에게 전화를 했다. 그들도 내가 이 학급을 가르치다 결국 두 손 두 발 들고 떠난 수많은 교사의 뒤를 잇지 않기를 간절히 바라고 있었다. 나는 학부모들에게 다음 날 아이들이 조금이라도 제멋대로 굴면 바로 집으로 돌려보낼 테니 내 방침을 지지해달라고 부탁했다.

다음 날 아침, 기다릴 필요도 없이 결전의 순간이 닥쳤다. 평소와 같은 난장판과 잡담, 교사를 무시하는 무례함이 고개를 드는 순간, 나는 제일 말 안 듣는 녀석들 중 셋을 지목하며, 부모님께 너희들을 데리러 오라 할 테니 수업시간에 교사를 존중하며 들을 준비가 될 때까지 학교에 오지 말라는 말과 함께 교실 밖으로 쫓아냈다. 예상대로 반 전체가 한 목소리로 항의했고, "이건 말도 안 돼! 어떻게 이럴 수가 있어! 저 애들을 쫓아내면 우리도 집에 갈 거예요!"라며 소리를 질러대기 시작했다.

이제 와서 솔직히 고백하건데 정말 그러면 어쩌나 하는 두려움이 전혀 없었던 것은 아니다. 만일 그 순간 반 아이들 모두가 세 명의 희생양과 운명을 함께하겠다고 교실을 뛰쳐나갔다면 내 교사경력은 거기서 종지부를 찍어야 했을 것이고, 나는 지금 이 책을 쓰는 대신 캔자스 시골구석에서 콘크리트 블록을 나르거나 닭 꽁무니를 쫓고 있었을 것이기 때문이다. 하지만 다행히도 실제로 교실을 나간 건 다섯 명뿐이었다. 나는 그들에게도 같은 조건이 충족되기 전에는 학교에 올 수 없다고 했다. 한바탕 소란이 가라앉고 난 뒤에야 교사로서 나의 권리를 인정하는 아이들을 앞에 두고 수업다운 수업을 한번 해볼 수 있었다.

그날 이후 나는 민족의 지도자 모세가 되고, 우리 7학년 아이들은 약속의 땅을 눈앞에 둔 이스라엘 백성이 되었다고 말할 수 있으면 얼마나 좋을까! 하지만 우리의 화해는 언제 깨질지 모를 위태로운 휴전에 불과했기 때문에 잊을 만하면 한 번씩 비슷한 일을 겪어야 했다. 우리 관계가 근본적으로 달라진 건 이듬해 봄, 학급 연극을 마치고 나서였다. 6학년 때는 학급 연극으로 『줄리어스 시저Julius Caesar』를 공연했고, 그 작품을 아이들은 정말 맘에 들어 했다. 왜 아니겠는가? 시저는 충성스런 부하라고 믿던 이에게 암살당한, 권력과 권위의 상징이라 할 수 있는 인물이 아닌가?

그해에 내가 선택한 연극은 **윌리엄 깁슨**William Gibson이 쓴 보지도 듣지도 못하는데다 버릇없고 괴팍한 헬렌 켈러와 집념의 교사 애니 설리반의 이야기, **『기적을 행한 사람**The Miracle Worker』이었다. 자랑처럼 들릴까 조심스럽기는 하지만, 나는 이 이야기를 고른 덕에 우리 반의 성격이나 교사들과의 관계가 근본적으로 바뀔 수 있었다고 믿는다. 물론 공연 과정에서 아이들이 헬렌 켈러의 고난을 깊이 체험해본 것도 좋은 영향을 주었을 테고, 연극무대 자체가 배우와 관객에게 마법 같은 영향을 준다는 것도 과소평가할 생각이 없다. 하지만 이 경우만큼은 제멋대로에 버르장머리 없는 사춘기 아이들 한 반을, 그 생기발랄함은 그대로 살리면서도 교사의 말에 진지하게 귀 기울일 줄 아는 아이들로 변화시키는 데 큰 공을 세운 것은 이야기 자체의 힘이었다고 말하고 싶다.

헬렌 켈러가 그 모든 어려움을 이기고 마침내 기적을 이루어내기까지의 과정은, 칠흑 같은 어둠을 뚫고 의미를 지닌 새로운 세상으로 나아가는 길고 긴 여정이었다. 기껏 심각한 고민이라 해봐야 어떻게 하면 더 멋있게 보일까, 저녁은 언제 먹나가 고작인 자기중심적인 7학년들도 어둠 속에서 삶의 의미를 찾고자 애쓰며 더듬거렸던 헬렌의 손길에는 마음 깊이 감동했다. 뚜렷한 지향이나 목표 없이 허우적거리는 청소년들을 일깨울 때 가장 효과적인 방법 중 하나는 자기보다 훨씬 불행한 사람, 도움이 절실히 필요한 사람들에 대해 알려주는 것이다. 그들이 겪는 부당함이나 이겨내야 하는 시련의 깊이에 눈을 뜰 때 매캐한 연기만 피어오르는 그들의 이상에 비로소 살아있는 불꽃이 활활 피어오를 수 있다.

애니 설리번에게 언어는 헬렌 켈러의 삶에 빛을 가져다 줄 열쇠였다. 『기적을 행한 사람』의 결말 부분, 물 펌프 앞에서 어둠의 장벽을 깨부수기 직전에 설리번 선생이 헬렌에게 하는 말은 내가 교사의 길을 선택하고 지금껏 그 길을 걷게 한 정신적인 영감이다.

> 너한테 가르쳐주고 싶어, 헬렌, 세상에 가득한 그 모든 것을. 지상의 모든 것은 잠깐 동안만 우리 것일 뿐, 곧 사라져버린단다. 우리란 존재도 그래. 언어란 건 말이야, 우리는 언어에 의미를 부여하기도 하고 또 숨기기도 한단다. 언어를 통해서 너는 5천 년 전 일도 볼 수가 있고, 느끼고 생각하고 알고 있는 모든 걸 다른 사람과 함께 나눌 수가 있어. 그러면 우리 영혼은 어둠 속에 있지 않아 무덤에 들어간 뒤에도 영영 사라지지 않게 되지. 난 알아,

정말로 난 알아, 단 한마디면 돼. 그저 한마디면 난 너의 손 위에 세상을 가져다 줄 수 있어. 그게 뭐든지 간에 말이야.

윌리엄 깁슨 『기적을 행한 사람』 중에서

교사로 문학을 가르쳐온 그 세월 동안, 나는 문학이 영혼의 양식을 갈망하는 청소년들의 지성을 일깨우고 감성을 풍성하게 가꾸어주는 것을 목격해왔다. 허먼 멜빌Herman Melville의 『모비 딕Moby Dick』에는 서사시적 규모가, 로레인 한스베리Lorraine Hansberry의 『태양 속의 건포도A Raisin in the Sun』에는 극적인 강렬함이, 사무엘 테일러 콜리지Samuel Taylor Coleridge의 『쿠블라 칸Kubla Khan』에는 서정시적 감수성이 넘친다. 어떤 형태와 특성을 가졌든 모든 문학작품은 등장인물 분석이나 주제 토론 같은 단순한 학습 자료 이상의 깊이와 의미를 선사한다. 문학은 사춘기 아이들의 내면 깊숙한 곳에 자리한 질문들, 자기 자신과 인간관계와 인간 존재의 조건에 대해 말을 건넨다. 시공을 뛰어넘는 문학을 통해 아이들은 '인생 수업'을 받는다. 그 속에 깃든 지혜를 제대로 알아보는 법을 배울 수만 있다면.

현대 문명의 해독제

문학

많은 청소년이 최첨단 과학기술에는 능수능란하지만, 인간의 조건에서 보면 이전 세대에 비해 전혀 나아지지 않았다.

데이비드 엘킨드_ 본문 중

『인생 항해The Voyage of Life』 중에서_토머스 콜, 1842

첨단 과학이 지배하는 세상

오늘날 교육은 갈림길에 서 있다. 한쪽에는 경이로운 과학기술이 장밋빛 미래를 약속한다. 그 길은 인간의 노동을 대신해주면서 재미와 오락을 선사하는, 똑똑하고 편리한 첨단 기계들의 세상으로 가는 고속도로이다.

하지만 매끈하게 반짝이는 그 길은 현실이 아니라 그저 '가상'일지도 모른다. 무료 급식소에서 자원봉사를 하고, 물리학 수업시간에 빛이 물을 만날 때 어떤 현상이 벌어지는지를 연못에 나가 관찰하고, 수업시간에 희곡을 읽은 뒤 극장에 가서 그 공연을 보는 식의 직접 보고 느끼는 경험이 단지, 나름대로 매력은 있지만 요즘처럼 발달된 기술이 없던 옛날에나 하던 활동에 불과할까? 그래서 조만간 그런 모든 활동을 정교한 컴퓨터 프로그램과

최첨단 비디오 시뮬레이션이 대신하는 시대가 올까?

반대편에는 진짜 인간들이 걸어가는 길이 있다. 그들은 현기증 나는 속도로 질주하는 미끈한 기계 대신 자전거를 타거나 걸어서 그 길을 간다. 천천히 주변을 둘러보고 중요한 사건을 기념하기 위해 세워둔 안내판을 읽으며 간다. 풀밭에 자리를 펴고 앉아 도시락도 먹고 정자를 만나면 잠시 쉬면서 멋진 경치를 감상한다. 이 길에선 최종 목적지만 아니라 여정 자체도 중요하다. 결과보다 과정을, 양보다 질을 대우하고 컴퓨터 게임보다 참된 가치를 높이 평가한다.

요즘의 현상을 보면 사람들은 과학기술 쪽 길을 선호하는 것 같다. 전자 매체가 빠르게 보급되면서 최근 몇 년 동안 학교와 수업 풍경이 크게 달라졌다. 많은 학생이 연필과 종이 대신 노트북 자판을 두드리며 필기를 하고, 쪽지를 돌리는 대신 주머니에 감춰둔 휴대전화로 몰래 문자 메시지를 보낸다. 자료 조사를 할 때도 번거롭고 시간이 많이 걸리는 도서관 방문 대신 넘치도록 많은 인터넷 사이트를 몇 개 클릭하는 것으로 간단히 해결한다.

신기술의 선봉에 선 이들은 요즘 학생들이 이전 세대 학생들에 비해 누리는 혜택의 목록을 자랑스럽게 열거한다. 사실 기계에 능숙한 요즘 아이들은 10년 전만 해도 감히 상상할 수 없던 많은 정보를 눈 깜짝할 새에 손에 넣는다. 상대방도 비슷한 장비를 갖고 있다면 전 세계 어느 누구와도 광속에 버금가는 속도로 문자를 주고받고 음성통화를 할 수 있다. 아이패드나 와이드 스크린 TV, X-박스 게임기, 휴대전화, 영화나 TV 프로그램, 노래를 내려 받을 수 있는 기기를 마법사의 지팡이처럼 휘두르면서 언제까지나 끝없이 놀고 즐길 수 있다.

하지만 잠깐 생각해보자. 언제까지고 끝없이 놀 수 있다는 게 정말 축복일까? 1985년 **닐 포스트먼**Neil Postman은 선구자적 통찰을 담은 저서 『**죽도록 즐기기**Amusing Ourselves to Death』 서문에서 20세기 중엽의 소설 두 편, 조지 오웰George Orwell의 『1984』와 올더스 헉슬리Aldous Huxley의 『멋진 신세계Brave New World』 속 암울한 미래상을 비교, 대조한다. 세상 사람들 대부분은 개인의 자유가 무참히 짓밟히는 형식적, 전체주의적 통치에 대한 오웰의 미래를 두려워했지만, 포스트먼은 사람들이 아무 생각 없이 즐거움만을 추구하는 헉슬리의 디스토피아야말로 정말 시급하고 중요한 문제라고 경고한다. "오웰은 우리의 미래 사회가 무언가에 예속될 것을 두려워했다. 헉슬리는 미래 사회가 경박해질 것을 두려워했다… 『1984』에서는 고통을 가함으로써 사람들을 통제한다. 『멋진 신세계』에서 사람들을 지배하는 수단은 즐거움이다."
(『죽도록 즐기기』 중에서)

1986년 처음 이 책이 나온 지 수십 년의 세월이 지난 지금, 포스트먼의 예언은 갈수록 빛을 발한다. 오늘날 아이들은 전자 미디어가 달콤하게 유혹하며 내미는 경박한 즐거움에 완전히 사로잡혔다. 지난 10년 동안 아이들에게 일어난 가장 큰 변화 중 하나가 '스크린 앞에서 보내는 시간'이다. 미국의 국립 미디어와 가족문제연구소National Institute on Media and the Family의 한 연구* 에 따르면 아이들이 TV나 컴퓨터 등 스크린 앞에서 보내는 시간은 대략 주

* 데이비드 월쉬David Walsh, 더글라스 젠틸Douglas A. Gentile, 에린 월시Erin Walsh, 넷 베넷Nat Bennett 공저 〈MediaWise®Video Game Report Card〉, 국립 미디어와 가족문제연구소 (2006년 11월 28일)

당 44.5시간, 하루 평균 6시간이 넘는다고 한다.

하지만 아이들이 그토록 사랑해마지 않는 가상현실은 진짜 현실에서 삶의 과제를 해결하는 능력을 키워주지 못한다. 수많은 연구에서 폭증하는 스크린 타임이 무섭게 번져가는 아동 비만, 불면증, 공격 행동 및 주의력 결핍 장애의 직접적 원인은 아닐지라도 결코 무관하지 않다고 말한다. 정보로 가득 찬 가상 세계를 내 집처럼 드나들고 실시간으로 의사소통을 하고 첨단 정보통신 기술을 자유자재로 다루는 요즘 아이들도 청소년 시기에 겪기 마련인 내면의 폭풍과 외부 세계에 대한 불안을 피해갈 수는 없다.

나는 인생의 시련을 슬기롭게 극복한다는 면에서 컴퓨터 세대의 아이들이 과거의 청소년들보다 오히려 준비가 많이 부족하다고 생각한다. 사이버 세상에서는 마음먹은 대로, 생각하는 속도대로 아무런 제약 없이 누비고 다닐 수 있지만 현실 세계에선 절대 그럴 수가 없다. 클릭 한 번으로 모든 걸 해결하는 데 익숙해진 사람들이 꽉 막힌 도로에서 오도 가도 못하는 상황을 어떻게 침착하게 견딜까? 스스로 생각하지 않고 가만히 화면을 바라보며 보낸 시간들이 학교에서 진지한 토론을 하거나 직장에서 창의적인 생각을 펼칠 힘을 길러줄 수 있을까? 직접 얼굴을 맞대지 않고 하는 인터넷 채팅과 문자 메시지가 현실의 인간관계에서 일어나는 부대낌과 어려움을 잘 풀어나가게 도와줄 수 있을까? 데이비드 엘킨드David Elkind*의 말을 빌리자면 "많은 청소년이 최첨단 과학기술에는 능수능란하지만, 인간의 조건에서 보면 이전 세대에 비해 전혀 나아지지 않았다."(CIO Magazine, 2003년 가을호)

* 데이비드 엘킨드 (1931~)_ 아동기 보호 운동에 앞장선 아동심리학자

그렇다면 '인간의 조건'은 어디에서 배울 수 있을까? 윤리 교육이라 부를 만한 것들을 젊은 세대에게 전수해주던 전통적인 교육의 장은 이미 대부분 힘을 잃었다. 가족관계는 조각나고 권위를 인정받던 종교 교육마저 쇠퇴하면서 사람들은 학교가 '가치 기준의 공백'을 채우기 위해 나서야 한다고 다급하게 요청한다. 하지만 현실은 어떤가? '어떤 아이도 뒤처지지 않게'라는 미국 정부의 교육정책*에 밀려 정부지정 교육과정을 따르는 공립학교가 늘고 있다. 인간이 추구해야 할 가치 교육을 포기한 채 시험 치는 요령만 가르치고 있을 뿐이다. 이런 흐름의 반대쪽에선 전통적 미덕을 전면에 내세운 종교계 학교에 대한 관심이 유행처럼 번지고 있다. 하지만 성경이나 탈무드, 코란 같은 고대 종교 문헌에 기반을 둔 교과과정(현대 과학이론 대부분을 외면하는)이 아이들을 현대 세상을 살아가기에 적합한 인간으로 키울 수 있느냐는 질문에 대해서도 생각해보아야 한다.

발도르프 교육

종교나 현세, 어느 한쪽으로 치우치지 않는 교육 중에 발도르프 교육이 있다. 첫 번째 발도르프학교는 1919년 독일 슈투트가르트에서 시작되었다. 설립자 **루돌프 슈타이너**Rudolf Steiner는 아이들에게 도덕성을 고취시키는 동시에

* 'No Child Left Behind' 부시 대통령 시절 미국 연방정부가 만든 교육 법안 공/사립학교의 학력편차를 줄이고 모든 학생이 최소 수준의 학력을 달성하기 위한 4대 원칙 중심

자신의 삶을 꾸려나갈 힘을 길러줄 수 있는 교육 모델을 만들어내야 한다고 역설했다. 하지만 절대 설교를 통해 도덕을 가르칠 수 없다는 것을, 특히 10대 청소년들을 교육할 때는 더욱 그러하다는 사실을 이해하고 있었다.

> 도덕적 훈계를 늘어놓는다면 그 아이에게 도덕은 혐오스럽고 구역질나는 것이 되고 맙니다. 오늘날 사회를 보면 이 말이 얼마나 큰 의미를 갖는지 알 수 있습니다. 인간의 도덕적 힘에 깃든 지극한 아름다움과 고상함, 위대함에 대해 사람들이 얼마나 깊은 혐오를 느끼는지 짐작도 못할 것입니다. 이는 그런 가치들이 훈계와 지적인 개념으로 그들에게 제시되어 왔기 때문입니다.
>
> 『루돌프 슈타이너의 청소년 관찰Rudolf Steiner's Observations on Adolescence』 중에서

그렇다면 발도르프학교 교사들은 생명 없는 설교의 힘을 빌지 않고 어떻게 도덕을 가르칠까? 발도르프 교육의 '비밀'은 모든 과목과 모든 영역에서 동일하다. 물론 연령에 따라 그 비밀이 '구현'되는 방식은 다르다. 발도르프 유치원의 도덕 교육은 교사의 태도와 마음가짐, 교사들이 부르는 노래, 교사들이 만드는 경건한 분위기에서 시작되며, 그중에서도 가장 중요한 것은 교사들이 들려주는 '이야기'다. 학교 교육과정에서도 이야기는 큰 비중을 차지한다. 1학년의 동화로 시작해서 학년별로 아이들의 성장에 맞는 적절한 이야기를, 8학년 때는 위대한 인물들의 생애를 들려준다. 이런 다양한 이야기를 통해 수업 속에 담긴 도덕적 힘을 아이들의 가슴으로 전달한다. 상급과정(9~12학년)에서는 10대 청소년들의 깊은 속마음과 갈망을 이해하고 이끌어줄 수 있는 고전 문학과 시, 희곡들을 만난다. 위대한 문학이란 결

국 인간 존재의 의미를 밝히려는 작가의 위대한 노력의 산물이기 때문이다.

물론 발도르프 교사들이라고 해서 고전 문학이나 초월주의 작품, 셰익스피어만 가르치지는 않는다. 그렇다면 발도르프 상급 교과과정이 다른 교육 모델과 다른 점은 과연 무엇인가? 한 가지 중요한 차이는 아이들을 바라보는 관점이다. 교사들이 이 질풍노도의 시기를 어떻게 바라보느냐에 따라 교육의 방향이 크게 달라진다. 교육 관계자들 중에는 사춘기의 의미와 중요성을 대수롭지 않게 여기며, 반항심이 들끓는 시기니 폭발해서 제풀에 날뛰기 전에 확실히 기를 꺾어놓아야 한다거나, 일종의 '병'이며 시간이 흐르면 저절로 좋아진다고 말하기도 한다. 어떤 이들은 이 시기를 단순한 '준비기간'으로 여긴다. 특히 진학을 중요시하는 교육 모델에서 청소년기는 대학이나 취업을 위한 준비기간일 뿐이다. 상황이 이렇다보니 미국의 고등학교는 갈수록 군대 훈련소나 재활치료 센터, 교화시설을 닮아간다. 교실에는 창문이 사라지고 입구마다 보안장치가 설치되고 경비가 순찰을 돈다.

하지만 발도르프 상급 교사들은 사춘기가 겉으로 보이는 이상의 의미를 가진다고 생각한다. 청소년기를 정신적 힘이 깨어나기 시작하며, 통찰력 있게 사고하고, 깊이 느끼고, 단호하게 행동할 수 있는 힘이 무르익는 시기라고 여긴다. 이 몇 해 동안 근본적인 변형이 일어나며 미래를 향한 강력한 내면의 힘이 성장한다. 사람의 생애에서 이렇게 극적인 변화가 일어나는 것은 생후 초기 몇 년과 청소년기 뿐이다. 사춘기에 접어들면서 아이들은 처음으로 자아정체성을 의식적으로 형성하고 자신만의 가치관을 정립해나가기 시작한다. 평생에 걸쳐 추구하게 될 인생의 지향이 어렴풋한 느낌으로 다가온다. 익숙한 무언가가 내면에서 죽어가는 동시에 완전히 새로운 내면세계가 태어나는, 고통스러우면서도 짜릿한 느낌을 일생 중 가장 강렬하게 느낀다.

이들의 내면에서 죽어가는 것은 무엇인가? 티 없이 순수했던 어린 시절이 스러져간다. 흔히 사춘기를 성서에 나오는 실낙원(에덴동산에서 추방)의 상을 빌어 설명한다. 사실 실낙원은 어린 시절의 '천국 같은 의식상태'가 죽어감에 대한 원형적인 상이다. 물론 어느 날 갑자기 그렇게 되지는 않는다. 『송가: 불멸성에 대한 암시Ode: Intimations of Immortality』에서 윌리엄 워즈워스William Wordsworth는 태어난 순간부터 우리를 조여오기 시작하는 '감옥 창살'에 대해 말한다. 아무런 자의식 없이 놀이로 시작해서 놀이로 끝나던, 아무리 놀아도 지치지 않던, 넘치는 환상으로 가득 찼던 천국 같은 어린 시절이 사춘기에 접어들면서 아득한 꿈처럼 멀어져간다. 그 시절의 깃털 같은 가벼움과 햇빛 같은 반짝임을 상실한 청소년기는 슬픔과 애통의 시기가 된다.

태어나고 있는 것은 무엇인가? 눈으로 확인할 수 있는 생물학적 차원에서 보자면 어제까지 어린아이였던 그들이 어느 순간 자신과 같은 아이를 탄생시킬 수 있는 존재로 탈바꿈한다. 신비로운 탄생은 이뿐만이 아니다. 사고 속에 추상적인 개념을 형성할 수 있는 새로운 능력이 탄생한다. 사춘기 아이를 키워본 사람이라면 다들 알겠지만 이 새로운 인식능력은 양날의 칼과도 같다. 칼은 베어내는 도구다. 사고는 인간을 세상에서 분리시켜 세상을 더욱 명확하게 볼 수 있게 해준다. 잘 형성된 사고는 높고 고귀한 이상을 이해하는 수단이 되지만, 때로는 신랄하고 비판적인 무기가 되기도 한다. 청소년들은 세상을 변혁하고 싶어 한다. 그들 시야에 포착된 첫 번째 개혁대상은 바로 눈앞에 있는 부모와 교사들이다. 지금껏 경험한 적 없는 날카롭고 매서운 아이들의 시선 앞에서 교사와 부모들이 현미경 아래에서처럼 낱낱이 파헤쳐지는 느낌을 받는 것은 바로 이 때문이다. 작년에 학생 한 명이 내게 "슬론 선생님, 선생님의 치아가 얼굴크기에 비해 너무 작다는 거 알고 계세요?"라는 무자비한 혹평을 던졌지만, 내가 싫어서 하는 말이 아니란 걸 진작 알고 있었기에 감정적으로 반응하지 않을 수 있었다.

몇 년 전, 당시 열네 살이던 우리 딸은 엄마에게 자기 친구들한테 말 좀 걸지 말아 달라고 간곡히 부탁했다. "왜? 내가 무슨 실수라도 했니?" 아내가 묻자 딸은 이렇게 대답했다. "엄마는 말할 때마다 코를 씰룩이는 버릇이 있는데, 어떤 애가 엄마 코를 빤히 쳐다봤단 말이에요. 얼마나 창피했는지 몰라요!" 우리는 아이들의 매정한 비판이 드높은 이상에서 비롯된 것임을 이해해야 한다. 아이들은 그저 이토록 결점 많고 변변치 못한 주변 어른들을 도저히 못 본 체할 수가 없어서 조금이라도 도와주려는 것뿐이다.

다행히 이 시기 동안 감정 영역에서도 새로운 탄생이 일어나면서 진정한 사랑의 능력 또한 자라기 시작한다. 물론 그 전에 엄마나 아빠, 애완 거북이를 사랑할 수 없었다는 뜻은 아니다. 어릴 때 사랑은 주로 자신이 속한 세상에 대한 무의식적인 공감이었다면, 청소년들은 자신의 불완전함을 아프게 자각하는 동시에 사랑(누군가와 깊은 교감을 나누는 관계로 의식적으로 접어드는 형태의 사랑)의 첫 떨림을 경험한다. 발도르프 교사들은 청소년기를 인간이 겪게 마련인 두 가지 원형의 경험, 즉, 어린 시절의 마법 같은 순수함의 상실과 비판적인 사고, 성숙한 판단력, 책임감 있는 행동을 할 수 있는 잠재력을 갖춘 성인기의 탄생이 서로 교차하는 때라고 본다. 따라서 상급과정 교사는 그 탄생을 도와주는 산파이자 슬픔을 다독이는 상담사가 되어 아이들 마음속에서 벌어지는 탄생과 죽음 모두를 보듬어줄 수 있어야 한다.

이상의 힘

이런 힘겨운 변화 과정 중에 청소년들은 이상의 힘이 내면에서 요동치기 시작하는 것을 느낀다. 루돌프 슈타이너는 이 시기 아이들의 영혼에게 이상은 신체에 있어 골격과 같은 역할을 한다고 말했다. 다시 말해 이상은 이들이 안정감, 힘, 방향성을 쌓아나가기 위해 필요한 철골 구조물인 것이다. 이상과 골격을 결부시킨 것은 아주 흥미로운 비유다. 실제로 아이들은 사춘기 때 신장과 체중이 급격히 성장하고 팔다리뼈가 길어지고 굵어지는 변화를 겪으면서 자신의 골격구조를 의식하기 시작한다. 6, 7세 무렵 젖니가 빠지는 것이 아이가 학교교육을 받을 준비가 되었다는 신호인 것처럼, 골격에까지 의식이 미치기 시작했다는 것은 이제 그들이 이상을 품고, 자기 내면의 높낮이를 탐색하고, 지금까지와는 차원이 다른 통찰력 있는 사고를 할 준비가 되었다는 신호다.

청소년들은 보통 이런 이상을 갈망의 형태로 인식한다. 말로 표현하는 경우도 있지만 대부분 그저 마음속에 담아둔다. 30년 넘게 아이들을 만나온 경험을 토대로 나는 한 가지 놀라운 사실을 확신하게 되었다. 흔히 첨단 기술로 인해 많은 것이 완전히 달라졌다고 생각하지만 청소년들의 내면은 30년 전이나 지금이나 본질적으로 별로 달라지지 않았다. 물론 과거에 비해 집중 시간이 짧고 의지력이 약해졌다고 느낄 때도 있지만, 오늘날 청소년들의 마음속에도 이전 세대 상급 학생들과 다를 바 없는 갈망이 깃들어 있다. 그들은 다음과 같은 것들을 원한다.

- 자신의 삶에서, 그리고 더 큰 세상 속에서 의미를 찾고 싶어 한다.
- 주변 사람들 및 더 큰 세상과 연결되어 있다는 느낌과 유의미한 관계를 갈망한다.
- 자신에게 세상을 바꿀 수 있는 힘과 능력이 있음을 느끼고 싶어 한다.

요즘처럼 미디어가 생활 구석구석까지 침투한 사회에서 성장하면서 첫 번째에서 말한 의미를 찾기란 결코 쉬운 일이 아니다. 나는 얼마 전 그린 메도우 학교 12학년들과 한 달 간의 '나의 노래' 수업을 끝냈다. 수업 초반에 현대 미국 문화의 핵심적인 가치관을 상징하는 물건들로 타임캡슐을 채우라는 과제를 내주었다. 아이들은 어떤 물건들을 가져왔을까? 맥도날드 해피밀, 신용카드, 알약이 들어 있는 약병, 헌법 법전, DVD/비디오는 이전에도 자주 선정해온 품목이었지만, 올해 처음으로 보안 장치가 등장했다. 분명 예리한 관찰이었지만, 교사의 마음은 천근만근 무거워졌다. 얼마 안 있어 자신이 발 담게 될 세상을 장기적 목표를 향한 사려 깊고 진중한 성장보다 순간의 쾌락을 가치 있게 여기는 곳, 소비가 왕인 곳, 아무 생각 없이 즐기는 오락으로 얄팍한 피상성만 키우는 곳, 그리고 기회라 여기던 것들 위로 두려움이 무겁게 내려앉은 곳이라 여기는 아이가 많았다. 이런 풍경 속 어디에서 아이들은 의미를 찾을 수 있을까?

두 번째, 관계에 대한 갈망은 현대 사회에 뿌리 깊은 관계 단절과 청소년기의 반감이 겹치면서 더욱 증폭된다. 현대인들은 지금 기계와의 상호작용은 늘어가고 인간과의 교류는 갈수록 줄어드는 문화 속에 살고 있다. 휴대 전화 요금 청구서를 받고 질문이 생겼을 때 기계가 아닌 사람과 직접 통화하기가 얼마나 어려운지 다들 알 것이다. 휴대 전화, 인터넷 통신망, 위성 TV 방송국들로 인해 정보와 오락은 얼마든지 쉽게 손에 넣을 수 있는 세상이 되었다. 하지만 이 촘촘한 정보의 그물망이 정말 인간 경험의 확장에 기여할까, 아니면 퇴보를 촉진할까?

사춘기의 고뇌와 소외감은 이런 첨단 기술로 인해 더욱 심화된다. 아동기는 세상 모든 것에 대해 따뜻함을 느끼는 천부적 공감의 시기다. 모든 것을 품어 안는 몸짓에 비유할 수 있다. 반면 청소년기는 매몰차게 밀쳐내는 몸짓으로 상징되는 반감과 함께 자신만의 소중한 내면세계와 '저 밖에 실재하는' 세상이 분리되기 시작한다. 이런 분리, 단절의 느낌 속에서 아이들은 관계가 주는 따스함과 안정감을 갈망한다.

현대 사회에서 가장 상처받기 쉬운 건 세 번째, 힘에 대한 갈망이다. 오늘날 수동적, 방관적 문화는 최악의 경우 의지의 마비를 초래하기도 한다. "투표는 해서 뭐 해요? 그런다고 뭐가 달라지기라도 하나요? 아무리 발버둥 쳐도 아무것도 바뀌지 않아요." 청소년들 입에서 이런 말을 들을 때 가장 속상하고 낙심하게 된다. 청소년기는 일생을 통틀어 이상의 불꽃이 가장 눈부시게 타오르는 시기이며, 세상을 뜯어고치고 싶어 손발이 근질거려야 마땅한 때다. 그런데 왜 요즘 아이들은 이렇게 무기력하고 아무 의욕이 없을까? 힘을 가진 인간으로 거듭나는 탐색의 여정에서 너무나 많이 상처받고 좌절당한 아이들은 습관적으로 "몰라, 내 알 바 아니야"라고 말한다.

일반적인 학교교육 속에서 성장하는 아이들이 특히 좌절하고 답답해하는 것은 청소년기 동안 이 세 가지 열망이 상호 배타적인 것처럼 보인다는 점이다. 피상적 경험을 좇다 보면 진정한 의미나 깊이 있는 관계를 얻지 못하고, 학교에서 '의미'라고 배우는 것들에서는 일관된 흐름도, 공감도 느끼지 못한다. 그 결과 아이들은 자아를 찾는 여정에서 뿌리 없이 둥둥 떠다니는 느낌, 소외감과 막연한 좌절감을 갖는다.

성장발달에 따른 교과과정

이 세 가지 이상을 키우고 북돋아주는 것이 발도르프 상급과정(9~12학년) 문학 수업의 핵심이다. 교사들은 아이들의 영혼에 필요한 양식이 될 것인가를 기준으로 수업교재로 쓸 작품을 선택한다.

발도르프 교육에서 두드러지는 또 다른 특징은 아이들의 성장발달에 따라 수업을 구성한다는 점이다. 인간의 생애를 보면 일종의 법칙 같은 흐름이 있지만 대부분의 교육에서는 이 점을 별로 고려하지 않는다. 보통 사춘기 전체를 하나의 단계로 보면서, 13~18세, 15~19세 하는 식으로 십 대를 큰 덩어리로 뭉뚱그린다. 그러나 십 대 아이들과 깊이 있게 작업해본 사람들은 상급과정에 막 들어온 9학년(만 14세) 아이들이 12학년(만 18세) 학생들과 본질적으로 전혀 다른 존재임을 알 것이다. 9학년은 선배들에 비해 인식능력이나 감정의 깊이, 침착성이 부족하다. 9학년과 12학년을 같은 교실에 놓고 문학을 가르친다면 모두에게 시간 낭비가 되고 말 것이다. 물론 모든 아이가 한 치의 오차도 없이 동일한 시기에 동일한 발달을 겪지는 않는다. 당연히 또래에 비해 보기 드물게 속 깊은 9학년도 있고 아주 애기 같은 12학년도 있다. 하지만 전체적으로 보면 대부분의 아이들이 비슷한 시기에 영혼의 변형이라고까지 말할 수 있는 깊은 심리 변화를 겪는다. 그 성장 속도와 내용은 한 학급 안에서도 서로 다르고, 학급에 따라서도 다르다. 발도르프 교사들은 아이들이 한 해 한 해 성장하면서 보여주는, 때로는 미묘한, 때로는 극적인 변화를 함께 겪으면서 아이들 영혼의 요구에 따라 교과과정을 새로이 만들어내려고 애쓴다.

발도르프 교사는 아이에게서 눈앞에 보이는 존재 이상을 보려 노력한다. 이런 시선을 갖고 아이의 발달에 맞춰 수업을 진행한다는 것이 발도르프 교육의 가장 중요한 특징이다. 미국 발도르프 교육의 선구자 헤르만 바라발Hermann Baravalle*은 이렇게 단언한다. "아이 의식의 성장 과정을 객관적으로 정리한 것이 바로 발도르프학교의 교과과정이다."(『미국의 발도르프 교육Waldorf

* 헤르만 폰 바라발 (1898~1973)_ 슈투트가르트에 세워진 첫 번째 발도르프학교의 수학, 과학 교사. 뒤에 미국의 발도르프학교에서도 일했다. 『미국의 발도르프 교육Waldorf Education in America』 (Spring Valley, Parker Courtney Press, 1998)

Education in America』 중에서) 이 책의 목표는 상급과정 동안 아이들이 겪는 보편적인 의식변화의 특징과 함께, 자아탐색의 여정에 있는 아이들에게 힘을 주고 시야를 넓혀주는 수많은 문학작품 중 몇 가지를 소개하는 것이다.

9학년

감.정.의. 극.단.을. 오.가.다.

14~16세 아이들과 살아 본 사람들은 롤러코스터가 휘젓고 다니는 놀이동산 한가운데에 있는 기분이라는 데 동의할 것이다.
_ 본문 중

[9학년 수업 주제와 인용 작품]

•희극과 비극	『오이디푸스 왕』『한여름밤의 꿈』『태양 속의 건포도』
•관찰과 심상 연습	『오이디푸스 왕』
•문법	
•소설	『모비 딕』
•추천 작품	『울어라, 사랑하는 조국이여』『작은 나무의 교육』
	『앵무새 죽이기』『안네의 일기』

감정 기복의 롤러코스터

수업과 교과과정 속에 성장발달에 따른 아이들의 요구를 담아내려면 먼저 그들의 성장 단계를 면밀히 살펴야 한다. 그 때 그 때 기분 내키는 대로 과학 실험과 문학작품을 선정하는 게 아니라, 아이들 내적 요구에서 실마리를 찾아내고 그에 맞게 수업을 구성한다. 그렇다면 9학년의 상태는 어떠한가? 대부분이 이미 사춘기에 도달했고 새롭게 발견한 자신의 힘 앞에서 어찌할 바를 모르고 있다. 자신 안에 이제껏 몰랐던 풍요로운 내면세계가 있음을 깨닫기는 했지만 아직 스스로 주도하지는 못하고 그 넘치는 힘에 이리저리 휘둘리는 형편인 것이다. 아이를 키워본 사람들은 만 14~15세 청소년들과 함께 사는 것이 롤러코스터가 휘젓고 다니는 놀이동산 한가운데 있는 기분이라는 데 동의할 것이다. 이 나이 아이들은 극단주의자이다. 정신없이 들떠서 뛰어다니다가 순식간에 의기소침해지고 방금까지 멍하게 있다가 몇 초도 안 돼서 언제 그랬냐는 듯 눈을 초롱초롱 빛낸다. 남학생과 여학생의 차이도 있다. 특히 이 시기에는 그 간극이 어찌나 깊고 큰지 전혀 다른 존재가 아닌가 싶을 정도다.

최근 몇 년의 상황을 보면 하느님이 여자아이들만 편애하는 게 아닐까 하는 생각이 들 때도 있다. 여학생들은 상급과정에 들어올 무렵 자기들이 남학생들보다 훨씬 철 들고 성숙한 상태라고 아주 당연한 듯이 말한다. 그리고 사실 그 말이 맞다. 여학생들은 9학년에 올라올 때 이미 혼자만의 내면세계 속으로 깊이 들어가 그것을 다른 사람과 공유하는 것에도 편안해진 것에 비해, 남학생들은 자신에게 일어나는 변화가 낯설고 당황스러워 눈만 껌뻑거리고 있는 상태다. 슈타이너는 이 시기 성별의 차이가 이처럼 큰 이유를 정신의 관점에서 설명한다. 여자아이들은 싹트기 시작한 자아의 힘이 감정 영역(일명 아스트랄체) 쪽으로 뻗어간다. 자아의 힘이 감정 영역으로 흡수되면서 감정의 깊이와 그 힘에 대한 자각이 깨어난다. 이제껏 몰랐던 열정과 힘, 통찰력이 샘솟는 것을 느끼면서 여학생들은 건방지다 싶을 정도로 대담해진다. 이에 비해 남자아이들이 지닌 자아의 힘은 감정보다 신체 쪽으로 향한다고 슈타이너는 말한다. 이 관점은 여학생들이 왜 그렇게 관계를 중시하고 그에 관해 이야기 나누기를 즐기는지, 자신만의 비밀 일기장에 신들린 듯 글을 쓰는지, 캘커타 빈민가 아이들을 헌신적으로 구제하는 멋진 자기 모습이나 조니 뎁과 결혼하는 공상(이건 나의 아내도 마찬가지다)에 그토록 빠져드는지, 반면에 남학생들은 어째서 그 나이가 돼서도 여전히 운동장에서 몸을 부딪치며 치고받고 노는 지를 조금은 이해하게 해준다.

9학년 남학생들은 같은 반 여학생들과 비교할 때 참으로 어설프고 미숙해 보인다. 감정의 강렬함은 말할 필요도 없고 체격에서조차 여학생들에게 밀리는 경우가 많다. 여학생들은 인생에 맞설 의지를 불태우고 있는 데 비해 남학생들은 좀 더 힘을 키우기 전까지는 가능한 한 사람들 눈에 띄고 싶지 않은 것 같다. 미국의 '공간 역동 프로그램Spatial Dynamics program'*의 창시자인 자이멘 맥밀란Jaimen McMillan은 이 시기 남자아이들에 대해, '널빤지로 사방에 담을 치고 그 위에 가시철조망을 꼭대기까지 칭칭 감아올린 공사장 같은 상태. 이마 한복판에 〈공사 중〉 표지가 붙어 있다고 생각하면 된다.'고 설명한 적이 있다. 다행히 이 간극은 대개 11학년 무렵에는 좁아진다. 걸핏하면 "우리가 너희보다 훨씬 어른스럽다"고 말하던 한 여학생이 어느 날 또 그 말을 하자 성깔 있는 남학생이 이렇게 대꾸했다. "그래, 몇 달이나 몇 년 동안은 빠르겠지. 하지만 11학년쯤 되면 너희는 성장이 끝나 평생 그 상태로 살겠지만 우린 계속 자란다구!" 이 시기 남자와 여자의 차이는 분명 존재하지만 극단적 감정 사이에서 널을 뛰는 건 둘 다 마찬가지다. 9학년 수업은 바로 이런 상태를 중심으로 진행한다.

* 발도르프 교육의 보트머 체조에서 파생한 일종의 운동 프로그램

희극과 비극

9학년 첫 번째 문학 수업의 주제는 '희극과 비극'이다. 우선 연극의 기원을 훑어보는 것으로 시작한다. 아이들에게 그리스 비극과 셰익스피어 희극, 그리고 현대 희곡 한 편씩을 읽게 한다. 이 수업의 목표는 세 가지다. ⑴ 극장이라는 공간의 발달 과정 살펴보기. 최초 형태라 할 수 있는 고대 그리스의 계단식 원형극장부터 오늘날의 최첨단 복합 극장 내 '블랙박스 실험 극장'* 까지 ⑵ 인간 의식의 진화 과정을 개괄적으로 살펴보기 ⑶ 희극과 비극이라는 양극성을 거울삼아 자신의 내면에 존재하는 양극성 반추하기.

왜 문학적, 혹은 심리/정신적 변화발달이 아닌 무대 공간 자체의 발달 과정을 강조하는가? 9학년은 물질 세상에 '뿌리 내리기'가 필요한 시기이기 때문이다. 수업에서 물질 세상에 대한 내용을 만나면 아이들은 닻을 내린 듯한 든든한 느낌을 받는다. 무대의 기원과 발생을 배우면서 아이들은 '오케스트라orchestra'의 본래 의미를 알게 된다. 그리스 어로 '춤추는 곳'을 뜻하는 오케스트라는 디오니소스교 신자들이 절기 축제 때 디오니소스의 생애와 죽음에서 몇 장면을 뽑아 춤추며 연기하던 언덕 아래 원형 공터를 지칭하던 말이었다. 오케스트라 뒤에는 간이 천막이 세워졌다. 그리스 어로 '스케네skene'라 불리던 이것은 후에 '장면scene'이란 단어가 되었다. 최초의 스케네는 목조물이었지만 시간이 지나면서 석조 건물이 되었고 배우들이 여러

---

* black boxes_ 일명 스튜디오 극장. 보통 작은 공간 안에 자유자재로 객석과 무대를 설정해 사용한다. 무대와 객석, 조명에 많은 변화를 줄 수 있으므로 실험성이나 관객 친밀성이 높다.

인물을 표현하기 위해 '페르소나personae', 즉 '가면'을 쓰고 등/퇴장하는 무대 뒤 공간으로서의 역할을 담당하게 되었다.

영어 단어의 그리스 어원을 배우다 보면 단어들 간의 미묘한 차이에 대해 생각해보게 된다. '페르소나'라는 그리스 단어가 '성격'을 의미하는 'personality'와 연결되어 있음은 아이들도 쉽게 파악한다. 조금 더 나가 '인격character'의 어원을 추적해서 원래 '새기다, 조각하다'는 뜻이었다는 것도 알아낸다. 이제 성격과 인격의 차이가 무엇인지 생각해보라고 한다. 토론을 통해 아이들은 성격에는 세상에 내보이는 피상적인 '가면'의 특성이, 인격에는 더욱 깊이 '새겨진' 그 사람만의 변치 않는 특성이 더 강하다는 차이를 구별한다.

셰익스피어 작품을 주로 상연하던 영국 글로브 극장에 대해서도 배운다. 무대 위 지붕을 떠받치는 두 개의 큰 기둥과 발코니, 무대 바닥에 나 있는 뚜껑 문과 관객석 앞으로 돌출된 무대 등 주된 특징을 살펴본다. 20년 넘도록 아이들과 글로브 극장에 대해 이야기 나눌 때마다 나는 이 돌출된 무대의 장점이 무엇이겠냐는 질문을 던져왔다. 나는 바닥과 거리가 가까워지기 때문에 1페니를 내고 무대 주변 공터에서 서서 보는 관객들에게 배우들이 대사를 전달하기가 훨씬 쉬워질 거라고 추측했다. 사랑의 속삭임이나 다정한 말, 또는 음모를 꾸밀 때의 비밀스런 귓속말을 정말 속삭이며 할 수도 있을 거라 생각했다. 하지만 그건 정말 뭘 모르고 한 말이었다. 몇 년 전 아들과 함께 영국 여행을 하면서 원형을 복원해 새로 지은 글로브 극장에서 연극을 관람했다. 『겨울 이야기Winter's Tale』 공연 도중 갑자기 비가 퍼붓기 시작했다. 런던에서는 상당히 흔한 일이었다. 다행히 우리는 지붕이 있는 3층짜리 객석의 2층에 앉아있었고 무대와의 거리는 채 1m 20cm도 되지 않았다. 하지만 쏟아지는 빗소리가 어찌나 시끄러운지 배우들이 목청껏 소리를 질러야 간신히 들을 수 있었다. 플로리젤과 페르디타가 나누는 은밀한 사랑 고백도 마찬가지였다. 그 이후로 학생들에게 글로브 극장의 상대적 장점과 단점을 좀 더 정확하게 이야기해줄 수 있다.

인간 의식의 진화과정을 훑어보는 것이 수업의 두 번째 목표다. 조금 전에 9학년은 극장이라는 물질적 실재 속에 발을 딛게 할 때라고 하더니, 그런 시기의 아이들에게 다소 과한 주제가 아닌지 고개를 갸우뚱할 수도 있다. 하지만 이때의 작업은 심오한 철학적 사색이 아니라 **소포클레스**Sophocles의 『**오이디푸스 왕**Oedipus Rex』부터 **셰익스피어**Shakespeare의 『**한여름 밤의 꿈**A Midsummer Night's Dream』, 그리고 현대의 걸작인 희곡 『태양 속의 건포도A Raisin in the Sun』까지 시대별로 살펴보면서 별다른 부연 설명 없이 눈에 띄는 의식 변화를 짚어보는 것이 전부다.

이제 막 상급에 올라온 아이들에게 지나치게 추상적인 접근은 적절하지 않다. 내가 택하는 방식은 '문학작품에 대한 현상학적 접근phenomenological approach to literature'이다. 수십 년 동안 발도르프 과학 교사들은 관찰 가능한 구체적인 실험에서 시작하는 것이 얼마나 중요한지를 역설해왔다. 추상적인 이론을 먼저 세워놓고 그 가설을 뒷받침하기 위해 현상을 이리저리 끼워 맞추는 것이 아니라, 현상 그 자체가 말할 수 있도록 조용히 지켜보는 실험이 훨씬 바람직하다는 것이다. 이 방식의 가장 큰 장점은 아이들에게 세상을 가능한 한 있는 그대로 볼 수 있는 자유를 허용한다는 것이다. 문학작품에서 우리가 관찰하려는 '현상'은 바로 종이 위에 적힌 단어들이다. 그 속에 담겨 있지 않을 수도 있는 어떤 해석상의 결론을 추측하는 것보다 원전 자체에 충실한 편이 교육적으로 훨씬 이롭다. 이야기나 시의 구조가 어떻게 의미를 확장시키는지를 알아보고 극의 시작부터 결말까지 등장인물의 성격에 어떤 변형이 일어나는지 도표를 만들어보기도 한다.

세 편의 희곡을 이런 현상학적인 접근방법으로 살펴보면서, 아이들은 시대에 따라 정신세계와 인간세계의 관계가 판이하게 변해왔음을 알게 된다.

소포클레스의 작품에서 신들은 전지전능하다. 운명을 거스르지 못한다는 것만 제외하고 다른 일은 무엇이든 뜻대로 한다. 신들은 델피의 신탁을 통해 가문에 내려진 저주때문에 오이디푸스가 결국 아버지를 살해하고 어머니와 결혼할 수밖에 없는 운명이라고 못 박는다. 직접 등장하지는 않지만 신들의 엄청난 존재감이 극 전체를 지배한다. 등장인물들은 그저 신의 노리개에 불과한 신세다. 오이디푸스의 아내이자 어머니인 이오카스테가 아무것도 모르는 채 신탁을 비웃는 장면은 그들의 비극적인 운명을 더욱 비참하게 한다.

이오카스테　　아! 신들의 예언이여, 너는 지금 어디에 있느냐?(중략)
오이디푸스　　이제 우리는 델피의 신탁 따위는 고민하지 않으리라,
　　　　　　　높은 곳에서 울어대는 새떼처럼 귀에 거슬리는 소리를.
이오카스테　　어떻게 한 인간이 양심의 가책을 받아야 하는가?

오직 우연에 의해 왕이 되었을 뿐인데,
분명한 건 아무것도 없고, 미리 예정된 것도 없나니…

『오이디푸스 왕』 중에서

그러나 조상이 저지른 죄가 후손에게 내려오는 세상에서 몰랐다는 건 충분한 변명이 되지 못한다. 무서운 진실이 드러나자 이오카스테는 목을 매 자살하고, 오이디푸스는 자신의 눈을 뽑아버리는 끔찍한 형벌을 자신에게 내린다. 오이디푸스는 테베 사람들에게 자신을 도시 밖으로 추방해달라고 간청하고 자청한 유배를 떠나기에 앞서 마지막으로 자식이자 여동생인 이들을 만나게 해달라고 요청한다. 그들에게 남긴 마지막 충고는 아버지이자 오빠인 자신이 결코 갖지 못했던 절제와 중용을 지켜달라는 애절한 호소였다.

내 사랑하는 딸들아, 너희들이 이해해줄 수 있다면
말해주련만, 오, 그 수많은 일을!
이것만 말하련다, 짧은 기도 하나만을.
중용을 지키거라, 그러면
네 아비가 갖지 못했던 행복한 삶을 살 수 있으리라.

『오이디푸스 왕』 중에서

오이디푸스의 행동은 분별없고 오만하며 경솔했다. 그리고 9학년들은 신을 조롱한 대가가 얼마나 무시무시한 것인지 알게 된다.

셰익스피어는 『한여름 밤의 꿈』에서 신의 자리에 장난꾸러기 요정을 앉힌다. 요정들은 상대의 경솔한 행동 때문에 티격태격하고, '당나귀 머리를 한 직조공'과 사랑에 빠지고, 사랑의 묘약을 엉뚱한 아테네 청년의 눈에 바르는 실수를 일삼는다. 신이 올림푸스 산이라는 고고한 자리에서 내려와 연인과 장사꾼들로 북적이는 유쾌한 숲 속 난장판으로 들어온 것이다. 신이 인간사에 끼어들어 쓸데없이 참견한 결과 재앙에 버금가는, 하지만 유쾌하고 우스꽝스러운 일들이 벌어진다. 마법을 부릴 수 있다는 것만 빼면 이 요정들은 덜떨어진 인간들과 별반 다를 바가 없다.

20세기에 접어들면서 신들의 세계가 객관적으로 실재하느냐는 질문이 공공연하게 제기되기 시작했다. **로레인 한스베리**Lorraine Hansberry의 **『태양 속의 건포도』**에는 도심 빈민가를 벗어나고 싶어 안달 하는 한 흑인 가족이 나온다. 문제는 아버지가 사망한 후 받은 보험금 1만 달러를 어떻게 쓸 것인지에 대한 생각이 저마다 다르다는 것이다. 엄마와 성인이 다 된 딸이 말다툼을 벌이는 장면에서 엄마는 딸에게 윽박지른다.

엄 마　물론 넌 의사가 될 거란다, 얘야. 하느님의 뜻이야.

베니사　하느님은 이 일하고 털끝만큼도 상관이 없어요.

엄 마　베니사, 그런 말은 안했으면 좋겠구나.

베니사　흥, 하느님 따위도 없어졌으면 좋겠어요. 하느님 소리 지긋지긋해요.

엄 마　베니사!

베니사　진심이에요! 허구헌날 하느님 소리, 이젠 신물이 난다구요. 대체 그분이 뭘 하는데요? 내 수업료라도 내준대요?

엄 마　한 마디만 더하면 맞을 줄 알아!

베니사　엄마하곤 말이 안 통해요… 사람들이 애쓰고 애써서 이룩해 낸 모든 것을 하느님의 공으로 돌리는 거 난 이제 지쳤어요.
빌어먹을 하느님 따윈 없다구요. 있는 건 오직 인간 뿐이고 기적을 만들어내는 것도 인간이에요.

(엄마는 꼼짝도 하지 않고 들으며 뚫어지게 딸을 보더니 천천히 자리에서 일어나 베니사에게 건너가서 빰을 세차게 때린다. 침묵만 흐른다. 딸은 엄마 얼굴을 응시하던 시선을 바닥으로 돌린다.)

엄　마　자, 내 말 따라 해라. 내 어머니의 집에는 아직도 하느님이 계신다. 내 어머니의 집에는 아직도 하느님이 계신다.

베니사　내 어머니의 집에는 아직도 하느님이 계신다.

『태양 속의 건포도』 중에서

아이들은 엄마가 베니사 입에서 억지로 어떤 말을 끌어낼 수 있을진 몰라도 믿음까지 강제할 수 있다고는 생각하지 않는다.

극이 진행되면서 청천벽력 같은 일이 닥친다. 베니사의 오빠이자 장남인 월터가 술집을 사들이자는 허황된 꼬임에 넘어가 돈을 모두 날려버린 것이다. 이로써 시카고 교외의 백인 거주지에 집을 사겠다는 엄마의 꿈도 함께 날아갈 위기에 처한다. 그러나 이 재앙은 운명의 여신이 내린 피할 수 없는 저주나 요정들의 짓궂은 장난이 아니라 월터의 너무나 인간적인 약점, 한몫 잡아보겠다는 야심에 그릇된 판단까지 합세하여 스스로 불러들인 일이다. 설상가상으로 흑인 가족이 자신들의 동네에 들어오는 것을 용납할 수 없던 백인들은 엄마가 꿈에 그리던 그 집을 되사겠다고 제안하고 월터는 그것을 받아들이려 한다. 모든 것이 무너지기 직전에 월터가 자신과 가족, 그리고 동족에 대한 자존심을 되찾으면서 완전한 파국은 면하게 된다. 월터가 '개과천선'할 수 있었던 것은 엄마의 굳은 신앙 덕분이었다고 생각하는 관객도 있겠지만 베니사처럼 신의 존재에 회의를 품거나, 설령 존재한다 하더라도 지난 몇 세기 동안 그 손길을 거의 느낄 수 없던 신이 나와 무슨 상관이냐고 생각하는 사람도 많을 것이다. '신에게 버림받은 느낌'이라는 현대적 주제가 9학년들에게는 다소 어려울 수도 있지만, 11, 12학년 때 『파르치팔Parzival』과 『햄릿Hamlet』, 『파우스트Faust』를 공부할 때 다시 만나게 될 것이다.

이 수업의 세 번째 목표는 9학년들에게 다양한 양극성을 경험하게 하는 것이다. 그래서 웃음과 울음의 생리적, 심리적 근거를 살펴보고 희극과 비극을 가르는 기본적 특징을 알아본다. 또 연극 작품 속에서 디오니소스적 요소와 아폴론적 요소가 원형의 대조를 이루는 부분을 찾아본다. 고대 그리스 비교秘敎에 뿌리를 두고 있는 이 두 요소를 배우면서 아이들은 이성과 중용, 형태를 중시하는 아폴론적 요소와 열정과 무절제, 내면을 우선시하는 디오니소스적 요소의 결합에서 연극이 탄생했음을 알게 된다. 『오이디푸스』의 비극 앞에선 가슴이 서늘해지고, 『한여름 밤의 꿈』에서 직조공 보텀의 머리가 당나귀로 바뀌는 장면에선 깔깔대고 웃는다. 모두가 이해하고 공감할 수 있는 감정이기 때문이다.

비극과 희극을 공부할 때 아이들은 자기들도 내면에서 그 양극적인 감정의 부대낌을 매일같이 겪고 있다는 것을, 새롭게 시작된 주관적 세계와 외부의 객관적 세계에 대한 관심 사이에서 아슬아슬하게 균형을 잡으며 살고 있다는 것을 무의식적으로나마 인식한다. 발도르프 교육의 중심 원리 중 하나는 아이들이 그림을 그리고, 과학실험을 하고, 희곡을 읽을 때 그 속에서 양극성을 자주 경험할수록, 미숙한 채로 세상에 끌려 다니다가 자신을 잃거나 파멸할 위험이 적어진다는 것이다. 수업 속에서 수많은 양극성을 체험하면서 이미 일종의 마음의 평정, 중심을 갖게 되기 때문이다. 어떤 면에서는 국어 수업, 아니 모든 주기집중 수업*이 아이들에게는 작은 깨달음의 장이라고 말할 수 있다. 모든 성장 단계마다 아이들은 수업을 통해 하나의 문지방을 넘어서고 자신을 향해 한걸음 다가간다.

물론 아이들이 진정으로 그 과목을 '만나도록' 교사는 할 수 있는 모든 노력을 기울여야 한다. 9학년들은 눈은 뜨고 있지만 보지는 않고, 고개는 갸우뚱하고 있지만 사실은 안 듣고 있기 쉽다. 9학년들에게 뭔가를 명확히 잘 보라고 요구하는 것은 물통을 지고 연못에 들어가 깨끗한 물을 떠오라고 요구하는 것과 다르지 않다. 물을 뜨려고 걸어 들어가는 자신의 움직임 때문에 바닥이 휘저어져 흙탕물이 되어버리는데 어떻게 맑은 물을 길어올 수 있겠는가?

이 때문에 9학년 아이들에게는 주변 세상을 가능한 한 엄밀하고 정확하게 관찰하라고 요구한다. 관찰을 위해선 내적으로 고요하면서 깨어 있어야 한다. 화학 수업 시간에는 물이 담긴 비커에 열을 가했을 때 일어나는 현상을 순서대로 꼼꼼히 관찰한다. 예술사 시간에는 그리스 조각이나 르네상

---

* 발도르프학교의 특징적인 수업 형태. 에포크 수업이라고도 한다. 한 과목을 매일 100~120분씩 3~4주 동안 집중적으로 배우고 다른 과목으로 넘어간다. (이하 주요수업)

스 시대 작품을 그 비할 데 없는 우아함과 아름다움까지 똑같이 표현하려 애쓰면서 모사하고 조각한다. 인간 형상의 아름다움을 공부하는 것은 대중 매체가 청소년들에게 쏟아내는 저급하고 영혼 없는 성적 이미지에 대한 좋은 해독제가 된다.

국어 시간에는 매일 일지를 쓴다. 매주 아이들에게 구름 모양이나 창밖에 보이는 풍경, 기계장치나 도토리 같은 주제를 준다. 목표는 대상을 가능한 한 객관적으로 명료하게 묘사하는 것이다. 요정이나 말하는 나무, 은으로 엮은 달빛처럼 발도르프학교에서 8년을 보낸 아이들에게 익숙한 환상적인 글은 장려하지 않는다. 아이들에게 원하는 것은 분명하고 담백한 묘사다. 이것은 감성 같은 건 다 말라비틀어진 악마 같은 상급 교사가 아이들의 사랑스러운 상상력을 남김없이 쥐어짜 버리려는 계략이 아니다. 관찰력을 키우고 연마하는 과정에서 9학년들 스스로 휘저어놓은 흙탕물이 가라앉고 그들의 사고 속에 명료함과 창조성이 자랄 수 있다고 믿기 때문이다. 랄프 왈도 에머슨Ralph Waldo Emerson은 수필 『자연Nature』에서 다음과 같이 말한다.

"올바른 눈으로 보기만 한다면 모든 사물은 영혼의 새로운 능력의 빗장을 풀어준다"

관찰과 심상 연습

관찰 연습은 9학년들이 요동치는 감정을 다스리고 안목을 예리하게 키우는 데 가장 효과적인 방법 중 하나다. 또 다른 방법으로는 상상력 키우기가 있다. 상상력은 초등학교 아이들에게 어울리는 방법이라고 생각하는 이가 많을 것이다. 특히 발도르프 교육을 아는 사람들이라면 더욱 그렇게 말하겠지만, 이는 상급 교육을 오해하기 때문이다. 사춘기 때 추상적 사고능력이 전면에 떠오르고 나면 이제부터는 그것만 갖고 수업해야 한다고 생각하기 쉽다. 하지만 슈타이너는 어린아이들에게 설교를 통해 도덕성을 가르칠 수 없는 것처럼, "청소년들에게 '지적인 방식으로' 지성을 훈련시킬 수 없습니다. 아이들이 사춘기에 이르러 논리의 세계 속에 발을 내딛으면, 상을 떠올리는 능력을 키워주어야 합니다. 청소년들에게 심상心象을 주어 세상에 대한 상과 그 의미를 받아들이게 할 수 있다면, 그것은 아이들 안에 계속 남아 있게 될 것입니다."라고 말한다. (『루돌프 슈타이너의 청소년 관찰』 중에서)

아이들이 10대가 되었다고 해서 예술이나 수공예, 음악 수업을 중단하지 않는 것처럼, 저학년 수업에서 많이 쓰던 '심상을 이용한 수업 방식' 역시 상급이 되었다고 폐기처분하지 않는다. 오히려 수업시간에 만나는 문학작품 속에서 아이들 스스로 상상력을 발휘하고 육성할 수 있게 한다. 소포클레스의 『오이디푸스 왕』은 여기서도 좋은 소재다. 오이디푸스가 운명을 피하려 갖은 수를 다 쓰지만 결국 신탁의 예언은 모두 이루어지고 만다는 이 이야기는 그 시대 그리스인이라면 다들 아는 유명한 이야기이다. 극의 말미에 끔찍한 진실이 모두 드러나는 순간, 전령 하나가 무대로 달려 나와 왕비의 죽음과 왕의 끔직한 자해를 알린다.

전 령 이오카스테 왕비님께서 세상을 하직하셨습니다.

코러스 불행하신 분! 어떻게 떠나셨지?

전 령 스스로 목숨을 끊으셨습니다. 거기 안 계셨던 여러분은 그 참상의 아픔을 피해가셨습니다. 제 부족한 기억력을 동원해서 돌아가신 왕비님께 일어난 일을 전해 드리겠습니다. 왕비님께서는 왕궁으로 들어오자마자 손가락을 머리카락 속에 집어넣고 쥐어뜯으시면서 미친 듯이 뛰어 여러 개의 문을 지나 부부 침대로 달려가셨습니다. 등 뒤에서 문을 쾅 닫으시곤 흐느끼며 (오래 전에 돌아가신) 라이우스 전하의 이름을 부르셨습니다. 선왕 전하의 살해자를 잉태하게 한 그 밤을, 그래서 그 어미가 자기 아들과 저주받은 자식을 낳게 한 그 밤을 떠올리시면서요. "불행한 침대여!" 왕비님은 울부짖으셨습니다. "이중의 악을 낳은 토양이로다! 어미의 아들을 잉태시킨 그 아비의 씨의 온상이로구나!" 그런 다음 스스로 목숨을 끊으셨습니다. 어떻게 돌아가셨는지는 저도 모릅니다.

최후의 장면은 우리 눈을 피해갔습니다 – 마침 그 순간 모두의 눈이 광분하신 오이디푸스 왕께서 우리 앞에 갑자기 뛰어 들어오시는 바람에 그곳에 머물렀기 때문입니다. 왕께서는 발을 쿵쿵 구르며 소리치셨습니다. "무기를 내놓아라, 어서! 아내가 아닌 아내는 어디 있느냐? 자식에게서 자식을 낳은 그 태가 어디 있느냔 말이다!" 왕께서는 빗장이란 빗장은 죄다 뜯어내며 이중문을 박살내고 소리 지르며 달려 들어가셨습니다. 그리고 거기서 우리는 왕비님께서 꼬이고, 엉킨 밧줄에 목을 매신 것을 보았습니다. 왕비님께서 올가미에 매달리신 그 광경에 왕께서는 발광하듯 고함을 쥐어짜셨습니다. 매듭을 풀고 그 가엾은 여인을 바닥에 눕히시더니, – 오, 끔찍한 일이 벌어졌습니다.

왕비님께서 꽂고 계시던 황금 브로치를 잡아뜯어, 높이 치켜드시더니 자신의 눈을 그대로 찌르신 것입니다.

“사악하고 사악한 눈이여!” 왕께서는 숨을 헐떡이셨습니다.

“너는 이제 내 모습도, 나의 수치도, 현재의 죄악도 보지 못하리라. 어둠 속에 거하라. 그 오랜 시간 동안 네가 결코 보지 말았어야 했던 것을 알아보지 못했고, 이 마음이 그토록 보고 싶어 했던 이들을 알아보지 못했으니.” 이 슬픔의 만가가 높아질 때 자신의 손 또한 높이 올리시며 시야의 원천을 찌르셨습니다.

한 번이 아니라 여러 번을. 그러는 동안 그분의 눈에선 핏방울이 턱수염으로 흘러내렸습니다. 아니, 그것은 핏방울이, 방울방울 떨어지는 핏방울이 아니었습니다. 시커먼 핏줄기가 소나기처럼 왈칵왈칵 쏟아져 나왔습니다. 한 쌍의 죄 위에 한 쌍의 벌이 내렸습니다.

그들의 재앙 속에서 남편과 아내는 한 몸이었습니다. 오랜 동안 함께 누렸던 행복이 – 진정한 행복이 오늘에 와서는 눈물이 되었습니다. 파멸과 죽음, 그리고 치욕이 되었습니다. 저주 받은 이름에게 해당되지 않는 죄악은 아무것도 없었습니다.

코러스 아, 불행한 분! 그 분은 여전히 고통스러워하시는가?

전 령 그분은 성문을 내리라고 소리를 치셨습니다. 그리고 모든 테베인 앞에 모습을 드러내셨습니다.–제 아비의 살인자요, 제 어미의, 아, 너무 상스러워 차마 입에 담을 수 없는 말입니다. 정처없이 헤매시려는 듯합니다. 저주를 내린 자와 저주를 받은 자가 고국을 더럽히지 않도록. 그분의 기력은 모두 쇠하였습니다. 그분께는 도움이 필요합니다. 도저히 견뎌낼 수 없는 상처를 받으셨고 쇠약해지셨습니다.

여러분도 보십시오. 문이 열리고 있습니다. 보세요,
모든 혐오가 눈물로 바뀌게 될 그런 광경입니다.

『오이디푸스 왕』 중에서

이것은 희곡 문학 전체를 통틀어 가장 끔찍한 장면에 속한다. 하지만 이 부분을 강조하는 이유는 결코 그 잔혹함 때문이 아니다. 물론 아이들은 처음엔 얼굴을 찡그리고 불편해 하지만 조금 진정되고 나면 한 명쯤은 이런 핵심적인 질문을 던지곤 한다. "왜 배우들이 직접 연기로 보여주지 않고 이 장면 전체를 전령이 나와서 보고하게 한 거죠?" 그리스 신화에는 자식이 아버지와 어머니를 살해하거나 어린 아기를 죽이는 등 온갖 종류의 살인이 흔하게 나오지만, 정작 그리스 사람들은 폭력을 무대에서 연기로 재현하지 않았다는 사실이 9학년들에게 신선한 충격으로 다가온다. 일단 이 사실을 깨닫고 나면 슬픔에 넋이 나간 가련한 이오카스테가 목을 매달고 오이디푸스가 자신의 눈을 찌르는 장면을 관객이 상상하게 하는 그리스 방식과, 오이디푸스의 눈에서 시커먼 피가 분수처럼 쏟아지는 장면을 확대해서 느린 화면으로 생생하게 보여주는 요즘 영화의 방식을 비교하는 열띤 토론이 벌어지곤 한다.

온갖 영화를 섭렵하고 웬만한 장면은 볼만큼 본 아이들도 이것이 '자유'에 관한 문제라는 데 동의한다. 상상의 주도권이 자신에게 있을 때는 자기 성향에 맞는 내적인 상으로 떠올릴 수 있지만 다른 이의 상상에 자신을 맡긴 채 그들이 보여주는 대로 보다 보면 때론 지우고 싶은 기억을 평생 안고 살기도 한다. 열 살 때 나는 우연히 '신체 약탈자의 침입The Invasion of the Body Snatchers'이라는 영화를 보게 되었다. 영화에 나오는 좀비 닮은 외계인의 끔찍한 모습이 아직도 생생하다. 너무 무서워서 얼른 눈을 가리고 극장 의자 밑에 숨었기 때문에 제대로 보지도 않았고 그 후로 벌써 수십 년의 세월이 흘렀지만 놀랍게 아직도 가끔씩 내 의지와 상관없이 그 이미지가 불쑥 불쑥 떠오른다. 크고 작은 스크린에서 쉴 새 없이 쏟아지는 이미지의 홍수 속에서 자라나는 요즘 아이들에겐 이런 경험이 얼마나 비일비재할까?

현대 사회에서 10대를 키우고 교육하는 부모와 교사들은 그야말로 진퇴양난이다. 슈타이너는 상급과정 교사들에게 청소년들이 넓은 세상을 경험할 수 있게 해주어야 한다고 말한다. 하지만 아이들에게 보여줄 그 세상 대부분이 인공적으로 만들어진 가상현실이라면 어떻게 해야 할까? 어떻게 하면 발도르프 교사들이 대중매체 문화와 사이좋게 지낼 수 있을까? 어떤 선택을 해야 하는가? 기계문명을 거부하는 반문명주의자가 되어 아이들을 대중매체에 닿지 않도록 꽁꽁 싸서 보호할 것인가, 아니면 백기를 내걸고 대세를 따라 문학의 '할리우드 화'에 앞장설 것인가? 『오디세이아』를 각색한 미니시리즈, 『죄와 벌』, 『닥터 지바고』를 TV용으로 요약한 드라마, 셰익스피어 원작을 제멋대로 변형시킨 영화 등, 고전 문학작품을 소재로 한 허접한 영화와 드라마는 넘치도록 많다. 내가 본 최악의 영화는 데미 무어가 헤스터 프린 역으로 나온 『주홍 글씨The Scarlet Letter』이다. 그 영화의 제작자들은 너새니얼 호손Nathaniel Hawthorne의 원작에서 목사이자 헤스터의 연인인 아서 딤즈데일이 교수대에서 죽음을 맞는다는 결론이 전혀 마음에 들지 않았던 것 같다. 비극으로 끝나는 원작의 결말을 정반대로 바꿔 헤스터와 딤즈데일이 함께 차를 타고 노을 속으로 사라지는 것으로 끝을 맺었다. 그 영화에선 원작에 있던 괴로움이나 죄책감, 죽음 따위의 '너저분한' 감정은 찾아볼 수 없다.

대중매체에 대한 태도는 9학년 아이들 수업과 직결될 수밖에 없다. 아이들은 아직 주변에 쉽게 영향을 받는 상태이며, 싹트기 시작한 영혼의 힘은 너무나 연약한 상태다. 사춘기의 발달에는 본질적으로 추방된 자의 분위기가 묻어나기 마련이다. 이 시기에 깨어나기 시작하는 내면 의식을 슈타이너가 '아스트랄체astral body'라는 단어로 표현한 데는 이유가 있다. '아스트랄'은 '별'을 의미한다. 우주의 시선으로 볼 때 지상의 존재로 안착하게 되는 사춘기는 별들의 세계에서 '추방'되는 과정의 종착역이다. 비록 그 세계와 연결된 문이 닫힌 상태이더라도 청소년들이 정신세계의 불완전한 반영에 지나지 않는 물질세계에 대해 환멸을 느끼는 건 당연한 일이 아닐까? 어쩌면 아이들이 영화나 컴퓨터 게임 속 가상현실에 그토록 몰입하는 것이 물질세계에서 자주 겪는 불쾌감에서 잠시나마 고개를 돌릴 수 있어서인지도 모른다.

하지만 나는 교사들이 대중매체의 무차별 폭격 앞에 무릎을 꿇어선 안 된다고 믿는다. 아이들을 사로잡는 온갖 외부 이미지들과의 힘겨루기가 벅차고 힘들지만, 그럴수록 그것을 가장 효과적으로 상쇄할 수 있는 대안을 제공해주어야 한다. 그 대안은 바로 내적 상상력이다. 처음 마음에 떠올린 뒤에도 그 여운이 오래도록 남는 자기 내면의 이미지만이 이처럼 외부에서 주어지는 이미지를 이길 수 있다.

문법과 자신감

아이들이 물질주의 세계관에 갇히지 않으면서도 물질세계에 튼튼히 자리 잡도록 도와주어야 한다. 관찰 훈련은 아이들이 '세상에 뿌리 내리기'를 도와주고, 상상력 훈련은 '내적인 유연성'을 키워준다. 9학년들에게 키워주려는 세 번째 자질은 '자신감'이다. 세상이 어떤 법칙에 따라 진행되어 간다는, 그리고 자신이 그 법칙을 이해할 힘을 가질 수 있다는 확신을 말한다. 인간에게 문법은 그 확신에 이르게 하는 완벽한 수단이다.

문장을 문법에 따라 분해해 도식화하고 무슨 뜻인지도 모르는 지루한 문법 규칙을 외우고 또 외우는 학창시절을 보낸 어른들은 '문법'이란 말만 들어도 긴 한숨을 내쉴 것이다. 하지만 나는 내 또래의 아이들과 달리 문법에 대해 거부감을 느껴본 적이 없다. 늘 문법의 명료함, 그 수학 같은 정확함을 좋아했다. 서술 형용사는 언제나 선행하는 주어와 동격이고, 분사구는 언제나 명사를 수식하고, 전치사 뒤에는 항상 목적격이 온다. 물론 최고 학벌을 지닌 정치인, 아나운서들도 가끔 말할 때 보면 전치사 뒤에 주격 대명사를 쓰는 실수를 저지른다.

문법 같은 건 아예 안중에 없는 듯한 대중문화를 상대로 뻔히 질 싸움을 왜 계속하는가? 주어와 목적어를 혼동하고 주어의 단수, 복수형에 따라 동사를 일치시키는 것이 헷갈리고 어렵기만 한 사람들이 갈수록 늘어난다 해서 그게 문명의 종말을 의미하는 건 아니지 않은가? 물론 딱 떨어지게 명확하지 않은 상황도 있긴 하다. '한' 사람이 '그들의' 차를 타고 늦은 밤 데이트를 위해 '그들의' 남자친구 집에 간다고 하면, 이 문장의 주어는 단수인가 복수인가?

문법을 위한 싸움을 계속 해야 하는 두 가지 중요한 이유가 있다. 요즘 문화를 보면 『1984』를 통해 언어의 위축을 예언했던 조지 오웰의 선견지명이 대부분 현실로 드러난다. '팩시밀리'는 '팩스'로, '무시하다'는 뜻의 '디스리스펙트disrespect'는 그냥 '디스dis'로, '복사의 유도 광선에 의한 빛의 증폭 Light Amplification by Stimulated Emission of Radiation'의 앞글자만 따서 '레이저laser'로 부르는 식으로 될수록 짧은 음절로 단축해서 말하는 것이 습관이 되었다. 또는 'strategize 전략을 짜다, prioritize 우선순위를 매기다, let's party! 파티하자!'처럼 동사 형태 그대로를 명사로 쓰기도 한다. '플러스, 더블 플러스, 슈퍼사이즈, 슈퍼스타, 메가 히트, 울트라소프트'처럼 과장된 강조어를 남발한다. 단어의 진짜 뜻을 모호하게 포장해서 그럴듯하게 보이게 만드는 이중 화법도 있다. 대량 살상 미사일을 '평화유지군'이라 부르고, 교전 지역을 '갈등의 무대'로, 최단시간 내에 적군을 최대한 많이 사살할 수 있도록 총동원된 군사력을 '이라크의 평화회복', 또는 '충격과 공포'*라고 부르는 것이 여기에 속한다.

오웰이 그렸던 전체주의적 미래가 그저 사용 가능한 어휘목록이 줄어드는 정도로 끝나지 않았음을 명심해야 한다. 권력을 쥔 정치집단은 사람들

* shock and awe_ 2003년 이라크 공습에 나선 미국의 군사전략 명칭. 육해공이 동시에 진격해 압도적인 화력을 퍼부으면서 이라크군을 충격과 두려움에 휩싸이게 만들어 이라크군의 전쟁 의지를 순식간에 무력화시킨다는 내용

의 언어를 말하는 사람의 의식과 가능한 한 분리하고 싶어 한다. 이렇게 언어와 의식이 분리된 문화는 어떤 모습일까? 사람들은 귀에 못이 박히도록 들은 광고 문구를 아무 생각 없이 따라 하고('Just do it', 'This Bud's for you', 'Like a rock', 'Is it in you?', 'I'm lovin'it')*, 유행어나 관용어구, 누군가가 말해서 유명해진 문장을 자기 생각인 양 말한다.

> 제가 미리 준비할 수 있도록 이 질문지를 사전에 제출해주셨더라면 좋았을 텐데요. 기자회견이 끝나기 전에 뭐라도 생각나긴 할 겁니다. 답변을 드려야 한다는 부담감이 있으니까요. 하지만 당장은 아무 생각도 나질 않습니다. 실수를 한 적이 없는 것처럼 보이고 싶어서 이러는 게 아닙니다. 실수야 당연히 있습니다. 아직 떠오르지 않을 뿐입니다. 저를 완전히 진땀 빼게 하시는군요. 아마 제가 이런 질문을 가볍게 넘길 만큼 주변머리가 좋지 못한가 봅니다.
>
> 조지 W. 부시 대통령. 지금껏 저지른 최대의 실수를 말해달라는 질문을 받고 2004. 4. 3.

또는

> 우리의 적들은 혁신적이며 지략이 풍부합니다. 우리도 그러합니다. 그들은 항상 쉬지 않고 우리나라와 국민에게 해를 끼칠 방법을 강구합니다. 우리도 그러합니다.
>
> 조지 W. 부시 대통령 2004. 8. 5.

---

* Just do it_ 나이키 사의 광고 문구, This Bud's for you_ 버드와이저 맥주회사 광고 음악, Like a rock_ 시보레 트럭 광고 음악, Is it in you?_ 스포츠 음료 게토레이드Gatorade 광고 음악, I'm lovin'it _맥도널드 사의 광고 문구

이런 이들에게 자신의 말이 미치는 영향에 대한 의식은 갈수록 더 약해질 것이다. 상황이 이러한데 발도르프 교육이 문화 회복에 기여하느냐는 질문이 굳이 필요할까?

문법적으로 바른 언어를 구사해야 하는 두 번째 이유는 그것이 아이들의 건강한 육화를 도울 수 있기 때문이다. 감정 기복이 심한 9학년에게는 절제와 질서, 정확성이 절실하다. 그리고 문법은 다른 과목이 흉내 낼 수 없을 정도로 이런 목적에 완벽하게 부합한다. 골격이 겉으로 드러나지 않는 뼈대를 제공하기 때문에 인간의 몸이 아름다움과 대칭미를 가질 수 있는 것처럼, 문법이 있어야 언어는 응집력과 탄탄한 '구조적 완결성'을 가질 수 있다. 하지만 문법을 익힌다는 것은 그저 정확하게 읽고 쓰는 능력을 키운다는 이상의 깊은 의미가 있다. 처음엔 이상하게 들릴 수 있지만 슈타이너는 문법이 자아 발달에 정말 중요하고 필수적인 과목이라는 점을 여러 강연을 통해 분명히 밝혔다. "문법 없이 언어를 배운다면 인간은 오직 의식만 가질 뿐 자아의식은 전혀 가질 수 없을 것입니다. 절대 불가능합니다. 인간이 살아가기 위해 필요한 내적 견고함을 줄 수 없기 때문입니다."(GA 307)

기본적으로 자아는 자기 인식 밑에 숨은 통합과 체계화의 원리다. 그래서 우리는 아이들에게 문법 유형 속에 숨은 법칙성을 찾아내라는 과제를 주면서 이제 막 걸음마를 시작하는 아이들의 자아를 훈련시킨다. 여기서 핵심은 '스스로 찾아내라'는 데 있다. 교사들이 왜 문법 규칙을 먼저 알려준 다음 예문을 주는 식으로 수업하는지 모르겠다. 나는 먼저 예문을 주고 아이들이 직접 문장 속에서 규칙을 찾아내게 한다. 수식어구가 무엇을 꾸미는지 명확하지 않은 일명 '떠돌이 수식어구'를 예로 들어보자. 나는 아이들에게 다음의 문장들에서 공통적으로 발견되는 문제를 찾아보라고 한다.

- Earl found an old cabin walking in the woods.
- Fatima studied a picture of a rhinoceros reading National Geographic.
- Burnt to a crisp, Alberta took the chicken out of the oven.
- He suddenly remembered his dead aunt eating his morning bowl of cornflakes.
- Snarling and ripping his jeans, Mrs. Tupper tried to protect her husband from the savage pit bull.
- The dressy bow on her bosom hanging to the floor was yellow.

아이들은 모든 문장에서 수식어구가 의도치 않은 혼란을 일으키고 있다는 것을 금방 알아낸다. 문장 전체를 고칠 필요 없이 자리를 잘못 잡고 '떠돌아다니는' 분사구문의 위치만 잡아주면 문제가 해결된다는 것을 파악하고 나면 수식어구에 관한 일반적인 규칙을 이렇게 정리한다. "혼란을 주지 않으려면 분사구문을 수식하는 단어 바로 옆에 놓는다." 이런 방법으로 문법 수업을 하면 아이들은 뜻 모를 문법 규칙을 무작정 암기하고 하품하면서 그 규칙을 문장에 대입시키는 대신, 규칙이 만들어지는 능동적, 분석적 과정에 참여하게 된다.

규칙을 발견하는 건 재미있지만, 그래도 대부분의 경우 아이들은 문법 공부를 별로 좋아하지는 않는다. 애써 규칙을 발견한 보람을 느낄 수 있는 적절한 상황을 만나지 못할 때는 더욱 그렇다. 청소년들은 보통 자신을 가능한 한 선명하게 드러내고 싶어한다. 따라서 교사는 글쓰기 활동을 중심으로 이런 자기표현 욕구를 문법과 연결시키는 것이 좋다.

휴대 전화 문자와 이메일의 보급으로 요즘 아이들의 의사소통에서 문자의 비중은 유례를 찾을 수 없을 정도로 높아진 한편, 글쓰기의 격식은 파괴되고 있다. 언어는 갈수록 실용성이 강조되며, 축약되고, 격이 떨어지고 있다. 앞서 청소년들을 향한 대중문화의 맹공에 맞서기 위해서는 스스로 내면적 상을 만드는 힘을 강화해야 한다고 했다. 마찬가지로 글쓰기의 '저능화'를 이겨낼 수 있는 요소를 찾아야 한다. 그것은 언어가 가진 힘과 아름다움, 정확성을 경험하는 것이다. 언어의 정확성을 느끼기에 아주 효과적인 연습이 있다. 이 연습은 문법적 이해와 글쓰기 능력 모두를 신장시켜준다.

9학년들은 글을 쓸 때 구체성보다는 일반성에 치우치는 경향이 있다. 숲 속 풍경을 묘사해보라고 하면 비슷비슷한 나무들 사이에 이름 모를 풀꽃과 산새가 사는 풀밭이 있다고 쓰는 식이다. 좀 노력한다 싶으면 쪼르르 뛰어다니는 다람쥐 한두 마리가 추가될 뿐, 애매모호하고 특징 없는 설명으로 그치곤 한다. 나는 아이들에게 종이 한 장씩을 나눠주고, 세로로 세 칸을 나눈 다음 맨 위에 '분류', '유형', '예'라고 제목을 쓰게 한다. 이제 '직업', '악기', '의복' 같은 몇 가지 명사를 주고 맨 앞의 '분류'란에 써넣으라고 한다. 두 번째 칸에는 '직업'이나 '동물'에 속하는 한 가지 단어를, 세 번째 칸에는 그보다 더 구체적인 '예'를 스스로 생각해서 써넣게 한다. 모두 명사여야 한다.

분류	유형	예
나무	상록수	삼나무
꽃	다년생 식물	미나리아재비
새	피리새 무리	홍관조
직업	장인	보석세공인
동물	말	종마
악기	타악기	팀파니
자동차	도요타	프리우스
날씨	비바람	태풍
무기	검	언월도

이 연습의 목적은 세 번째 칸에 있는 구체적인 명사들을 이용해서 글을 쓰면, 그 단어들이 가진 생생한 이미지로 인해 훨씬 선명하고 역동적인 글이 된다는 것을 보여주기 위함이다. 쉽고 일상적인 언어로 시를 써야 한다고 주장했던 윌리엄 카를로스 윌리엄스William Carlos Williams에게는 미안한 말이지만, 탐스런 꼬리를 가진 다람쥐가 뛰어다니고, 삼나무 가지 위에는 홍관조 한 마리가 사뿐히 앉아 있고, 나무 밑 풀밭에는 노란 미나리아재비가 무리지어 피어 있는 풍경이 앞서의 무미건조한 글보다 훨씬 구체적이고 풍성하다.

문법적 인식과 글쓰기를 연결시키는 또 다른 연습으로 '패턴 시 쓰기'가 있다. 칠판에 다음과 같이 품사와 문장성분 몇 개를 임의로 적는다.

전치사구
명사　동사　부사
전치사구
전치사구

그러면 아이들은 그에 해당하는 단어를 창의적으로 조합해서 그 자리에 적어 넣는다.

어둠 속에서	Through the murk
금붕어는 무심히 헤엄친다	Goldfish cruise unaware
자신의 그림자가	Of their reflection
고양이 눈에 비친 것도 모르고.	In a cat's eyes.

우연찮게 주옥 같은 작품들이 탄생하기도 하지만 멋진 시를 쓰는 것이 이 연습의 목표는 아니다. 좀 더 설득력 있고 표현력이 뛰어난 글을 쓸 수 있음을 알려주는 것이 문법을 배우는 목적이다.

소설

서사시나 서정시, 희곡 같은 다른 문학 장르와 비교해볼 때 소설은 언니, 오빠들의 장점을 한데 모은 명랑한 막내 같다. 장중한 서술체의 고대 서사시는 비현실적인 영웅과 신화 속 괴물의 천지를 뒤흔드는 싸움, 신과 인간의 이야기, 험난한 바다를 건너가는 원형의 여정 등 시간을 초월한 장대한 스케일의 이야기에 적격이다. 심장의 리듬을 반영한 '단장격短長格short–long iambic' 운율을 주로 사용하는 서정시에서 시인은 감성을 자극하는 표현과 개인적 느낌을 짧고 독립적인 형태의 시 속에 담아낼 수 있게 되었다. 『오이디푸스 왕』이나 『태양 속의 건포도』에서처럼 연극 속에 등장하는 인간관계는 오직 무대라는 역동적 현재만 전달할 수 있는 강렬함과 친밀함을 선사한다. 하지만 17세기 유럽에서 파격적 문학형태로 등장한 소설은 앞선 장르들의 모든 가능성을 아주 흥미롭고 새롭게 통합시켰다.('소설novel'의 어원은 '새로운 것, 신기한 것'을 뜻한다) 소설은 서사시의 전지적 시점과 전체를 통찰하는 넓은 시야, 서정시의 자기 고백적 친밀함, 그때까지 연극 무대의 전유물이었던 대화체를 이용해 사람들 사이의 복잡 미묘한 상호관계까지 모두 담아낼 수 있다.

소설의 장점과 특징을 집약한 작품을 찾아내는 것은 그리 만만한 일이 아니다. 서정시 같은 문장과 극적인 감정교류, 서사시적 시야까지 모든 요소를 갖춘 소설은 흔치 않은데다, 아직은 우주적 주제나 문학적 기교가 너무 많은 작품을 소화하기 힘든 9학년 아이들의 눈높이에 맞는 작품을 찾기란 더욱 어려운 노릇이기 때문이다. 이런 고민 끝에 9학년 소설 수업을 위해 몇 년 동안 선택했던 작품은 다름 아닌 **허먼 멜빌**Herman Melville의 걸작, 『모비 딕Moby Dick』이다. 다른 학교 교사들은 이 말을 듣고 농담하지 말라며 이렇게 말했다. "『모비 딕』은 길이가 방대하고 내용도 어렵고 심오하기 때문에 적어도 11, 12학년 이상은 돼야 읽을 수 있는 책입니다. 9학년밖에 안 된 아이들에게 그렇게 무거운 책을 준다는 건 말도 안 되는 무리한 요구입니다."

하지만 『모비 딕』은 많은 점에서 9학년에게 딱 맞는 작품이다. 이 책에는 9학년에게 꼭 필요한 세 가지 요소가 있다. ⑴ 최고의 모험소설이자, 집을 떠나 거대한 미지의 세계로 들어간다는 원형적인 여정의 모든 요소를 갖추고 있다. ⑵ 광적인 집착을 보이는 에이허브 선장, 버림받고 정신이 이상해진 가련한 흑인 소년 핍, 품위 있는 '야만인' 퀴퀘그, 선장을 그림자처럼 보필하는 조로아스터교 신자 페들러, 작가 멜빌의 겸손한 분신이자 작품의 화자인 이슈마엘, 그리고 거대한 흰 고래까지 등장인물마다 강렬한 매력을 지니고 있다. ⑶ 멜빌은 심오하고 추상적인 사색과 포경업에 대한 생생한 묘사의 균형을 멋지게 맞춘다. 구체적 현실 속에 탄탄하게 자리 잡은 사고를 필요로 하는 9학년들은 19세기 기술로 고래 기름을 채취하는 장면의 살아 있는 묘사에 깊이 매료되곤 한다.

하나씩 살펴보자. 『모비 딕』이 모험소설로서 청소년들의 마음을 설레게 할 매력을 지녔음을 부인할 사람은 없을 것이다. 사춘기 아이들은 '낭떠러지 끝' 같은 위험천만한 상황에 자석처럼 이끌린다. 학교 밖에서 짜릿한 전율을 찾아 헤매듯 책을 읽을 때도 그런 장면에 저절로 눈길이 머문다. 드디어 기다리고 기다리던 흰 고래를 만나 3일 동안 손에 땀을 쥐게 하는 '대 추격'을 펼치는 장면에서 아이들은 선원들이 작은 보트에 몸을 싣고 거대한 고래를 쫓아 맹렬히 노를 저을 때의 아슬아슬한 위험을 직접 겪는 듯 느낀다.

왜 청소년들은 짜릿함을 원할까? 청소년기에 발현되기 시작하는 내면세계(아스트랄체)의 특성 때문이기도 하다. 사춘기 이전 어린이들은 운율적이고 예측 가능하며 안정감 있는 활동을 원한다. 1, 2학년 아이들이 노는 모습을 보라. 운율 있는 동요를 부르면서 고무줄놀이를 하고, 줄넘기를 하고, 그네를 타고, 공놀이를 한다. 되풀이되는 이야기 모티브에 넋을 잃고 빠져들고, 혹시라도 부모나 선생님이 원형적인 3중성의 순서를 틀리게 말하면 곧바로 정정해준다. 하지만 이 타고난 리듬감은 사춘기의 시작과 함께 사그라진다. 아스트랄체의 탄생이 자연스런 리듬을 방해한다. 10대 아이들이 말하는 유형을 보면 내적으로 조화롭지 못한 상태임을 알 수 있다. 어린아이들은 노래하듯 안정된 흐름으로 말하는 데 비해 청소년들은 웅얼거리지 않으면 괴성을 지르며 말한다. 남학생들은 발을 질질 끌며 어기적거리고, 여학생들의 기분은 아직 들쭉날쭉한 월경 주기만큼이나 불안정하다. 넘치는 호르몬으로 인해 항상 약간 취한 듯한 상태에 있다. 감정이 전과 달리 강렬하게 반응하는 것을 느끼면서 충격과 자극을 줄 수 있는 경험을 찾아 나선다. 이젠 13세 관람 등급 영화는 너무 시시해서 볼 수가 없다. 그래서 몰래 공포 영화나 R등급(17세 미만은 보호자를 동반해야 하는 등급) 스릴러 영화를 보러 다닌다. 이젠 리듬이나 반복, 일상의 느낌을 주는 건 죄다 성에 차지 않는다. 그린 메도우 발도르프학교 교사들은 오래 전부터 상급과정 아이들이 요일마다 새로운 과목을 만나도록 시간표를 짜왔다.

발도르프 교사들은 수업 중 아이들의 참여도를 높이는 데 특별히 많은 노력을 기울인다. 두뇌만을 자극하는 수업은 아이들의 지성을 편협하게 만들 수 있음을 알기 때문이다. 슈타이너가 가장 중요하게 강조했던 교육 원칙 중 하나는 바로 아이의 '존재 전체'를 대상으로 수업해야 한다는 것이다. 이는 어린이 교육뿐만 아니라 청소년 교육에도 해당된다. 아이들의 사고와 함께 감정과 의지도 함께 움직이게 해야 한다. 이때 중요한 것은 다양성이다. 100분의 주요수업 동안 아이들은 『모비 딕』의 일부를 암송하기도 하고, 뱃사람들의 노래를 배우기도 하고, 멜빌의 삶에서 중요한 계기가 된 사건들을 살펴보기도 하고, 고래 모비 딕이 흰색이라는 설정이 가진 긍정적, 부정적 의미에 대해 열띤 토론을 벌이기도 한다. 고래잡이 선원이 되었다고 상상하면서 일지를 쓰기도 하고, 고래잡이용 작살과 보통 작살의 차이에 대해 그림을 그리기도 하고, 선원들이 뱃일 할 때 많이 쓰는 매듭 묶는 법도 배운다. 오버헤드overhead, 더블 하프힛치double half hitch, 라크스헤드larkshead, 토트라인힛치tautline hitch, 더블 피셔맨double fisherman, 그리고 제일 많이 쓰이는 보우라인bowline 등 다양한 매듭을 배우고 그림으로 그린다. 이렇게 다양하게 수업을 구성하는 방식은 특히 9학년에게 효과가 좋다. 다양한 활동을 통해 사고의 힘을 연마하는 동시에 공감을 자극하고 예술적이면서도 실용적인 활동으로 의지의 힘을 키운다. 이상적인 목표이긴 하지만 상급의 수업은 매 시간이 위험과 도전, 발견의 기회가 가득한 한편의 흥미진진한 모험이어야 한다.

어려운 상황에 처한 개성 강한 인물들을 만나는 것도 그런 모험과 발견에 속한다. 피쿼드 호의 선장과 선원들은 이런 요건을 모두 갖추고 있다. 도저히 어울릴 것 같지 않은 맨해튼 출신의 이슈마엘과 폴리네시아 추장의 아들 퀴퀘그는 피터 코핀의 스파우터 여관에서 만나 둘도 없는 친구가 된다. 함께 피쿼드 호에 오른 두 사람은 또래 청소년들의 안락한 세계를 벗어나 육지의 법칙이 적용되지 않는 낯선 세상으로 한 발을 내딛는다. 멜빌은 1장 첫머리에서 바다의 신비로운 유혹에 대해 말한다.

> "옛 페르시아인들은 왜 바다를 신성하게 여겼을까?
> 그리스인들은 왜 바다에 독립된 신격을 부여하고 제우스의 형제라고 말했을까?"
>
> 『모비 딕』 중에서

전 세계 많은 신화와 전설 속에서 바다를 건너는 여정은 공통적으로 저세상, 즉 정신세계로 들어가는 것을 상징한다. 성서 속 노아와 요나의 이야기에는 경고의 의미가 강했다. 친구 엔키두를 잃고 비통해하던 수메르 왕 길가메시는 영생의 비밀을 찾기 위해 죽음의 바다를 건너야 했다. 긴 여정을 마친 그는 완전히 다른 사람이 되어 우르크로 돌아온다. 그리스에서는 죽은 이들이 배를 타고 스틱스 강을 건너 음울한 그림자의 나라로 들어간다고 했다. 호메로스의 이야기 속 오디세우스(이 이야기는 10학년 때 자세히 다룬다)는 10년이란 세월 동안 바다에서 시련을 겪고 나서야 비로소 필요한 자질을 갖춘 인간이 될 수 있었다. 황금 양털을 찾아 아르고 호에 오른 이아손과 선원들의 여정 역시 정신적 의미를 지닌다. 셰익스피어의 『템페스트The

Tempest』에서 프로스페로는 자신을 배신한 원수들을 섬으로 데려오기 위해 폭풍우를 일으킨다. 배가 난파하는 시련을 겪은 뒤에야 그들은 양심의 가책 혹은 (그리고 상대방의 용서로 인한) 정신적 각성을 경험할 수 있었다. 콜리지Coleridge의 장편 시 『늙은 뱃사람의 노래The Rime of the Ancient Mariner』는 신의 창조물 하나를 무심코 파괴해버린 뱃사람이 겪는 고난과 구원의 과정을 연대기적으로 그리고 있다. 현대 작품 중에는 헤밍웨이Hemingway가 『노인과 바다The Old Man and the Sea』에서 이 모티브를 채용해 청새치 '형제'와 기나긴 싸움을 벌이는 노인이 변화해가는 과정을 보여준다.

피쿼드 호의 항해도 이런 원형적인 여정의 일종이다. 피쿼드 호는 물 위에 떠있는 하나의 고립된 세계다. 9학년 아이들도 온 세계 인종이 잡다하게 모여 있는 이 배가 광대한 우주 속을 떠도는 지구의 은유임을 쉽게 파악한다. 이 배의 여정은 곧 전 인류의 여정이다. 에이허브 선장의 강박적 집착과 스타벅의 진중함, 플라스크의 허장성세를 통해 아이들은 자신 안에 있는 다양한 모습을 비추어 본다. 멜빌은 첫 장에서부터 나르키소스 신화*를 언급하면서 이러한 거울 효과를 암시한다.

> 샘물에서 본 그 사랑스런 모습을 잡을 길 없어
> 너무도 괴로워하던 그는 샘물 속으로 뛰어들어 죽고 말았다.
> 하지만 우리들 역시 똑같은 이미지를 모든 강과 바다에서 본다.
> 그 이미지는 손에 잡히지 않는 인생의 환영이다.

---

* 나르시스 또는 나르시시스. 호수에 비친 자신의 모습과 사랑에 빠져 가슴 태우다 죽음을 맞이한다는 그리스 신화의 인물

그리고 그것이 모든 것을 풀 수 있는 열쇠다.

『모비 딕』 중에서

나르키소스의 고뇌를 가장 잘 반영하는 인물은 뭐니 뭐니 해도 에이허브 선장이다. 아이들은 고통을 지닌 영웅 에이허브를 통해, 바다의 심연을 꿰뚫어보고 고래 '모비 딕'의 모습에서 악의 정수를 통찰하는 존재를 만난다.

(그는 모비 딕에게서) 일부 깊이 있는 사람들이 심장과 허파가 절반밖에 남지 않을 때까지 내면에서 자신을 파먹어가는 그 모든 사악한 힘의 편집광적인 현신을 본다. 태초부터 전해 내려오는 그 형체 없는 악의를… 미쳐버린 에이허브에게는 삶과 생각 속에 존재하는 모든 미묘한 악마 숭배와 모든 사악함이 눈에 보이는 존재로 육화되고, 그래서 실제로 공격을 퍼부을 수 있게 된 것이 바로 모비 딕이었다. 그는 아담으로부터 전 인류가 느껴왔던 모든 보편적인 분노와 미움의 결정체를 그 고래의 하얀 혹등에다 차곡차곡 쌓아 올렸다.

『모비 딕』 중에서

흰 고래에 대한 에이허브의 광적인 태도를 보며 9학년들은 집착의 본질에 대해 자신의 생각을 펼쳐놓곤 한다. 아이들은 에이허브가 '무한한 불굴의 용기, 그 어떤 것에도 꺾이지 않는 결연한 의지'를 갖춘 인물이긴 하지만, 자신의 집착에 예속되어 있다고 말한다. 집착과 중독의 유사함에 대해 열띤 토론을 벌인 적도 있다. 토론을 통해 아이들은 초콜릿 중독이나 컴퓨터 게임 중독처럼 별로 위험해 보이지 않는 중독부터 도박이나 약물처럼 심각한 경우까지, 중독에도 다양한 수위가 존재함을 인식하게 되었다. 이 나이 아이들은 아직 허락되지 않은 성인 세계의 유혹들을 슬쩍슬쩍 넘보곤 한다. 하지만 의외로 아이들은 소설 속 인물들을 보며 다스리기 힘든 열정이나 욕망에 굴복한 결과가 무엇인지 금방 깨닫는다.

9학년에게 『모비 딕』을 추천하는 세 번째 요인은 사실 현대 독자들이 흔히 무시하고 넘어가곤 하는 부분이다. 고래를 잡아 기름을 추출하는 길고도 매혹적인 과정이 바로 그것이다. 멜빌은 고래를 추격해서 잡아 처리하는 모습을 눈앞에 펼쳐지듯 생생하게 묘사한다. 작살잡이가 미늘 달린 창을 던진다. 작살에 맞은 고래는 작은 고래잡이 보트를 끌고 미친 듯이 바다 위를 질주한다. 이것을 '낸터킷* 썰매타기'라고 한다. 몇 마일이고 바다 위를 헤매다 결국 고래가 완전히 탈진하면 그제야 선원들은 작살에 연결된 밧줄을 잡아당긴다. 멜빌은 지쳐버린 고래 옆에 보트를 갖다 대는 장면, 키잡이가 고래의 심장에 닿을 때까지 창을 빙빙 돌려가며 깊이 넣어 고래의 숨통을 끊는 장면을 자세히 묘사한다. 고래의 최후 몸부림을 묘사하는 장면에서 아이들은 혐오와 경탄이 뒤섞인 반응을 보인다. 고래는 고통과 공포 속에서 피를 뭉클뭉클 쏟아내며 작은 배를 뒤집어버릴 듯 격렬하게 꼬리를 휘두른다.

이런 잔혹한 고래잡이가 오늘날에도 벌어지고 있다는 걸 몰랐던 아이들에게는 현실에 눈을 뜨는 계기가 되기도 하지만, 야만적 고래잡이에 대한 호들갑스런 분노를 일으킬 목적으로 이 장면을 읽는 건 아니다. 고래 기름

* Nantucket_ 미국 북동부 메사추세츠 주에 속한 작은 섬. 원시인들이 통나무배를 타고 고래잡이를 떠나던 때부터 고래잡이의 중심지였던 곳

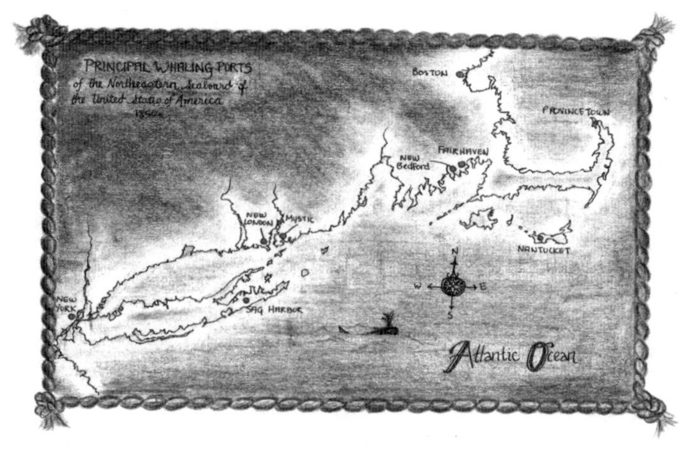

을 채취하는 과정에 대한 상세한 묘사가 사고의 논리적 인과관계를 훈련해야 하는 9학년들에게 도움이 되기 때문이다. 고래를 본선으로 끌어올린 뒤, '담요blanket'라 불리는 넓은 지방층을 베어내는 과정을 꼼꼼히 읽는다. 도르래 장치를 이용해서 거대한 기름덩어리를 갑판 위에 매달아 놓았다가 지육실脂肉室로 내려 먼저 '백마horse pieces'라고 부르는 작은 조각으로 잘라낸 다음, 다시 책장冊張처럼 얇다 해서 '성서 책장bible leaves'이라고 부르는 얇은 조각으로 베어내는 과정을 그린다. 그렇게 토막 낸 덩어리를 다시 주갑판 위에 있는 벽돌 화덕(정유 장치)으로 올려 보내 엄청나게 크고 뜨거운 냄비 속에 던져 넣는다. 고래 지방이 녹아 기름이 되면 통에 담아 배 아래쪽 창고에 보관한다. 이때 아이들은 고래 기름 가공 공정의 한 가지 역설을 깨닫는다. 기름을 짜낸 뒤 남은 쪼그라들고 파삭파삭해진 고래 지방 찌꺼기가 다음 번 잡히는 고래의 지방을 가공하는 연료가 된다는 것이다. 그래서 "고래는 자

TYPICAL WHALING VESSEL

I Foremast, II. Mainmast, III Mizzenmast; A. Fore Topgallant Staysail, B. Jib, C. Fore Topmast Staysail, D. Fore Staysail, E. Fore Royal, F. Fore Topgallant Sail, G. Fore Topsail, H. Fore Course, I. Main Topmast Staysail, J. Main Staysail, K. Main Royal, L. Main Topgallant Sail, M. Main Topsail, N. Main Course, O. Mizzen Royal, P. Mizzen Topgallant Sail, Q. Mizzen Topsail R. Spanker; 1. Fore Royal Stay, 2. Fore Topgallant Stay, 3. Jib Stay, 4. Fore Topmast Stay, 5. Fore Stay, 6. Main Royal Stay, 7. Main Topgallant Stay, 8. Main Topmast Stay, 9. Main Stay, 10. Mizzen Royal Stay, 11. Mizzen Topmast Stay, 12. Mizzen Stay. 13. Main Cabin, 14. Mate's Quarters, 15. Blubber Room, 16 Forecastle, 17. Lazaret, capt. stores, 18. After hold, stores, gear, 19. Main hold, oil casks, 20. Fore hold, 21. Captain's day Cabin.

신의 몸으로 연료를 공급해서 자신을 태운다."(『모비 딕』 중에서)

멜빌은 사방에서 은유를 찾아낸다. 땀내 나는 용광로 작업에서도 에이허브에 대한 은유를 이끌어낸다.

> 그들의 야만적인 웃음소리가 용광로에서 솟아오르는 불길처럼 높이 치솟아오를 때… 바람이 끝없이 울부짖고 파도가 넘실거릴 때, 배가 신음하고 물속으로 곤두박질치면서도 흔들림 없이 그 시뻘건 지옥의 불길을 바다와 밤의 암흑 속으로 깊이 더 깊이 몰고 갈 때… 야만인들을 태우고, 불과 불에 타고 있는 사체를 실은 채 칠흑 같은 암흑 속으로 돌진해 들어가는 피쿼드 호는 그 배를 지휘하는 이의 영혼과 물질로 한 쌍을 이루는 존재처럼 보였다.
>
> 『모비 딕』 중에서

그렇기 때문에 고래잡이에 대한 전문적 설명과 사건 진행을 위한 성격 묘사는 사실 분리시킬 수 없다. 보통 9학년들은 문자적 의미만 파악하면 깊은 속뜻에는 크게 관심을 두지 않는다. 하지만 이 책은 과정 묘사가 워낙 생생하기 때문에 장황한 설명을 덧붙일 필요가 없다. 그래도 멜빌은 가끔씩은 9학년들도 쉽게 이해할 수 있는 은유를 던진다. '기름 덩어리 자르기' 과정 중에 퀴퀘그는 잡은 고래의 미끈거리는 등에서 어렵사리 균형을 잡으며 도르래 고리를 꽂을 구멍을 뚫는다. 이슈마엘은 갑판에 서서 '원숭이 밧줄'로 퀴퀘그와 자신의 허리를 연결한 채 그가 바다에 빠지지 않도록 밑에서 보호한다. 하지만 이슈마엘은 퀴퀘그와 자신의 처지가 위태롭기 짝이 없다고 느낀다.

> 좋든 싫든 우리 둘은 지금으로선 한 몸이다. 혹시라도 가엾은 퀴퀘그가 바다에 가라앉아 다시 떠오르지 않으면 나는 관습과 의리가 요구하는 대로 줄을 끊지 않고 그의 뒤를 따라 함께 물속으로 끌려 들어가야 한다… 나는 이런 내 처지가 숨이 붙어 있는 모든 인간이 처한 상황과 한 치도 다를 바 없음을 깨달았다… 돈을 맡긴 은행이 파산하면 당신은 권총으로 자살한다. 약제사가 실수로 당신의 알약 속에 독을 넣으면 당신은 죽는 거다.
>
> 『모비 딕』 중에서

인간의 상호의존성을 역설하면서 멜빌은 청소년들의 마음 깊은 곳에 자리한 인류애의 이상을 일깨운다. 인터넷, 휴대전화가 인류에게 선사한 진정한 선물은 전 세계 사람들이 연결되어 있다는 자각이다. 이처럼 세계가 하나로 연결되어 있다는 의식의 성장은 동남아 쓰나미, 허리케인 카트리나, 파키스탄 지진 등 최근의 자연재해 지역에 전 세계에서 구조의 손길이 몰려드는 것을 봐도 알 수 있다. 루돌프 슈타이너는 미래에는 지구 상 어딘가에 밥을 굶고 잠자리에 드는 아이가 있는 한 풍족한 사람들이 잠을 이루지 못하는 날이 올 거라고 말했다. "미래에는 주변 사람들이 불행하면 아무도 마음 편하게 행복을 누리지 못할 것입니다."(GA 182) 기아를 해결하고, 불우한 이들을 교육하고, 에이즈의 참상에 맞서 싸우고, 전쟁으로 만신창이가 된 나라의 고아들을 거두는 단체들이 급격히 늘어가는 것은 많은 것을 누리는 사람들이 억압받고 고통받는 사람들과 자신을 같은 인간으로 여기는 의식이 성장하고 있음을 반증한다.

추천 작품

여러 해 동안 9학년 수업에서 참으로 많은 소설을 다루어보았다. 소설의 수만큼이나 아이들의 호응과 수업의 성공여부도 천차만별이었다. 카슨 매컬러스Carson McCullers의 『마음은 외로운 사냥꾼The Heart is a Lonely Hunter』으로 수업을 진행한 적이 있었다. 며칠 동안은 탁월한 선택이라고 뿌듯해 했지만 벙어리 주인공의 자살로 소설이 끝나자 너무 많은 아이가 허탈해하고 가슴 아파했다. 스타인벡Steinbeck의 『생쥐와 인간Of Mice and Men』도 마찬가지였다. 레니가 조지를 '자비로운 마음으로' 살해하자 많은 아이가 슬픔에 빠졌다. 9학년들에게 결말이 불행한 이야기를 수업에 써서는 안 된다는 말이 아니다. 처절하고 비참한 결말이라면 『오이디푸스 왕』 같은 작품이 어디 있고, 가슴 아픈 비극이라면 『로미오와 줄리엣』을 능가할 작품이 어디 있는가? 게다가 이 나이는 인생의 '어둠'을 탐닉하는 때다. 이런 '영혼의 고통'을 통해 세상의 고뇌를 자신의 것처럼 아프게 공감하는 능력이 자라는 법이다. 실제 삶에서 그런 어둠을 안고 사는 것보다는 책을 통해 간접 경험하는 편이 훨씬 낫다.

하지만 비참하고 충격적인 것을 갈망하는 사춘기 아이들 영혼의 허기를 과도하게 자극하지는 말아야 한다. 아무런 희망도, 구원의 가능성도 없이 독자를 좌절과 절망에 몰아넣고 끝나는 책이 얼마나 많은가. 올더스 헉슬리의 『멋진 신세계』와 조지 오웰의 『1984』도 그런 작품에 속한다. 우리는 9학년들에게 이런 책은 될 수 있으면 주지 않으려 한다. 아직 자신들이 생각하는 것보다 훨씬 감수성이 예민하고 여리기 때문이다. 인간적 기쁨과 슬픔을 모두 담은 이야기, 절망도 있지만 그것을 치료할 믿음도 함께 담고 있는 이야기를 찾아야 한다. 오래된 소설이지만 몇 해를 두고 수업을 해봐도 이런 조건을 충족시키는 데 부족함이 없는 작품 중 하나는 앨런 페이턴Alan Paton의 『울어라, 사랑하는 조국이여Cry, the Beloved Country』이다. 20세기 중반(1943년) 남아프리카를 배경으로 하는 이 소설에서 페이턴은 백인 아버지와 원주민 아버지의 이야기를 들려준다. 두 사람 모두 비극적 유혈 충돌 속에서 아들을 잃고 광기 어린 인종주의가 만든 상처를 회복시키는 데 평생을 바친다. 다행히 이제는 남아프리카 정부가 '아파르트헤이트'*백인 우월정책을 공식적으로 채택하지 않는 세상이 되었지만 아이들은 그 나라에 (어쩌면 지금 자신이 사는 나라에도) 아직도, 무지에서 비롯한 인종 편견과 인종 차별적 정책이 존재함을 깨닫는다.

보통 9학년 1학기 수업에서 읽게 하는 또 한 편의 20세기 소설은 **포리스트 카터**Forrest Carter가 쓴 『**작은 나무의 교육**The Education of Little Tree』이다. 부모를 잃은 한 아이(인디언 이름 '작은 나무')가 스모키 산맥 미개척지에 사는 체로키 인디언 조부모의 손에서 자라게 된다. 이 소설에는 유머와 비애가 공존하며, 아이들에게 삶의 지침이 될 만한 가르침들이 곳곳에 담겨 있다. '나만의 비밀 장소'라는 제목의 장에서 '작은 나무'는 달콤한 향기를 내는 사향벌레를 발견하고 그 사실을 할머니께 말씀드린다. 할머니는 그렇게 멋진 향기를 알게 된 것을 기뻐하면서 할아버지에게 이야기한다.

* apartheid_ 남아프리카공화국의 인종차별정책. 넬슨 만델라가 대통령이 되며 1994년에 철폐됨

> 할아버지는 아무 말도 못 할 만큼 크게 놀라셨다. 내가 할아버지께 그 벌레 냄새를 맡게 해드렸더니 할아버지는 70년 넘게 사시면서 이런 냄새는 단 한 번도 맡아본 적이 없다고 말씀하셨다. 할머니는 내게 잘했다고 칭찬해주셨다. 뭔가 좋은 것을 만나게 되면 제일 먼저 누구든 다른 사람과 함께 나누어야 한다고 말씀하셨다. 그러면 좋은 일이 말로 전할 수 없는 곳까지 퍼져나가기 때문이며 그래야 마땅하다고 하셨다.
>
> 『작은 나무의 교육』 중에서

또 다른 일화에서 할아버지는 '작은 나무'를 데리고 나가서 슬리크라는 이름의 여우가 할아버지의 사냥개들을 골탕 먹이는 모습을 보여준다.

> 할아버지께서 말씀하시길 늙은 여우 슬리크가 개들이 가까이 올 때까지 기다리는 이유는 자기 냄새를 바위에 진하게 남기고 싶어서라고 하셨다. 그러면 개들의 '감정'이 '감각'을 압도해서 정신없이 흥분하게 되리란 걸 알고 있다는 거다. 리핏과 베스에겐 그 꾀가 먹혔다…
>
> 할아버지는 사람 중에서도 이렇게 감정이 감각보다 앞서, 리핏처럼 어리석게 구는 경우를 수도 없이 봤다고 말씀하셨다. 내 생각에도 정말 그랬다.
>
> 『작은 나무의 교육』 중에서

이렇듯 소박하면서도 선명한 교훈은 21세기를 사는 청소년들에게도 그대로 전달되기 때문에 교사가 굳이 불필요한 설명을 덧붙일 필요가 없다. 저자 포리스트 카터의 행적을 둘러싼 논란 때문에 이 책을 꺼리는 교사들도 있다. 카터가 젊은 시절에 극우 단체인 KKK단원으로 활동했고 앨라배

마 주지사를 지낸 조지 월리스의 참모로 일하면서 악명 높은 선거 구호 "인종 분리 정책을 오늘도, 내일도 그리고 영원히!" 작성에 참여했다는 것이다. 카터의 정치적 견해와 『작은 나무의 교육』에 담긴 섬세한 서정성이 너무나 상반되기 때문에 작가의 실제 모습에 대한 질문이 제기되는 것은 당연하다. 과연 이 책은 뉴에이지 자유주의자들의 말랑한 감성을 겨냥해 달콤한 문장 속에 본모습을 감춘 알맹이 없는 잡설에 불과할까, 아니면 인내와 용기, 자립심과 자연에 대한 경외심을 역설하는 인류 보편의 이야기일까? 카터는 거짓말쟁이 사기꾼일까, 아니면 인생의 황혼기에 접어들며 개과천선한 인물일까? 그런 어둠 속에서 어떻게 이렇게 빛나는 글이 나올 수 있었을까?

나는 1970년대 출판된 걸작 『내 심장을 운디드니에 묻어주오Bury My Heart at Wounded Knee』의 저자 디 브라운Dee Brown의 의견에 동의한다. 미 대륙을 점령한 백인들이 원주민 인디언들을 상대로 저지른 인종 학살에 대한 연대기적 기록이며, 인디언은 '야만인'이라는 고정관념을 뿌리 뽑게 만든 문제의 책을 쓴 브라운은 이렇게 말한다. "그 책을 사람들이 좋아하면 됐지, 작가가 누군들 무슨 상관인가?"* 읽어본 '다음'에 작가의 정치적 견해에 관해 토론해보는 것은 교육적으로도 의미가 있겠지만 불매운동을 한다든가 읽어보기도 전에 그 책을 둘러싼 논란을 언급해서 어린 학생들에게 편견을 심어주는 태도는 별로 바람직해 보이지 않는다. 불미스런 과거나 논란의 여지가

---

* 데이브 랜달Dave Randall, 『KKK단 일원이었던 체로키 인디언 작은 나무의 실체The Tall Tale of Little Tree and the Cherokee Who Was Really a Klansman』 〈인디펜던트지The Independent〉 (2002년 9월 1일) 중 본문 인용

많은 견해를 가진 예술가의 손에서 탄생한 위대한 작품이 얼마나 많은가?

마지막으로 9학년 눈높이에 잘 맞을 유명한 작품 두 편을 소개한다. **하퍼 리**Harper Lee의 **『앵무새 죽이기**To Kill a Mockingbird**』**와 **『안네의 일기**The Diary of Anne Frank**』**이다. 청소년은 세상의 모든 불공정과 고통을 바로잡으려는 열정으로 불타오르는 동시에 자신의 편협함과 삐딱함에서 벗어나지 못한 존재들이다. 이들에겐 닮고 싶은, 이상의 살아 있는 본보기가 필요하다. 『앵무새 죽이기』에서 애티커스 핀치는 백인 여자를 강간했다는 혐의로 억울하게 기소된 결백한 흑인 남자를 변호하기로 한다. 핀치는 뿌리 깊은 편견 앞에서 절대로 흔들리지 않는 도덕적 강직함과 신념이 무엇인지 보여준다. 이 책에선 친절과 용기에서 우러난 행동의 예가 많이 등장한다. 가장 독자들의 허를 찌르는 것은 소설 말미에서 젬과 스카우트가 복수심에 불타는 여자의 아버지에게 공격당할 때 부 래들리가 나타나 구해주는 장면이다. 그 마을에서 가장 수수께끼 같은 인물이자 '유령' 같은 존재로 마을 사람들의 공포의 대상이던 부 래들리가 알고 보니 잘난 체하지 않는 용감하고 훌륭한 이웃이었다는 것은 사람을 속단하지 말아야 한다는 교훈이 된다.

『안네의 일기』로는 9학년들과 다양한 각도에서 수업을 진행할 수 있다. 첫째, 이 책은 9학년들에게 매일 일기 쓰는 습관의 장점을 알려준다. 또 비밀 벽장에 숨어서 보낸 몇 년의 세월을 당사자의 눈으로 보여주는 일기를 읽으면서, 아이들은 상상도 어려울 만큼 참혹했던 역사적 사건을 피부로 느낄 수 있다. 현대 미국을 사는 10대의 삶이 아무리 버겁다 해도 안네의 시련 앞에선 작아보이기 마련이다. 아이들은 안네 역시 평범한 청소년이었음을 느낀다. 안네의 글에는 또래 아이들이 쉽게 감정 이입하고 이해할 수 있는 사춘기의 갈망과 낯설지 않은 자아도취, 앞으로 펼쳐질 인생의 가능성에 대한 부푼 기대가 뒤섞여 있다.

> 하느님께서 나를 살려주신다면 난 엄마의 삶보다 많은 일을 해낼 거야.
> 나는 절대 시시한 사람으로 살진 않을 거야. 나는 세계와 인류를 위해 일할 거야.
>
> 『안네의 일기』 중에서

이처럼 평범한 안네가 자신이나 주변 사람들을 통찰할 때는 '나이든 영혼'처럼 보이기도 한다. "가끔 난 좀 특이한 짓을 해. 그러니까 다른 사람의 눈을 통해 나 자신을 바라보는 거야. 그럴 때면 나는 '안네'라는 어떤 아이에게 일어나는 일을 편안하게 바라봐. 아무 상관 없는 사람처럼 그 아이 삶을 가볍게 책장 넘기듯 보는 거지."(『안네의 일기』중에서)

이처럼 거리를 두고 명확하게 삶을 바라보는 태도가 바로 9학년들에게 키워주고자 하는 객관성이다. 심지어 안네는 루돌프 슈타이너의 인지학을 공부한 이들에게 익숙한 명상연습(그런 객관성을 발달시키는 데 도움이 되는)에 대해서도 말한다.

> 모든 사람이 매일 저녁 잠들기 전에 그날 하루에 있었던 일을 떠올리면서, 좋고 나쁜 점에 대해 분명히 생각해볼 수 있게 된다면 우리는 얼마나 훌륭하고 좋은 사람이 될까. 그러면 자신도 모르는 사이에 새로운 하루를 시작할 때마다 더 나

은 사람이 되려고 노력하게 되거든.

『안네의 일기』 중에서

안네의 일기는 청소년들에게 수호천사처럼 '더 높은 자아가 있음'을 일깨워준다. 점점 거칠어지는 파도 같은 현실 속에서 청소년들이 가라앉지 않도록 지탱해주는 것은 더 높은 곳을 향한 눈과 이상이며, 안네는 끝까지 그 이상을 잃지 않았다.

나는 젊고 내겐 숨겨진 보석이 많아. 나는 젊고 강하고 엄청난 모험을 살고 있어. 나는 아직 그 모험 한가운데 있는 거야. 그러니까 그 긴 하루를 푸념으로 보낼 순 없지. 나는 받은 게 참 많아. 천성적으로 밝고 활기차고 쾌활하지. 매일같이 나는 내가 내적으로 성장하고 있고 자유가 가까워지고 있음을 느껴. 자연이 정말 아름답다고, 내 주위 사람들이 정말 좋은 이들이라고, 그리고 이 모험이 정말 흥미진진하다고 느껴! 그런 내가 왜 절망에 빠지겠어?

『안네의 일기』 중에서

10학년

논리와 법칙

10학년들은 오디세우스에게서 지적 능력이 깨어나기 시작하고 아직 미숙한 자아의 힘에 도취되곤 하는 낯익은 자신의 얼굴을 본다 _본문 중

오디세우스와 사이렌 항아리에 새겨진 그림 (BC 480–470)

[10학년 수업 주제와 인용 작품]

- 『오디세이아』
- 시 쓰기 / 화가, 음악가, 사제로서의 시인
- 『성서』

오묘한 바다 『오디세이아Odysseia』

10학년이 되면서 아이들이 믿을 수 없을 만큼 달라진다는 말이 과장된 호들갑처럼 들릴 수도 있다. 하지만 아이들과 매일 함께 하는 교사들은 9학년에서 10학년으로 올라가는 방학 동안 엄청난 변화가 일어난다는 말에 망설임 없이 고개를 끄덕일 것이다. 상급에서 일 년을 보내면서, 아니면 나이를 먹으며 철이 좀 들어 그럴 수도 있다. 어쨌든 새 학기 시작과 함께 10학년이 되어 학교로 돌아온 아이들의 안정감 있는 눈빛에선 작년의 어설펐던 모습은 온데간데없다. 이제 우리는 이들을 진창에 빠져 어쩔 줄 모르고 허우적대는 아이가 아니라, 안전한 항구를 떠나 넓은 바다로 떠날 채비를 마친 멋진 그리스 함선의 당당한 선원으로 봐주어야 한다. 자신에 대해 훨씬 편안해지고, 개념적으로도 명료해졌으며, 자신의 인식 능력에 대해 그 어느 때보다 자신만만하다.

하지만 10학년을 여러 번 경험한 교사들은 이 나이에 자주 나타나는 또 다른 특징도 알고 있다. 아이들의 자신감이 커지다 못해 간이 부어버리기 때문인지도 모른다. 이유야 어쨌든 많은 아이가 '갈 데까지 가' 본다. 시기는 저마다 다르지만 술, 담배, 마약, 섹스, 도둑질, 거짓말 등 온갖 말썽에 발을 들이는, 다시 말해 세상이 내미는 달콤한 유혹의 손길에 넘어가는 경우가 종종 발생한다. 모든 아이가 다 그런다는 것은 물론 아니다. 6, 7학년 때 벌써 '사고'를 쳐서 부모를 진땀 빼게 하는 아이도 있고 한참 뒤에 그러는 아이, 끝까지 안 그러는 아이 등 제각각이다. 요점은 10학년이 '그럴 때'라는 것이다.

10학년에게 **호메로스**Homeros의 **『오디세이아』**를 읽게 하는 이유는 바로 이 때문이다. 휴대 전화가 없던 시절을 기억조차 못하는 21세기 아이들이 3천 년 전 서사시에서 대체 무엇을 배울 수 있을까? 앞에서 발도르프학교의 교과과정은 성장하는 아이들의 요구를 반영하고 자극해야 하며 이 원칙은 유치원, 담임과정뿐 아니라 상급과정에서도 중요하다고 말했다. 그렇다면 10학년을 현대 과학의 경이가 아니라 사람 잡아먹는 괴물, 배를 집어삼키는 소용돌이, 분노한 바다의 신, 사람을 홀리는 마녀 따위의 신화가 주는 경이로 가득 찬 옛날이야기 속으로 데리고 들어가는 것이 그들의 어떤 요구를 반영한다는 것일까?

『오디세이아』는 예로부터 상급학교 수업의 기본 주제였다. 몇 십 년 전

학생들도 이 트로이 전쟁 후일담을 호메로스 시대의 그리스로 들어가는 창으로, 융* 심리학의 원형적 주제들의 향연으로, 상실과 그리움, 재결합을 다룬 고전문학으로 공부해왔다. 이 밖에도 수없이 많은 의미가 있겠지만, 본질적으로 『오디세이아』는 인간의 성장과정 중 새로운 단계가 탄생할 때 겪는 고통에 관한 이야기다.

우리는 오디세우스라는 인물에서 한 인간뿐 아니라 한 시대 전체의 투쟁을 본다. 인류의 대표자격인 오디세우스는 중요한 새 시대의 도래를 예언한다. 새로운 이성과 탐구정신 위에 세워지는 그 문화는 그리스 황금시대에 절정을 이룬다. 한 인간의 자격으로 보면 오디세우스는 지적으로 활발하고 자아가 분명한 존재의 태동을 상징한다. 10학년들은 문학의 거울에 비친 오디세우스의 모습에서 지적 능력이 깨어나기 시작하고 아직 미숙한 자아의 힘에 도취되곤 하는 낯익은 자신의 얼굴을 본다.

분명히 10학년들에게는 아킬레스가 주인공인 『일리아드The Iliad』보다 『오디세이아』가 훨씬 적합하다. 많은 사람이 가장 고귀한 그리스 전사라고 여기는 아킬레스는 9학년들과 더 닮았다. 아킬레스는 전투에서는 따라올 자가 없는 용사이지만 유일한 약점인 발꿈치 힘줄 때문에 불멸의 존재가 되지 못한다. 하지만 『일리아드』의 요점은 그가 전쟁에서 '획득한' 여자를 잃고 심통이 났다는 것이다. 싸울 때의 용맹함은 어디로 가고 감정의 노예가 된 아킬레스는 부러움을 증오로, 슬픔을 분노로 바꾸고 만다. 제일 친한 친

---

* 칼 융Carl Gustav Jung (1875~1961)_ 스위스 출신 정신과 의사, 심리학자. 프로이트의 정신분석학에 영향을 받아 분석심리학을 세웠고, 개인의 무의식과 집단 무의식의 원형을 신화나 민화 속에서 찾았다.

구가 자신의 갑옷을 입고 전투에 나갔다가 죽었다는 소식에 아킬레스의 분노는 결국 폭발한다. 트로이의 영웅 헥터를 죽여 친구의 원수는 갚지만 자신의 죽음을 스스로 재촉한 꼴이 되고 만다. 헥터의 동생 페리스가 트로이 성벽 위에서 쏜 화살이 아킬레스의 약점인 발꿈치 힘줄을 관통한 것이다.

결국 아킬레스의 무용담은 청소년들의 경각심을 불러일으키는 이야기에 머물고 만다. 아이들은 아킬레스의 무모한 분노가 감정을 조절하지 못한 유치한 행동이라고 본다. 이 이야기에는 상급과정의 교재 선택에서 가장 중요하게 여기는 요소 즉, '자기 변형'이나 '자기 인식'의 가능성이 빠져 있다. 감정에 사로잡혀 앞뒤 분간 못하고 지성은 깊이 잠들어 사리분별이 안 되는 아킬레스는, 복수와 폭력의 악순환을 끊지 못하고 결국 그 희생양이 되고 마는 구시대의 의식 상태(21세기에도 끈질기게 그 명맥을 유지하고 있는 의식 상태)를 상징한다.

꾀 많은 오디세우스는 훨씬 현대적이고 복잡한 인물로, 지성이 깨어나기 시작하는 10학년들은 그의 멋진 계략에 찬탄을 보낸다. 오디세우스는 세상의 많은 유혹 앞에서 자신을 다스리려 애쓰는 자신들의 노력에 대한 은유적 초상이며, 그것이 이 이야기를 10학년들에게 소개하는 주된 이유다. 호메로스의 서사시 『오디세이아』는 근본적으로 한 사람과 그의 부하들이 꼬리를 물고 이어지는 유혹에 어떻게 대처하는가를 보여주는 이야기이다.

의기양양하게 트로이를 떠날 때만 해도 오디세우스는 금방 고향 이타카로 돌아가 사랑하는 아내 페넬로페와 어린 아들 텔레마코스를 품에 안을 거라 믿어 의심치 않았다. 목마를 만들어 트로이에 선물하자는 아이디어를 내서 그리스에 최종 승리를 안겨준 뛰어난 지략가가 아닌가. 그뿐만 아니라 아테네 여신이 그의 '바닥 없는 꾀주머니'를 무척 아껴, 여신의 총애까지 한 몸에 받았다. 그토록 영리한 자라면 귀향길의 모든 어려움을 능히 극복할 수 있을 터였다. 그러나 그 여정에서 오디세우스는 약점을 노출하고 지략과 인내심, 유혹에 저항하는 힘을 한계까지 몰고 가는 12가지 시련을 만난다. 헤라클레스의 12과제처럼 시련은 오디세우스에게 엄청난 고통을 안겨주는 동시에 그의 위대함을 단련시키는 용광로 역할을 한다. 마침내 모든 시련을 극복한 주인공은 순수한 마음을 지닌 페넬로페와 다시 결합하기에 부족함 없는 고귀한 존재로 거듭난다.

집으로 돌아가는 긴 여정 동안 오디세우스는 오늘날 청소년들에게도 찾아오는 온갖 원형적 유혹에 맞서 싸운다. 키르케는 남자의 모든 욕망을 만족시켜 주는 척하다가 돼지로 둔갑시켜버리는 마녀였다. 돼지가 된 부하들을 다시 인간의 상태로 구해냈지만 정작 자신이 키르케의 강력한 매력에 굴복한다. 키르케의 '흠 없는 침대'를 함께 쓴 지 일 년이 지나서야 자신이 키르케의 마법에 걸려 고향에 두고 온 영혼의 동반자에게 돌아가는 길을 벗어났음을 깨닫는다.

또 다른 섬에서 오디세우스는 근심걱정 없이 감미롭고 황홀한 나날들을 약속하는 '로터스 열매를 먹는 사람들'의 손아귀에서 부하들을 끌어내느라 애를 먹는다. 얼마 뒤에는 사이렌의 노랫소리에 넘어가지 않도록 부하들을 지켜야 했다. 매혹적인 바다요정 사이렌은 황홀한 노랫소리로 뱃사람들을 유혹해 배가 암초에 걸려 난파하게 만든다.

10학년들은 '섹스, 마약, 로큰롤'의 치명적인 유혹에 넘어간 게 자신들이 처음이 아니라는 사실을 깨닫고는, 오디세우스가 이런 유혹에 어떻게 대처하는지 큰 관심을 갖고 지켜본다. 그러다가 이 남자가 자기들과 많이 닮았음을 깨닫는다. 위대함과 장점도 많고, 기개를 펼쳐보고 싶은 뜨거운 열망도 있지만, 자기 조절 능력과 겸손함이 부족해 고난을 자초하는 것이다. 오디세우스는 자기 조절과 겸손함이라는 영혼의 능력을 키워야 고향으로 돌아갈 수가 있다.

여행 초반에 오디세우스와 부하들은 거인족인 키클롭스들이 사는 땅에 이른다. 오디세우스의 모험 중 가장 유명한 일화이므로 한번쯤 들어보았을 것이다. 정신을 차려보니 키클롭스의 수령인 폴리페모스의 동굴에 갇힌 신세가 된 그들이 오디세우스의 영리한 계획 덕분에 거인의 눈을 멀게 한 다음 양들의 아랫배에 매달려 동굴을 빠져나오는 이야기다. 하지만 섬을 빠져나가는 중요한 순간에 오디세우스가 전혀 필요치 않고 말도 안 되는 오만을 부렸던 것을 기억하는 사람은 많지 않다. 주도면밀한 오디세우스가 앞서 폴리페모스에게 자기 이름이 '아무도 아니다'라고 알려주었기 때문에, 폴리페모스는 자기를 골탕 먹인 이의 이름을 알지 못했다. 무사히 넘어가는가 싶은 순간에 오디세우스의 경솔함이 고개를 쳐든다. 자신의 영리함을 자랑하고 싶은 마음을 억누르지 못한 것이다. 떠나는 배의 갑판에 서서 오디세우스는 눈먼 거인에게 소리친다.

키클롭스, 그대가 어떻게 수치를 당하고 눈멀게 되었는지,

어떤 인간이 와서 묻거든, 그에게 말하라
오디세우스, 도시의 침입자가 그대의 눈을 앗아갔다고.

『오디세이아』 중에서

아이들이 오디세우스라는 인물을 통해 자신의 자만심과 자제력 부족을 가장 잘 들여다볼 수 있는 대목일 것이다. 그 무책임하고 무분별한 행동 때문에 범인이 누군지 알게 된 폴리페모스의 아버지이자 바다의 신 포세이돈이 거대한 폭풍우를 일으켜 배를 난파시키면서 오디세우스는 10년이 지나서야 고향에 돌아갈 수 있게 된다. 사춘기의 무모하고 경솔한 행동도 '배를 난파시킬' 수 있다. 하지만 그로 인한 모든 상처와 아픔은 그리스인들이 '아나그노리시스'라 부르던 자기 인식과 그로 인한 자기 성장의 기회를 청소년들에게 선사한다.

10년 동안 온갖 시련을 겪고 나서야 오디세우스는 자신을 다스릴 힘을 갖게 된다. 자아에 이르는 길은 혹독한 대가 없이는 얻어지지 않는다. 항해를 시작할 때만 해도 오디세우스에게는 전리품을 가득 실은 배, 용맹과 기지에 대한 명성, 자랑스러운 부하, 훌륭한 왕비까지 이타카의 왕 신분에 어울리는 모든 것을 소유하고 있었다. 하지만 어느 낯선 섬의 해안을 기어 올라갈 때 그는 빈손이었다. 배와 전리품, 부하, 심지어 입고 있던 옷까지 전부 바다에서 잃고, 벌거벗은 채 추위에 떨며 간신히 숨만 쉬던 오디세우스에게 남은 건 지울 수 없는 페넬로페의 얼굴과 현실에 맞서기 위해 쥐어짜내고 있는 실낱같은 힘뿐, 그 밖엔 자신의 것이라 부를 수 있는 것이 아무것도 없었다.

여기서 다시 한 번 10학년들은 오디세우스의 상태에 공감한다. 아동기와 성인기의 중간 단계를 힘겹게 건너는 와중에 어린 시절에 누리던 귀한 '선물'을 잃어버렸다고 느끼기 때문이다. 그 선물은 세상과의 일체감, 끝없는 놀이를 가능하게 했던 넘치는 상상력, 시간에 대한 망각, 자의식 부재로 인한 자유로움이었다. 이런 타고난 능력이 시들면서 아이들은 고향의 어느 후미진 골짜기에서 정신을 차린 오디세우스처럼 자신이 버림받고 안전하지 않다고 느낀다.

'나는 지금 어디에 있는가?
이번엔 누구의 왕국에 온 것일까?
나를… 내가 어디로 이끌어야 할까,
누구도 나를 이끌어주지 않고, 방향도 모르는데?'
그리고 그는 눈물을 흘렸다
절망에 빠져, 자신의 나라를 향해, 터덜터덜
끝도 없이 펼쳐진 넓디넓은 바다 옆에서
그 바다만큼이나 지치고 황폐해져서 무거운 발걸음을 옮기고 있다.

『오디세이아』 중에서

하지만 사춘기는 반드시 거쳐야 하는 단계다. 시련을 이겨내고 '본향'으로 돌아가는 긴 항해를 마친 오디세우스처럼, 아이들은 이 시기를 거치면서 건강한 자아에 이르게 된다. 빛나는 어린 시절을 기꺼이 뒤로 하고, 내면의 폭풍우를 다스리고 세상의 시련에 맞설 새로운 능력을 연마해야 한다. 더불어 호메로스는 그 어두운 절망의 시간을 보내는 동안 청소년들을 위해 늘 그 자리에 서서 방향을 일러줄 존재가 필요하다고 말한다. 그것은 오랜 세월 한마음으로 기다려주는 아이들만의 페넬로페이며, 자신의 순수하고 높은 자아에 대한 상이다. 페넬로페는 자아 탐색의 길 위에 선 모든 오디세우스를 두 팔 벌려 기다린다. 그녀의 따뜻한 품은 길고 험난한 여정을 이끄는 힘의 원천이며, 여정의 끝에서 만나게 되는 귀중한 보물이다.

시 쓰기_상상력, 영감, 직관 키우기

시 수업은 당연히 모든 학년에서 가능하다. 하지만 시의 형식과 장치를 본격적으로 배우기에 가장 적합한 때는 10학년이다. 이제는 9학년 수업에서처럼 'A는 B다'라는 질문과 답을 주고받는 것만으로는 무언가 부족하다고 느낀다. 10학년들은 '어떻게 해서 그렇게 되었지?'라는 질문에, 그 중에서도 형식과 구조, 논리와 법칙성에 관심을 보이기 시작한다. 시의 내용뿐 아니라 시인이 어떻게 분위기를 만드는지, 소리를 어떻게 이용하는지, 시인의 의도를 어떻게 전달하는지를 알고자 한다. 교사에 따라 '시 쓰기'라 부르기도 하고 '언어의 꽃'이라 부르기도 하는 시 수업을 통해 아이들은 고전시가와 현대시의 구조를 분석하고, 창작도 하면서 시 쓰기를 배운다.

시 수업은 보통 세 부분으로 나눈다. 먼저 앵글로색슨족과 라틴족, 노르만족이 얽히고 섞이는 과정에서 영어라는 언어가 어떻게 발달하고 변화해왔는지를 살펴본다. 그런 뒤에는 '화가로서의 시인'을 주제로 이미지를 만드는 요소에 무엇이 있는지 살펴보고, 어린 시인들의 내면과 외면의 눈을 여는 연습을 한다. 이때 자주 이용하는 시는 **윌리엄 카를로스 윌리엄스**William Carlos Williams의 유명한 심상주의心象主義* 시 **『빨간 외바퀴 손수레**The Red Wheelbarrow**』**다.

참 많은 것이	so much depends
매달린	upon
빨간 외바퀴	a red wheel
수레	barrow
번들거리는	glazed with rain
빗물	water
그 곁엔 하얀	beside the white
닭들.	chickens.

처음엔 별로 대단치 않아 보이는 이 시에 왜 사람들이 그렇게 호들갑을 떠는 지 모르겠다는 반응을 보이곤 한다. 그러다가 작품의 구조에 눈길을 돌린다. 빨강과 하양의 강렬한 대조, 정물화 같은 고요의 생생함, 그러면서도 어딘지 역동적인 풍경, 거기다 긴 윗줄과 짧은 아랫줄이 하나의 연을 이

* 이미지즘Imagism. 낭만파에 대항하여 1912년부터 영국, 미국에서 일어난 시 이론. 예리한 관찰을 통해 일상의 언어로 이미지를 표출하는 짧은 시가 특징

루면서 외바퀴 수레 모양을 시각적으로 떠올리게 한다. 마지막으로 이처럼 일상적인 풍경에 무엇이 그렇게 많이 달려 있다는 건지 생각해본다. 그러고 나서 깨진 유리나 녹슨 못, 먹다 버린 수박 껍질 따위의 흔하고 보잘 것 없는 사물을 가져와 윌리엄스식으로, 이미지 자체가 하는 말을 있는 그대로 전달할 뿐 거기에 어떤 심오한 의미도 덧붙이지 않는 방식으로 묘사해 본다. 사진이나 그림을 보고 그에 관한 시를 써보기도 하고, 찻주전자나 손거울, 다리 같은 무생물에게 목소리를 주어 사람처럼 말하게 하는 연습도 한다. 이처럼 관찰력과 상상력을 키우는 연습을 밑도 끝도 없는 허무맹랑한 환상과 혼동해서는 안 된다. 상상력은 결코 현실을 무시하고 벗어나기 위함이 아니다. 오히려 상상의 힘을 통해 현실의 표피가 아닌 깊은 속살을 탐구한다. 물질세계에 기반을 두고 고차의 영역을 향해 뻗어나가다가 때론 그 고차의 세계와 직접 접촉하게 하는 것이 바로 상상의 힘이다.

다음 주에는 '음악가로서의 시인'을 주제로, 시와 산문의 결정적 차이를 만드는 리듬, 박자, 소리에 대해 공부한다. 이때도 서사시, 서정시, 희곡이라는 세 가지 문학의 원형 속에서 시의 기본 운율을 살펴본다. 호메로스의 『오디세이아』 첫 부분 'Andra moi enepe, Mousa, polutropon, hos mala polla'에서 보듯, 서사시는 장중한 장-단-단의 육보격hexameter 운율을 가지고 있다. 내면적인 서정시는 쿵쿵대는 심장 박동을 반영한 단-장, 단-장의 오보격iambic pentameter을 이용한다. 한 마디로 성격을 규정하기 어려운 희곡에서는 앞서 말한 두 운율 외에도 안정된 장-단격 운율trochaic과 숨 가쁜 단-단-장격 운율anapest, 그리고 모든 음절에 동일한 강세를 주는 대화체에서 볼 수 있는 자연스러운 리듬인 장-장격의 운율spondee이 모두 쓰인다.

처음엔 모음만, 다음엔 자음을 하나씩 발음하면서 소리를 맛보고 단어에 내재된 음악적 요소를 느끼게 한다. 아이들은 이 연습을 통해 소리에 전혀 다른 두 유형이 존재함을 깨닫고, 왜 원형적인 영혼 상태가 주로 모음으로 나타나는지 알게 된다. 경외심을 불러일으키는 광경 앞에서는 '아-' 소리가 나오고, 놀랐을 때는 '오-', 혐오나 공포의 감정 앞에선 '우-' 소리가 절로 나온다. 모음은 호흡의 흐름을 타고 자연스럽게 흘러나오며 입 모양이 곧 글자 모양이 된다.

모든 자음(h, w 제외)은 목구멍, 혀, 치아, 입술이 호흡을 막을 때 생기는 충돌, 즉 마찰에서 생겨난다. 아이들은 모음보다 자음의 소리를 낼 때 훨씬 근육을 많이 움직여야 한다는 것을 금방 파악한다. 모음과 자음을 함께 발음할 때, 모음은 단어에 느낌과 감정을 주고, 자음은 깎거나 빚는 조소적 구체성과 생동감을 준다.

다음 단계는 아이들에게 소리에 내재된 특성을 생각해보게 하는 것이다. f와 b 중 어느 소리가 더 빠른가? s와 d 중 어느 것이 더 무거운가? k와 l 중 어느 것이 더 딱딱한가? 직사각형의 단단한 물체를 'brick벽돌'이라 부르고, 부드럽고 푹신한 쿠션을 'pillow베개'라고 부르게 된 것이 그저 우연일까? 이런 질문을 하다 보면 자연스럽게 두운이나 모음운, 의성어의 특성과 그런 소리들이 시에서 내는 효과에 대해 생각해 보게 된다. 학생들은 그 **웬돌린 브룩스**Gwendolyn Brooks의 짧지만 멋진 시, 『**우린 진짜 끝내줘**We Real Cool』를 아주 좋아한다.

우린 진짜 끝내줘We Real Cool

골든 셔블에 일곱 명의 당구선수들 The Pool Players. Seven at the Golden Shovel

우린 진짜 끝내줘. 우린	We real cool. We
학교는 관뒀지. 우린	Left school. We
밤늦도록 쏘다녀. 우린	Lurk late. We
제대로 딱딱 맞추지. 우린	Strike straight. We
나쁜 짓을 해. 우린	Sing sin. We
술술 들이켜. 우린	Thin gin. We
신나게 놀지. 우린	Jazz June. We
빨리 죽지.	Die soon.

아이들은 이 시에서 소리들이 어떻게 행과 행을 연결하는 그물망을 만드는지 한눈에 파악한다. 예를 들어 'cool'과 'left school'에 있는 l소리를 다음 연의 l이 이어받고, 'strike straight'의 s가 'sing sin'에서 반복된다. 단모음 i가 3연의 네 단어에서 반복되면서 강조된다. inch, splinter, cricket, sliver, bit, tic, pill, blip 같은 단어에서 느낄 수 있듯, 그 소리는 작고 중요하지 않다는 느낌을 준다.

반면 귀를 막아도 들리는 북소리처럼 시 전체에서 끈질기게 반복되는 'We'는 모든 행을 갑작스럽고 뜬금없게 종결시키면서 '패거리' 느낌을 강하게 준다. 물론 마지막 행은 예외다. 여기서는 작가의 의도를 강조하기 위해

위의 행처럼 반복하는 문장을 끊을 필요가 없다. 이처럼 꼼꼼히 시인의 시적 기교를 '만끽'하면서 10학년들은 단어와 세상에 내재된 음악을 들을 수 있도록 스스로 귀를 조율해간다. 이런 음악을 듣는 능력을 루돌프 슈타이너는 '영감inspiration'이라고 불렀다. 이는 한 차원 높아진 청각을 통해 고차세계에 대한 앎을 받아들이는 일종의 '들숨'을 말한다.

'시 쓰기' 수업 마지막 주에는 보통 '사제司祭로서의 시인'에 대해 다루곤 한다. 이는 익숙하거나 낯선 세상사에 대해 시가 어떻게 경외감에 다시 불을 붙이는가를 생각해보는 시간이다. **웬델 베리**Wendell Berry의 『**기러기**The Wild Geese』는 이 경이의 순간을 잘 포착한 아름다운 시다.

기러기

일요일 아침 말을 달린다.
추수는 끝났고, 우리는 감과
머루를 맛본다, 시리도록 달콤한
여름의 끝자락. 가을 들판 위
시간의 미로 속에서, 우리는 이름을 불러본다,
이곳을 떠나 서쪽으로 간 이들의 이름과,
무덤에서 쉬고 있는 이들의 이름을. 우리는
감 씨를 열어 나무를 찾는다,
창백하게, 씨앗의 골수 속에서
미래의 약속으로 서 있는 나무를.
기러기가 머리 위 높은 곳에서 나타났다가

지나간다, 그리고 하늘은 닫힌다.
사랑에 빠졌거나 잠들었을 때와 같은
자유분방함으로, 그들은
제 갈 길을 간다, 의심 없이,
태고적 신뢰 속에서. 우리에게 필요한 건
지금 이곳. 그래서 우리는 기도한다,
새 하늘과 새 땅을 위해서가 아니라,
마음이 고요하기를, 그리고 눈이
맑기를. 우리에게 필요한 건 지금 이곳이다.

웬델 베리는 청소년들이 내적으로 듣기를 갈망하는, 또 들어야 하는 감성을 절제되고 우아한 언어로 표현한다. 그것은 그 순간과 그 계절과 지금의 감각에 대해 깨어 있음과 고요한 생동감이며, 장대한 시간의 흐름 속에서 있는 지금 이 순간은 앞서 살았던 무수히 많은 이의 삶 위에 세워져 있다는 깨달음이다. 지금 이 순간만큼이나 부푼 희망으로 가득한 미래의 가능성이며, 지금 이 순간과 이 자리에 대한 절대적인 감사다. 이처럼 삶의 축복을 깨닫게 해주려면, 아이들이 행간에 숨겨진 시적 기교를 찾아낼 수 있을 만큼 파악하기 쉬운 시 중에 적당한 것을 수업 교재로 선택하면 된다.

이 주제가 일상의 의식을 넘어 진실을 직관하는 '깨달은 자로서의 시인'이란 주제로 이어지기도 한다. 17세기 일본 하이쿠(5-7-5음절의 한 줄 정형시)의 대가 바쇼는 이 직관적 통찰이 무엇인지 잘 보여준다.

당신과 대상이 하나가 될 때,
그리고 내면 깊은 곳에서 희미하게 빛을 발하는 뭔가를 보기 위해
그 대상 속으로 깊이 몰입할 때, 시는 저절로 나온다.

『하이쿠의 역사와 예술성』* 중에서

시 수업 기간 내내, 심지어 시인의 기교에 집중할 때에도 아이들은 자기 안에 잠재된 상상력, 영감, 직관 능력을 키운다. 이 능력은 놀랄 만큼 미묘하고 심오하게 작용한다. 다음은 1986년 그린 메도우 학교의 한 남학생이 수업시간에 지은 짧은 시다.

소년과 비둘기

아침 해와 함께 비둘기가 온다,
그녀의 하얀 날개는 노랑과 금빛으로 반짝이고,
외로운 나무 그 가지 위에 내려앉는다.
차가운 대지를 지나 소년이 온다,
그의 검은 장화는 검은 타르 파편을 튀기고,
나무에 이르자 멈춰 선다.
세상은 고요하고 소년은 비둘기를 바라본다.
비둘기는 소년을 그 자리에 못 박는다,
소년은 한 걸음도 내딛을 수가 없다.

---

* 패트리샤 벌슨Patricia Burleson_ 미국 초등학교 교사, 하이쿠를 이용한 시 수업 연구. 『하이쿠의 역사와 예술성The History and Artistry of Haiku』(『Japan Digest』 October, 1998)

비둘기가 나무에서 날아가자
뒤틀린 그의 입술이 펴진다.

– 세드레치 우즈, 1986

이 시를 쓴 세드레치는 6년 뒤 보우도인 대학 4학년이던 21세 때, 버몬트에서 스키를 타다가 중심을 잃고 나무에 부딪쳐 그 자리에서 숨을 거둔다. 그의 최후를 알고 이 작품을 다시 읽어보면 그냥 잘 쓴 시가 아니라 앞날을 내다본 듯싶어 오싹한 기분마저 든다. 시는 때로 아이들의 영혼뿐 아니라 운명까지 엿보게 해준다고 한다. 이 작품은 내가 만난 가장 극적인 사례다.

십 대 청소년들과 함께 살거나 가르치는 사람은 그들의 시에서 어떤 계시나 감추어진 재능이 드러날 수 있음을 항상 염두하고 있어야 한다. 그것을 알아볼 수 있으려면 교사 스스로 상상력, 영감, 직관의 힘을 갈고 닦아야 한다. 지금의 모습뿐만 아니라 미래의 모습을 볼 수 있는 상상력, 내뱉는 말뿐만 아니라 투덜대고 비판하는 말 속에 감추어진 내밀한 갈망을 들을 수 있는 영감, 그들과의 간극을 연결하고 바쇼가 말했던 '내면의 희미한 빛'을 진정으로 경험할 수 있게 아이들의 고뇌, 분투에 눈높이를 맞추어줄 직관력이 필요하다.

사춘기에 대해 말할 때 아이들이야말로 답을 손에 쥔 '당사자'임을 잊어서는 안 된다. 하지만 정작 그들은 그 시기의 특성으로 인해 '해독하기'가 대단히 어렵다. 아주 솜씨 좋게, 때론 허장성세로, 때론 회피나 냉담이란 가면 뒤로 감쪽같이 본모습을 숨긴다. 왜 그럴까? 당연히 자신을 보호하기 위해서다. 사춘기 아이들은 아무도 자신의 진정한 모습을 이해하지도, 인정해주지도 않는다고 믿는 시기를 거친다. 실제로 지금껏 키워온 부모와 교사들은 자신의 아이들이 변해가는 모습을 이해하지도, 인정하지도 못한다. 그렇게 귀엽고 예쁘던 아이가 하룻밤 자고 일어날 때마다 어른으로 변해가는데 어떻게 그걸 쉽게 받아들일 수 있겠는가? 새로운 존재로 탄생해가는 과정에서 지금이 가장 연약한 시기임을 본능적으로 알고 어른을 피하고 몸을 숨기는데 어쩌란 말인가? 하지만 뒤로 숨으려는 겉모습과 달리 사실 이들의 속마음은 가면을 벗고 맨얼굴로 세상을 만나기를 간절히 소망한다. 세상이 자신의 본모습을 따뜻하게 품어줄 거라는 확신만 있다면 말이다.

따라서 글쓰기, 특히 시 쓰기는 청소년과 어른 모두에게 더없이 좋은 기회다. 청소년들은 시를 쓰면서 자신의 이야기를 할 수 있고, 어른들에게는 그들의 마음의 소리를 들을 기회가 열리기 때문이다. 독일 철학자 야콥 뵈메Jacob Boehme는 '자아가 기술하는 모든 것은 사실 자아에 대한 기술'이라고 했다. 앞에 소개한 세드래치 우즈의 시처럼 청소년들이 쓰는 글은 거의 항상 (의식적으로든 무의식적으로든) 자신의 이야기다. 특히 시에서는 더 잘 드러나기 때문에, 시를 통해 아이들의 미묘하고 콕 집어 설명하기 힘든 그 상태를 이해하고 짐작할 수 있다. 지금까지 9학년과 10학년을 비교하며 각각의 특성 몇 가지를 짚어보았다. 다음에 소개하는 두 편의 시를 보면 그 차이가 더욱 확실해질 것이다.

9학년의 전형적인 상태를 보여주는 첫 번째 시는 『작은 나무의 교육』을 배울 때 과제로 제출했던 것이다. '나만의 비밀 장소'라는 장에서 주인공 작은 나무는 개울 근처에 미국 풍나무와 고사리로 둘러싸여서 쉽게 눈에 띄지 않는 멋진 공터를 발견한다. 그 후로 자연의 품에 안겨 위로 받고 싶을 때나, 그저 혼자 있고 싶을 때 그곳을 찾아가곤 한다. 나는 아이들에게 자기만의 비밀 장소에 대해 써보라고 했다.

에릭의 비밀 장소

살이 에도록 춥던 어느 가을날, 그곳을 발견했다.
그곳은 아이들과 사과 서리하던 들판을 지나 몇 개의 돌담과 철조망 울타리 너머에 있었다. 짙은 녹색의 높고 웅장한 소나무, 오리 가족이 사는 작은 연못, 목을 빳빳이 세운 키 큰 부들이 있었고, 주위를 둘러싼 나무딸기 덤불까지 내 마음에 쏙 드는 것들이 가득했다. 그곳을 처음 봤을 때 나는 어린아이였고 그날 이후로 오랫동안 다시 가보지 않았다.
을씨년스럽게 춥고 바람 불던 어느 날, 나는 그 비밀 장소를 찾아갔다. 키 큰 소나무들 사이로 바람이 나무를 할퀴면서 부러뜨릴 듯 거세게 불고 있었다. 내 기억 속 풍경과는 전혀 달랐다. 말할 수 없이 황량하게 춥고 아무것도 살지 않았다. 오리 한 마리, 풀 한 포기 없었다. 머리 위에선 시커먼 먹구름이 온갖 무서운 형상들을 만들어내고 있었다.

나는 소꿉친구를 잃어버린 어린아이 같은 심정으로 발길을 돌렸다. 그날 밤 나는, 이제 그 비밀 장소, 내 아지트가 어린 시절의 마법을 잃어버린 것이 너무나 슬프고 가슴 아파 오랫동안 잠을 이루지 못했다.

– 에릭 슈르트레프, 1996

처음 갔을 때와 두 번째 갔을 때의 차이가 무엇인가? 어떤 점이 크게 달라졌는가? 날씨는 두 번 다 험했다. 살을 엘 듯 춥고 을씨년스러웠다. 연못도 그 자리에 있었고, 주위를 둘러싼 소나무도 달라지지 않았다. 오리 가족이 사라진 것만 빼면 달라진 것은 외부 세계가 아니라 그곳에 대한 소년의 느낌이다. 소년은 말로 표현할 수 없을 정도로 큰 상실감을 느낀다. 무엇을 상실했는가? 10학년 여학생이 쓴 두 번째 시에서 그 답을 찾아보자.

부화

산산조각 난 세계가 그녀의 주위에 파편으로 흩어져 있다.
어떤 것에도 이름이 붙어 있지 않던 따스하고 어둡던 둥근 세계는
이제 무너져버렸고, 그녀는 추위와 고통에 눈을 뜬다.
자유와 공포, 혼란이 한꺼번에 덮쳐온다.
난데없는 거대한 해일처럼 그녀를 한입에 집어삼키려 한다.
생명의 피는 혈관을 타고 맹렬히 솟구치고,
벌거벗은, 아직 완성되지 않은 여리고 꼴사나운 몸뚱이뿐,

그녀를 지켜줄 울타리는 사라져버렸다.
가냘프고 미숙한 발로 딛고 일어서려,
저 멀리 보이는 빛 – 천사의 눈에 집중하려 안간힘을 쓴다.
더없이 고요하고 차분하며, 맑고 다정해 보이는 그 눈에.
그녀는 하늘을 향해 손가락을 뻗는다.
부드럽게 그녀의 새 심장이 고동치기 시작한다.
공기처럼 가벼운 날개를 펴고, 날아오르기 시작한다.

– 프란시스 파르, 1998

첫 번째 시와 이 시의 공통점은 무엇인가? 상실과 그에 수반되는 고통에 대한 생생한 묘사가 있다. 두 번째 시에는 나를 지켜주던 세계의 붕괴, 그로 인한 불안함과 세상에 날것으로 노출된 느낌에 대해서도 말한다. 두 시에서 되풀이되는 죽음의 이미지는 자기 안에서 진행되는 새로운 상태에 대한 아프도록 예리한 각성을 더할 나위 없이 잘 표현하고 있다. 분명 이들이 애도하는 것은 따스하고 안락하게 감싸주던 천진난만한 시간, 동물과 대화하고 수호천사들과 함께 살던, 시간이 존재하지 않던 시절, 앞에서 말한 아동기의 죽음이다.

약간 생뚱맞게도 『부화』에서는 천사에 대한 언급이 나온다. 비밀 장소에 대한 9학년 시와 근본적으로 다른 지점이 바로 여기다. 천사의 등장으로 인해 시의 방향과 분위기는 완전히 달라진다. 『부화』는 어둠과 절망 속에서 끝나지 않는다. 이 시의 어조는 희망과 새로운 삶, 존재의 확장에 대한 기대다. '그녀는 공기처럼 가벼운 날개를 펴고, 날아오르기 시작한다.'

두 시는 9학년과 10학년에 일어나는 전형적인 발달 단계를 보여준다고 할 수 있다. 9학년 남학생은 비통한 상실감을 느끼면서도 그 이유에 대해서는 아직 어렴풋하다. 아직은 밝은 내일이 새겨진 그 이면을 들여다볼 만큼 시야가 넓지 않다. 반면 『부화』를 쓴 10학년 학생은 죽음인 동시에 또 다른 탄생이라는 근원적 양극성에 대해 말한다.

아이들의 이런 차이를 인식할 수 있을 만큼 깨어 있는 발도르프 교사라면 그런 내면 변화를 미리 예측하고 그것을 강화할 수 있도록 수업을 구성할 것이다. 10학년이 되면서 새로운 힘에 눈뜨기 시작하는 아이들이 하나둘 등장한다. 그들은 더 넓게 볼 수 있는 새로운 능력을 써보고 싶어 안달한다. 이런 아이들에게 도전 과제로 제시할 수 있는 또 하나의 문학작품, 인류가 거쳐온 거대한 여정 전체를 보면서 창조부터 종말까지 시간의 극한으로 시야를 확장해보게 할 수 있는 작품이 있다. 바로 성서다.

서양 문학의 뿌리_『성서』
'율법에 대한 사랑'에서 '사랑에 대한 율법'으로

주일학교 울타리 밖에서 『성서The Holy Bible』를 거론할 때는 위험을 감수해야 한다. 성서만큼 격한 논란을 몰고 다니는 책도 없기 때문이다. 얼마 전 댄 브라운Dan Brown의 베스트셀러 소설 『다빈치 코드The Da Vinci Code』 때문에 가톨릭교회가 벌집을 쑤신 듯 시끄러웠지만, 사실 그 정도 반응이야 성서의 진위 문제가 도마에 오를 때 벌어지는 광분에 비하면 약소한 축에 속한다. 성서 얘기만 꺼내도 세상은 믿는 자와 믿지 않는 자로 양분된다. 강경론자들에게 성서는 길이요 진리요 하느님의 말씀이거나, 아니면 온갖 전설이나 얼토당토않은 이야기를 짜깁기한 책, 심하면 사람들을 현혹하고 불화를 일으키는 위험한 책이다.

이 모든 위험에도 어떤 발도르프학교에서는 10학년들에게 '서양 문학의 뿌리, 성서'라는 야심찬 제목의 수업을 진행하기도 한다. 물론 종교적 열정과 세속적 냉소주의가 한 치의 양보도 없이 맞붙어 싸우는 민감한 영역은 건드리지 않는 방식을 택한다. 오히려 이 수업에 임하는 학생들에게 모든 선입견과 교리문답식 지식, 성서에 대한 돈독한 믿음이나 거부감 일체를 내려놓을 것을 요구하며, 그것 자체가 하나의 수업이다. 개인의 관점을 버리고 객관적이고 고차원적인 근거를 추구하기 위해선 엄청난 노력이 필요하기 때문이다.

시끄러운 논쟁에서 좀 떨어진 주제로 10학년들에게 문학작품 제목이나 모두가 아는 격언으로 쓰이는 유명한 성서 구절을 찾아보게 한다. 아이들은 상당히 많은 책과 희곡 제목을 찾아 적어오곤 한다. 헤밍웨이Hemingway의 『태양은 다시 떠오른다The Sun Also Rises』(전도서 1장 5절), 스타인벡Steinbeck의 『분노의 포도The Grapes of Wrath』(신명기 32장 32절)와 『에덴의 동쪽East of Eden』(창세기 4장 16절), 유리스Uris의 『영광의 탈출Exodus』(출애굽기), 로렌스Lawrence와 리Lee의 『침묵의 소리Inherit the wind』(잠언 11장 29절), 와일더Wilder의 『위기일발The Skin of Our Teeth』(욥기 19장 20절), 헬먼Hellman의 『거짓의 화원The Little Foxes』(시편 2장 15절), 하인라인Heinlein의 『낯선 땅의 이방인Stranger in a Strange Land』(출애굽기 2장 22절). 성서에 뿌리를 둔 친숙한 경구도 그 양이 엄청나다. "너는 이마에 땀을 흘려야"(창세기 3장 19절), "자식이 미우면 매를 들지 않고 자식이 귀여우면 채찍을 찾는다."(잠언 13장 24절), "눈은 눈으로"(출애굽기 21장 24절), "제가 아우를 지키는 사람"(창세기 4장 9절), "당신의 눈동자처럼"(신명기 32장 10절), "당신의 마음에 드는 사람"(사무엘상 13장 14절), "사람이 빵만으로는 살지 못하고"(신명기 8장 3절, 마태오의 복음서 4장 4절), "온유한 사람은 행복하다. 그들은 땅을 차지할 것이다."(마태오의 복음서 5장 5절), "마음은 간절하나 몸이 듣지 않는 구나"(마태오의 복음서 26장 41절), "소경이 소경을 인도하면"(마태오의 복음서 15장 14절), "진리가 너희를 자유롭게 할 것이다."(요한의 복음서 8장 32절). 얼른 생각나는 것만 적어 봐도 이 정도다.

이에 비해 성서 전체에서 자주 반복되면서 깊고 풍부한 의미를 지닌 모티브를 찾는 과제는 훨씬 어렵다. 문학 비평가 노스럽 프라이Northrop Frye*의 명저 『위대한 암호: 성서와 문학The Great Code: The Bible and Literature』에서 실마리를 얻어 성서를 하나의 문학작품으로 분석해본다. 프라이는 적어도 문학적인 관점에서는 신, 구약 성서가 서로 연결되어 있으며, 하나를 이해할 수 있는 열쇠가 다른 하나에 숨겨져 있다고 전제했다. 또한 그는 성서에서 반복되는 원형의 유형과 이미지들이 신약과 구약을 더욱 깊이 연결시킨다고 보았다. 아이들은 『구약성서』의 첫 번째 책과 두 번째 책(창세기, 출애굽기)에서

* 헤르만 노스럽 프라이 (1912~1991)_ 캐나다 출생. 20세기 뛰어난 문학 이론가 중 한 사람 『위대한 암호: 성서와 문학』 (1996, 숭실대학교 출판부)

성서 전체의 구조를 암시하는 근본 유형을 찾는다. 아담과 이브, 노아, 아브라함, 이삭, 요셉, 모세 이야기를 읽으면서 아이들은 사건이 보통 3단계로 진행된다는 것을 알게 된다. 1단계는 안정기다. 부귀영화를 누리기도 한다. 그러다가 몰락하면서 위험에 처한다. 시련과 고통을 겪기도 한다. 마지막은 새로운 희망과 구원을 약속하는 해방의 단계다. 이것을 도표화하면 'U'자 모양 곡선이 나올 것이다. 한 학생은 여기에 '우주적 욕조'라는 이름을 붙이기도 했다. 안전한 품속에서 최고의 상태를 누리다가, 점차 하강 곡선을 그리며 고난에 빠졌다가, 수많은 시련을 이겨내고 자신의 힘으로 다시 조금씩 상승해서 마침내 다시 최고점에 이르면서 잃었던 모든 것을 회복한다.

아담과 이브는 에덴동산에서 태어나 하느님에게 불순종하고 낙원에서 추방된다. 다시 낙원으로 돌아가지 못하고 고된 노동과 사람들과의 친교, 품위 있는 죽음을 통해 구원에 이르는 길을 찾는다. 요셉은 아버지가 가장 사랑하는 아들이었지만 그것을 시기하던 형들의 음모에 빠진다. 형들은 요셉을 노예로 팔아버리고는 피투성이가 되어 죽은 것으로 꾸며 그의 존재를 지운다. 이집트에 도달하기까지 험난한 여정과 거짓 고소로 인한 투옥을 견뎌낸 요셉은 꿈을 풀이하는 능력을 발휘해 파라오의 총애를 입는다. 요셉은 총리에 오르고 그 지위 덕에 오래 전에 잃었던 형제들을 다시 만나고 용서한다. 이집트 왕자로 자란 모세는 이집트인 공사 감독을 죽인 뒤 자신이 본래 히브리인이었다는 출생의 비밀을 알게 된다. 목숨을 구하기 위해 몰래 도망쳤다가 하느님에게 이스라엘 백성을 해방시킬 자로 선택받지만, 처음에는 그 일을 감당할 수 없다는 자기 불신에, 나중에는 약속의 땅에 도착하기까지 40년간 광야를 헤매는 동안 이스라엘 민족의 집단적 불신에 시달린다.

『구약 성서』 뒤쪽에 나오는 욥의 이야기도 이 유형에 꼭 들어맞는다. 의롭고 부유했던 욥은 하느님과 악마가 벌인 내기의 희생물이 되어 모든 재물과 사랑하는 가족, 심지어 건강마저 모조리 잃는다. 그러나 고통에 몸부림치며 죽음을 간절히 소망하면서도 욥은 "하느님을 욕하고 죽기"(욥기 2장 9절)를 거부했다. 그는 '위로자들'에게 말하기를 "나의 옳음을 마다시는 살아 계신 하느님의 이름으로, 나에게 고통을 주시는 전능하신 분의 이름으로 말한다. 나의 입김이 끊기지 않고 하느님의 숨결이 나의 코에 붙어있는 한 나의 입술은 맹세코 거짓말을 않으리라."(욥기 27장 2~4절) 결국 욥은 온전한 보상을 받는다. 건강을 회복하고, 가축은 두 배가 되었으며, 일곱 아들과 세 딸로 이루어진 새 가족을 얻고, 그 후로도 축복받은 삶을 누렸다.

'행운과 불운, 그리고 회복'이라는 주제는 신약으로 이어진다. 가장 대표적인 것이 예수의 생애다. 이보다 더 가혹하고 쓰라린 '운명의 반전'이 있을까. 그는 선지자가 예고한 치유자, 예언자, '유대인의 왕'이었다가 범죄자로 몰려 십자가 위에서 죽는다. 그러나 죽음에서 부활한 예수는 구약에서 말하던 회복의 개념을 삶의 경계 너머로까지 확장시킨다. 신약과 구약의 우주적 흐름을 염두에 두고 보면 성서의 '알파와 오메가'를 모두 아우르는 유형이 눈에 들어온다. 성서는 낙원에 대한 비전으로 시작해서 그것으로 끝난다. 그러나 흥미롭게도 요한계시록 말미에 묘사된 새 예루살렘은 인위적 손길이 전혀 닿지 않았던 태초의 낙원이 아니라 성벽으로 둘러싸이고 귀한 돌과 금으로 만들어진 도시다. 생명나무가 다시 자라고 그 잎사귀는 "만국 백성을 치료"할 것이다.(묵시록 22장 2절) 에덴동산에는 뱀이 있었지만 이곳은 어린 양의 존재가 성을 환하게 밝힌다. 비틀대던 인생행로와 그간의 모든 실패, 호된 시련과 고난이 끝난 뒤 하느님은 '하느님의 나라'를 지으시는데 그곳에서 그분은 "그들의 눈에서 모든 눈물을 씻어주실 것이다. 이제는 죽음이 없고 슬픔도 울부짖음도 고통도 없을 것이다. 이런 것들이 다 사라져 버렸기 때문이다."(묵시록 21장 4절)

『구약성서』와 『신약성서』에서 상응하는 이미지는 에덴동산과 새 예루살렘에 그치지 않는다. 구약의 핵심은 한 '민족(아브라함과 사라에서 시작된 히브리 민족)'의 운명이고, 신약은 한 '개인'의 이야기라는 노스럽 프라이의 분석에 따라 성서를 보면, 이제 이스라엘 민족의 시련과 예수의 삶에 흥미로운 공통점이 드러나기 시작한다. 두 명의 요셉을 중심에 놓고 볼 수도 있다. 창세기에서 요셉은 형제들을 용서한 뒤 가나안에 덮친 기근을 피해 아버지 야곱과 모든 가족을 이끌고 이집트로 간다. 신약에서 마리아의 남편 요셉은 '영아 학살'을 피해 아내와 아이를 이끌고 이집트로 간다. 야곱의 아들들은 이스라엘의 열두 족속의 시초가 되었고, 예수의 열두 제자는 나중에 그리스도교라 불리게 될 복음을 전파한다. 구약에서는 이집트인의 추격에서 이스라엘 백성을 구할 때 물이 결정적인 역할을 한다.(홍해의 갈라짐) 신약에서는 세례의 힘을 통해 예수가 영혼을 '구하는' 능력을 얻을 때 물이 등장한다.

모세와 예수 사이에도 흥미로운 공통점이 있다. 모세는 산에서 '율법'을 받고 예수는 산에서 '새 율법'을 전한다.(산상수훈) 모세는 십계명을 받기 전 시나이 산에서 사십 일 밤낮을 보낸다. 예수는 사십 일 밤낮을 광야에 머물면서 사탄의 유혹을 받고 그것을 물리친다. 모세가 산에서 내려올 때 "모세의 손에는 증거판 두 개가 들려 있었다. 그런데 모세는 야훼와 대화하는 동안에 자기 얼굴의 살결이 빛나게 된 것을 모르고 있었다."(출애굽기 34장 29절) 이는 그의 모습이 바뀌었음을 의미한다. 신약에서 "예수께서는 베드로와 야고보와 야고보의 동생 요한만을 데리시고 따로 높은 산으로 올라가셨다. 그때 예수의 모습이 그들 앞에서 변하여 얼굴은 해와 같이 빛나고 옷은 빛과 같이 눈부셨다."(마태오의 복음서 17장 1~2절) 흥미롭게도 이 순간 다름 아닌 모세가 (엘리아도) 예수와 함께 등장한다. 모세는 사막에서 지팡이로 바위를 '쳐서' 갈증과 두려움에 떠는 이스라엘 민족을 위해 물이 솟아나게 하는 기적을 행한다. 예수도 수많은 군중을 먹이기 위해 '빵과 물고기'를 불어나게 하는 비슷한 기적을 행한다. 어떤 학생은 '역병plague'의 두 가지 뜻과 '비열한 놈heel'과 '치유하다heal'라는 동음이의어를 이용해서 "예수는 역병을 치유하셨지만, 모세는 나쁜 놈들(아마도 이집트인들)을 혼내준다! Jesus heals plagues, while Moses plagues heels!"라는 말장난을 만들기도 했다.

이처럼 좀 억지스러운 공통점을 찾아올 때도 있지만, 어쨌든 성서 수업기간 내내 아이들에게 성서 속 다양한 유형을 찾아보라고 권한다. 이런 능동적, 전체적 사고를 통해 학생들은 상호 연관성과 조화를 발견하는 기쁨과 어린 양이나 염소, 물, 불 따위의 원형적인 이미지가 발전해가는 과정을 추적하는 재미를 느낀다. 장남의 운명이라든가 오만방자한 인간의 야심, 신의 심판, 복수, 율법의 본질 같은 원형의 주제도 마찬가지다.

특히 마지막 주제들은 인간 의식의 진화라는 더없이 중요한 개념에 대해 토론할 발판이 되어준다. 『구약성서』의 '하느님 아버지'는 엄격하고 빈틈없는 주인이며, 엄한 아버지가 자식을 훈육하듯 계명을 내리고 벌을 주는 존재였다. 사실 '자녀'라 할 수 있는 이스라엘 백성들은 변덕과 반항이라는 미성숙함의 전형적인 행동을 거듭 되풀이한다. 그들에게는 스스로를 이끌고 갈 능력이 없어 보인다. 그래서 우러러볼 신이나 그에 준하는 모세 같은 지도자의 단호한 손길을 필요로 한다. 뿐만 아니라 그들은 심각한 결과를 초래할 때만 율법을 경외한다. 십계명에서 가장 많이 등장하는 '~ 하지 말라'에는 자신의 '자녀들'에게 아주 엄격한 규율이 필요하다고 생각하는, 그 어떤 불복종도 용납하지 않는 신성한 입법자의 모습이 담겨 있다.

반면 신약의 '사람의 아들'은 온화하고 훨씬 다가가기 쉬운 존재다. "원수를 사랑하고 너희를 박해하는 사람들을 위하여 기도하여라"(마태오의 복음서 5장 44절) "누가 오른뺨을 치거든 왼뺨마저 돌려 대고"(마태오의 복음서 5장 39절)는 출애굽기에서 요구하던 '눈에는 눈'식의 복수와는 거리가 멀다. 구약에서 율법이 위에서 내리치는 망치였다면, 신약의 율법은 백성들 사이를 걸으며 '씨 뿌리는 자'의 씨앗이다. 새 율법이 하늘 높은 곳에서 내려오지 않고 내면에서 솟아남을 통찰하는 아이들도 있다. 아주 영특한 한 여학생은 희생 제물에 대한 구약과 신약의 묘사를 비교하면서 외면에서 내면으로의 이동이라는 주제의 글을 썼다. 그 학생은 창세기에 나오는 아브라함과 이삭의 일화에서는 어린 양이 아들을 대신할 외부의 희생물이지만, 신약에서 양에 대한 최초의 언급은 '(하느님의) 아들'을 지칭하는 말이었으며, 전 인류를 대신하여 '희생당하는(하느님의) 어린 양'을 가리킨다는 사실에 주목했다.

발도르프학교의 다른 수업에서처럼 교사는 신이 나서 아이들에게 설교하고 해석해서 교훈을 주고 싶은 유혹을 이겨내야 한다. 수많은 성서 속의 이미지와 주제들이 스스로 말하도록 내버려두는 '현상학적' 접근은 교사의 어떤 설교보다 훨씬 풍성한 수확을 낳는다. 10학년들은 자기들이 지금 겪고 있는 사춘기와 그에 상응하는 성서 속 사건들을 나란히 비교하기를 원하지도 않고 그럴 필요도 느끼지 못한다. 아이들은 자신의 삶이 외부의 강제에서 내면의 자유로 조금씩 이동하고 있음을 직관적으로 감지한다. 더욱 자신다워지는 과정에서 11, 12학년 즈음 필연적으로 맞닥뜨리게 될 내면적 충돌을 어떻게 극복해야 할지는 아직 잘 모르긴 해도 말이다.

11학년

자아를 향한 여정

어둡고 기분 나쁜 방으로의 갑작스런 추락, 어떤 무서운 진실을 마주하게 될지 모르지만 어쩐지 자꾸 자기들을 손짓하여 부르는 방 _본문 중

[11학년 수업 주제와 인용 작품]

- 변형과 관계성　『길가메시』『신곡』『파르치팔』『햄릿』『템페스트』
- 자연과 인간의 합일　워즈워스, 콜리지

영혼의 어두운 밤

대체 아이들에게 무슨 일이 생긴 걸까? 10학년 때는 그리도 자신만만하던 아이들이, 바로 몇 달 전만 해도 기세등등하게 으스대고 잘난 척하고 큰 소리 뻥뻥 치던 아이들이 왜 11학년이 되면서 갑자기 '영혼의 어두운 밤'이라고 부를 법한 이상한 증상을 보이는 걸까?

언젠가 11학년 학생 마크의 어머니가 면담을 요청해 아이에 대한 걱정을 털어놓으신 적이 있었다. 지금껏 구김살 없이 밝고 성격 좋고 산악자전거 타기를 즐기던 아이가 갑자기 눈을 피하고 무슨 말을 해도 대꾸도 잘 안 하고 혼자 있으려고만 하는 것이 완전히 딴사람 같다는 것이다. 게다가 그 어머니는 홀로 외아들을 키우는 상황이었다. 어머니는 이런 변화가 무슨 심각한 심리적 상처 때문이 아닌가 걱정하고 계셨다. 깊이 감추어져 있던 어린 시절 마음의 상처가 이제 표면으로 올라오는 걸까? 혹시 마약이라도 하나? 학교에서 아이들하고 무슨 일이 있나?

그래서 어느 날 점심시간에 마크를 따로 불러 요즘 어떻게 지내는지 이야기를 나누어보기로 했다. 마크는 아주 괜찮은 녀석이다. 그런데 하고 다니는 건 언제나 막 자다 일어난 듯, 아니, 이불 속에서 잠옷 채로 나온 듯 부스스했다. 하지만 그 헝클어진 겉모습 한 꺼풀 밑에는 아주 분명하고 똑 부러지는 청소년이 숨어 있었다. 마크에게 새 학기 들어 어떻게 지내는지 듣고 싶다고 하자 처음에는 어떻게 말해야 좋을지 몰라 막막해 했다. 그 나이 아이들이 지금 자신의 상태나 생각을 분명하게 설명하기 어려운 건 당연한 일이 아닐까? 그 모습을 보며 이런 속담을 떠올렸다. "물을 발견한 게 누군지는 몰라도 분명 물고기는 아니다." 물고기가 자신과 물을 분리해서 생각하기 힘들 듯, 아이들에게 숨 쉬는 공기 그 자체를, 자신들을 감싼 영혼의 상태를 조망할 시야를 갖길 기대하는 건 지나친 욕심이다.

그럼에도 불구하고 마크는 최근 자신의 상태를 '두렵다, 뿌연 안갯속에 있는' 것 같다는 말로 설명했다. 그러더니 11학년들의 심리상태를 기가 막히게 표현하는 짧은 한마디를 덧붙였다. "전 지금 제 안에 있어요." 좋은 건지 나쁜 건지는 잘 모르겠지만 아무튼 자기는 지금 자기 안에서 헤매고 있다고 했다. 마크는 자기 내면에 지금껏 몰랐던 많은 방이 있다는 걸 깨달았고, 자신을 움직이는 힘에 대해 관심을 두기 시작하고 있었다.

유명한 발도르프 교육 강사이자 내 오랜 동료인 더글라스 거윈Douglas

Gerwin은 이 시기 청소년들의 상태를 이런 말로 설명한 적이 있다. 16, 17세 아이가 넓은 집안을 돌아다닌다고 해보자. 아이는 익숙한 방들을 천천히 지나면서 창밖으로 어려서부터 보아오던 거리 풍경을 내다본다. 그러다가 문 하나를 발견한다. 열어보니 지금껏 있는지도 몰랐던 별채가 나온다. 낯설고 어두침침한 복도를 따라 들어갈수록 심장박동이 빨라진다. 갑자기 발밑에서 바닥이 우지끈 무너진다. 정신을 차려보니 지하 감옥같이 생긴 캄캄한 지하실이다. 사방엔 온통 기괴한 그림자에다 낯설고 소름 끼치는 소리가 들린다. 많은 11학년이 자신의 '영혼 풍경'을 이와 비슷하게 느낀다. 어둡고 기분 나쁜 방으로의 갑작스런 추락, 어떤 무서운 진실을 마주하게 될지 모르지만 어쩐지 자꾸 자기들을 손짓하여 부르는 방.

이 '영혼의 어두운 밤'을 거치는 동안 아이들은 겉으로 보기에도 힘들어 한다. 여러 증상 중에 자신감이 완전히 무너지는 느낌을 받는 아이들도 많다. 한번은 11학년 초반의 한 여학생과 눈물의 면담을 했다.(물론 운 사람은 내가 아니다) 그 학생은 사는 게 갑자기 이렇게 힘들어 질 수는 없다며 흐느껴 울었다. 자신은 6시간이나 매달려야 간신히 숙제를 마치는 형편인데 다른 아이들은 아무도 안 그러는 것 같고, 나름대로 열심히 노력하는데 그토록 나쁜 점수를 받는 것도 자신 뿐이라고 믿고 있었다. 나는 그 주에만 거의 똑같은 대화를 다른 두 명의 학생과도 했다. 다른 아이들도 같은 고민을 한다는 걸 알면 좀 위로가 되지 않을까 싶어 그 아이들끼리 서로 이야기를 나누도록 연결시켜준 것 빼고 나는 애써 마음을 다잡으며 그들의 아픔을 덜어줄 수 있는 어떤 조치도 취하지 않았다. 몰인정한 처사로 여길 수도 있겠지만 11학년 때 겪는 이런 마음의 아픔은 피할 수 없는 것이며 어떤 의미에선 바람직하다고까지 할 수 있는 것이기 때문이다.

이런 이유로 해서 전 세계 발도르프학교에서는 11학년들에게 죽은 자들이 거하는 지옥의 불구덩이 속으로 불안한 발걸음을 옮기는 순례자 단테를 소개한다. 또 11학년들은 아서 왕의 원탁에서 쿤드리에게 공개적으로 모욕을 당하는 파르치팔과 정의로운 행동의 방향에 대한 번민으로 괴로워하는 햄릿도 만난다. 이 세 인물이 11학년 문학 수업의 핵심으로, 한편으론 '변형', 다른 한편으론 '관계성'이라 부르는 주제를 구현한다.

서론에서 말했던 헤르만 바라발의 말을 다시 떠올려보자. 청소년들이 진정으로 필요로 하는 것에 대한 통찰에서 교과과정이 나와야 한다면, 먼저 학생들에게 '변형'과 '관계성'에 대해 분명한 요구가 있는지부터 살펴야 할 것이다. 바로 위에 언급한 아이들과의 대화에서도, 또 앞 장에서 나왔던 아이들의 글에서도 그런 요구는 어렵지 않게 찾을 수 있다. 다음의 시는 30여 년 전 당시 11학년 학생이 쓴 것이지만, 시대를 초월하는 울림을 느낄 수 있다.

자두

시들어 죽어가는 자두 속 알맹이처럼
나는 과육에 둘러싸여 있습니다
과육의 생각, 과육의 꿈, (감옥 같은 과육)
새콤달콤하고 빨갛고 부드러운.

나는 내 꿈을 당신께 드립니다.
나는 자두를 건넵니다,
희망컨대 그 한가운데,
그 작고 딱딱한 나무껍질 알맹이에서
과육이 말끔히 발라내지기를…
깨끗이 먹히기를.
그 알맹이 속에는 씨앗 하나가 있으니
그것은 위대함의 미약한 전조.
하지만 아직 당신은 나라는 과일을 손에 쥐고서
그 꿈을 짜냅니다.
그리고 나의 과즙에 찬사를 보냅니다.
알맹이엔 손끝 하나 대지 않고,
씨앗은 찾지도 않으면서,
그저 과육의 껍질만 핥아댑니다.

– 로라 피셔, 1985

완벽하다고는 할 수 없어도 11학년 무렵 겪는 세 가지 느낌을 잘 표현하고 있다는 점에선 탁월한 시다. (1) 16, 17세 아이들은 일정 부분 영향을 주었을 순 있지만 온전히 자신의 책임은 아닌 주변상황에 꼼짝없이 갇혀 있다고 느낀다.('감옥 같은 과육') (2) 그들은 내면에서 일종의 죽음과 재생이 함께 진행되고 있음을 느낀다.('시들어 죽어가는 자두'는 동시에 '씨앗 하나/ 위대함의 미약한 전조'다) 이것은 최근 아스트랄의 힘이 해방되면서 깨어나기 시작한 의식에 대한 시다. 아직은 미숙한 의식이지만 그로 인해 아이들은 찬란

했던 어린 시절이 스러져가는 동시에 새로운 가능성이 깨어나고 있음을 예리하게 자각한다. (3) 11학년들은 아무도 자신의 참모습을 알아보지도, 이해하지도 못한다고 느낀다. 그러면서도 온 신경이 그들(이 시에서는 '당신')에게 쏠려 있다. '당신'은 나의 겉모습만을 손에 쥐고 짜내며 거기에 찬사를 보낼 뿐, 그 속에 있는 본질적인 존재를 찾아내려는 노력은 전혀 하지 않는다. 시인은 상대방에게 인정받고 싶은 갈망으로 터질 듯하다. 이는 관계성의 측면이다. 시인은 또한 '과육이 말끔히 발라내지기를, 깨끗이 먹히기를', 다시 말해 궁극적인 변형이 일어나기를 소망한다.

아이들의 요구를 확인했으니 이제 남은 과제는 변형과 관계성을 중심 주제로 다루고 있는 이야기를 찾아내는 것이다. 변형과 관계성의 이야기란 결국 깨달음, 입문initiation의 이야기다. 앞서 나는 교과과정을 통해 문학작품을 탐구하고 과학 현상을 관찰하면서 자신의 내면을 성찰하는 것이 아이들에게 작은 입문의 장으로서 역할을 할 수 있다고 했다. 린다 수스만Linda Sussman*은 『성배 이야기The Speech of the Grail』라는 최근 저서에서 입문의 길을 세 단계로 설명한다. 첫 번째 단계에서 성배 탐색에 나선 자는 익숙하고 편안한 모든 것, 즉, 가족과 친구, 관습과 낡아빠진 신념에 작별을 고해야 한다. 이는 불확실성의 세계로 들어가야 함을 의미한다. 저자는 불확실성을 찬양하는 송가라고 해도 손색없을 엘리엇Thomas Stearns Eliot의 『네 개의 사중주Four Quartets』를 인용한다.

---

* 린다 수스만_ 심리치료사. 이야기 들려주기와 신화를 가르친다.
『성배 이야기』(Hudson, NY: Lindisfarne, 2000)

이스트 코커East Coker

그것을 다시 말할까? 그곳에 도달하자면,
그대가 있는 그곳에 도달하자면,
그대가 있지 않은 그곳에서 빠져나가자면,
그대는 환희가 없는 길을 가야 한다.
그대가 모르는 것에 이르자면
그대는 무지의 길로 가야 한다.
그대가 소유치 않은 것을 소유코자 한다면
그대는 무소유의 길을 가야 한다.
그대가 아닌 것에 이르자면
그대가 있지 않은 길로 가야 한다.
그리고 그대가 모르는 것이 그대가 아는 유일한 것이고,
그대가 가진 것은 그대가 갖지 않은 것이고,
그대가 있는 곳은 그대가 있지 않은 곳이다.

『네 개의 사중주』 중에서

두렵기까지 한 이런 모호한 상태에 어떻게든 일단 적응하고 나면, 이제 탐색의 길에 선 여행자는 초심자에게 요구되는 용기와 결단력, 유연함과 지략을 시험하기 위한 일련의 시련을 만난다. 이것이 두 번째 단계다. 인류 최초의 서사문학 『길가메시Gilgamesh』는 이 입문의 과정을 서사시적 풍경으로 담아낸다.

성장하는 인간의 이야기 『길가메시』

길가메시를 주인공으로 하는 고대 서사시는 한때 아시리아 제국의 수도였던 니네베에서 19세기 고고학자들이 기원전 7세기 점토판을 발굴하면서 세상에 알려지게 되었다. 그러나 기원전 3000년까지 거슬러 올라가는 훨씬 더 오래된 판본들이 있다는 증거들이 등장하면서 『길가메시』는 인류의 가장 오래된, 불후의 기록문학 반열에 오르게 되었다.

발도르프학교 상급과정에서는 보통 10학년 때 고대 문명을 공부하면서 서사시를 읽는다. 그러나 『길가메시』는 본질적으로 '성배 찾기'와 같은 범주의 탐색 이야기로 '변형'과 '관계성'을 다루는 11학년 수업주제로 이어지는 다리 역할을 한다. 그래서 보통 10학년 겨울 방학 때 이 이야기를 읽기 숙제로 내준다. 길가메시는 본질적으로 인간됨의 의미를 찾아 헤맸던 것이며, 그가 걸었던 길은 '인간으로 성장해' 갈 때 요구되는 여정이기 때문이다.

이야기는 두 명의 인물을 중심으로 펼쳐진다. 길가메시는 우르크의 왕이자 반신반인이며, 엔키두는 반인반수다. 도입부에서 묘사하는 길가메시는 삶의 진정한 목표를 찾지 못한 채 권태로 괴로워하는 오만한 폭군이다. 결혼 첫날의 신부들을 데리고 와 신랑보다 먼저 잠자리를 하면서 기분풀이를 하지만 그런 관계는 그에게 소외감과 공허함만을 안겨줄 뿐이었다.

난 이런 고단함을 결코 알지 못했다, 지금까지는,
마치 내 속 생명력 얼마가 빠져나간 듯한,

아니면 다시 채워져야 하는 듯한.
나는 홀로 있다. 내가 간절히 원하는 것은
동반자가 되어줄 그 누구. 나의 백성들 역시
나의 고독에 진저리를 치고 있으니.

『길가메시』 중에서

길가메시의 퇴폐적인 궁정에서 멀리 떨어진 곳에서는 엔키두가 동물들과 어울려 뛰어다닌다.

두려움도 지혜도 모르는 채.
사냥꾼들이 쳐놓은
덫에서 그들을 풀어주었다.

『길가메시』 중에서

이 야만인의 소문을 듣게 된 길가메시는 여자로 하여금 엔키두를 유혹해 '동물들이 그를 부끄러이 여기게' 만들자는 데 동의한다. 유혹은 성공했고, 금지된 열매를 먹고 자신들이 벗었다는 것을 깨달은 아담과 이브처럼 엔키두는 지금까지의 삶에서 단절되었음을 알게 된다.

그가 다시 일어나
가버린 친구들을 찾아 헤맬 때

그는 낯선 피로를 느꼈다,
마치 생명력이 몸에서 빠져나간 듯한.
그는 그들의 부재를 느꼈다… 그의 친구들은
그를 거대한 외로움 속에 남겨두고 떠났다
전에는 단 한 번도 느껴본 적 없던.

『길가메시』 중에서

엔키두는 새 신부들과 잠자리를 하는 왕의 습관을 듣고 도덕적 분노를 주체하지 못하고 길가메시를 저지하기 위해 우르크로 향한다. 막 결혼식을 마친 신부의 방을 찾아가던 길가메시는 앞길을 가로막고 선 엔키두에게 달려들고, 둘은 지축을 흔드는 엄청난 싸움을 벌인다. 젖 먹던 힘까지 다 짜내도 승부가 나지 않을 만큼 둘의 힘과 실력은 대등했고, 드디어 꼼짝할 수 없을 정도로 탈진한 길가메시는 적에게 몸을 기댄다.

그리고 그의 눈을 들여다보니
상대방에게서 자신의 모습이 보였고,
엔키두 역시 길가메시에게서 자신을 보았다.
사람들의 숨죽인 침묵을 깨고 둘은 큰 소리로 웃으며
숨 막히는 환희 속에서 서로를 부둥켜안았다.

『길가메시』 중에서

여기서 아이들에게 이런 질문을 던져볼 수 있다. 어떻게 목숨을 내걸고 맞붙어 싸운 두 사람 사이에 평생 이어지는 우정이 싹틀 수 있을까?

많은 아이가 자기도 이런 반전을 경험해봤다는 이야기를 털어놓는다. 한 여학생은 오랫동안 사이가 껄끄럽던 같은 반 아이와 사소한 일로 큰 싸움을 벌인 적이 있다고 했다. 소리소리 지르면서 서로의 마음을 할퀴는 말싸움을 벌이다가 결국 양쪽 모두 눈물을 터뜨리고 말았다고 한다. 눈물범벅이 된 상대를 보며 그 역시 상처 받기 쉬운 약한 인간임을 깨닫고 서로의 차이에 대해 진심어린 대화를 시작하게 되었다고 했다. 서로의 처지를 이해하게 된 결과, 얼마 지나지 않아 둘 사이엔 우정이 싹트게 되었다. 대립과 다툼의 관계가 결국엔 서로를 이해하는 끈끈한 관계로 변화되는 경우가 적지 않다는 데 많은 아이가 동의한다.

그러나 이렇게 정면으로 부딪치고 깊은 속내를 털어놓기 위해선 상당한 용기와 과정에 대한 신뢰가 있어야 하지만, 청소년들에게 쉽지 않은 일이라는 말에도 역시 많은 아이가 고개를 끄덕인다.

길가메시와 엔키두의 거짓말 같은 우정은 함께 위험하기 짝이 없는 모험을 떠나며 더욱 깊어진다. 아직도 넘치는 오만함을 다스리지 못하는 길가메시는 엔키두에게 같이 훔바바의 숲으로 가서 신성한 나무들을 지키는 괴물을 처치하자고 제안한다.

증명하기 위해
그가 우리 생각만큼 경이로운 존재가 아니라는 것을

그리고 신들이 그어놓은 한계선이
넘을 수 없는 게 아니란 것을.

『길가메시』 중에서

'신들이 권능으로 그어놓은 한계를 넘어서려는 인간'이라는 주제는 세계 도처의 옛이야기에서 쉽게 찾아볼 수 있다. 서양에서 가장 유명한 이야기로는 성서에 나오는 아담과 이브, 바벨탑 이야기, 그리고 그리스인들이 경고처럼 들려주는 다이달로스와 이카로스에 관한 이야기가 있다. 이들처럼 길가메시와 엔키두는 오만함의 대가를 호되게 치른다. 훔바바와의 싸움에서 엔키두가 치명상을 입은 것이다. 이제 아끼는 누군가가 생기면서 마음이 부드러워진 길가메시는 엔키두가 결국 죽자 달랠 길 없는 슬픔에 빠진다. 영생의 비밀을 알아내 친구를 죽은 자들의 세상에서 데려오겠다고 결심한다.

이제 길가메시는 '입문 이야기'의 독자들에게 익숙한 세계로 들어간다. 그는 저승 문을 지키는 전갈 인간들에게 경계를 넘어가게 해달라고 간청한다. 죽은 자들의 땅으로 떠났던 수많은 신화와 종교 속 인물들, 오디세우스, 아이네이아스, 디오니소스, 헤라클레스, 이슈타르, 크리슈나, 오르페우스, 페르세포네, 그리고 예수처럼 길가메시도 그 엄중한 문지방을 건너간다. '태양의 길'이라 이름 붙은 길에 들어서는데, 역설적이게도 그곳은 "어둠의 장막이 드리워진 곳/ 그 앞에 무엇이 있는지 뒤에 무엇이 있는지/ 아무것도 볼 수 없는 곳"(『길가메시』 중에서)이었다. 슬픔만을 유일한 동행으로 삼아 길을 가던 길가메시의 앞에 온갖 귀한 보석들과 "열매가 주렁주렁 열린"(『길가메시』

중에서) 포도덩굴로 눈부시게 빛나는 계곡이 나타난다. 갑자기 그는 걷잡을 수 없는 상실의 고통에 사로잡힌다. 그 찬란한 아름다움 앞에 서자 엔키두의 부재가 지금껏 겪었던 그 어떤 고통보다도 더 사무치게 아파온 것이다.

그 여정 동안 길가메시는 부당하게만 보이는 자신의 고난에 대해 절망했다가 분노하기를 반복한다. "그는 자기만 다른 모든 이로부터/ 홀로 외떨어져 상실을 겪고 있다고 느꼈다."(『길가메시』 중에서) 그는 술집 여주인과 사공이 건네는 위로와 도움의 손길을 거절하며, 분노에 가득 차 "앞길을 막아선 바위를 향해 달려가/ 산산조각으로 부숴버린다."(『길가메시』 중에서) 11학년들은 그의 마음을 어렵지 않게 이해한다. 그의 영혼이 겪는 좌절과 분노가 어떤 건지 잘 알고 있기 때문이다. 많은 아이가 매일같이 이 두 감정을 다스리며 산다. 특히 죽음처럼 자신의 힘으로 어쩌지 못하는 문제에 직면한 사람들은 극단적인 감정의 진폭을 겪는다.

미칠 것 같은 심정을 안고 그는 마침내 죽음의 바다를 건너 지혜로운 자, 우트나피슈팀에게 조언을 구하러 간다. 우트나피슈팀은 대홍수에서 살아남은 자로 노아를 연상케 하는 신적 존재다. 길가메시가 영생의 비밀을 알려달라고 간절히 청하자 우트나피슈팀은 정곡을 찌르는 말로 인간 존재를 묘사한다.

> 영원을 두고 우정을 맹세하면서도
> 아름다움이 사라져버릴 것은 알지 못하나니
> (주의하더라도!)

그것은 정신을 향하여 나아가기 때문이다.
여러 해 전, 상실을 통해 내가 배운 사실은
사랑은 우리 심장 깊은 곳을 쥐어짜 나온다는 것
사랑받는 자만 남고 우리는 없어질 때까지…
사랑의 입맞춤은 우리 육신의 심장을 멎게 하나니
그것이 영생에 이르는 유일한 길,
그러나 참을 수 없이 고통스러우리니, 만일
죽어가는 꽃들과
부서진 희망으로 길게 팔 뻗어 보내는
비명 같은 작별 속에서 살아야 한다면.

『길가메시』 중에서

학생들은 이 시의 의미를 몇 번이고 곱씹는다. '인간이란 과연 무엇인가'라는 질문과 닿아있음을 알기 때문이다. '사랑의 입맞춤은 우리 육신의 심장을 멎게 하나니/ 그것이 영생에 이르는 유일한 길'이라는 역설적인 문장을 아이들이 어떻게 이해할 수 있을까? 아이들은 길가메시보다 먼저 그 뜻을 헤아린다. 우트나피슈팀은 영생은 지상에서가 아니라 정신적 차원에서만 얻을 수 있다고 말하고 있는 것이다.

참된 우정에 관한 그의 말 역시 가족 관계마저 불안정하고, 오직 찰나적 관계와 가벼운 고민거리만 난무하는 세상을 사는 청소년들에게 깊은 감명을 준다. 발도르프 교사들은 너무 많은 것을 누리며 응석받이로 자라기 쉬운 아이들의 시야를 깊고 넓게 만들어줄 경험을 가능한 한 많이 주려 애쓴다.

때론 삶에서 그런 가르침을 얻기도 한다. 90년대 초 발칸 반도가 전쟁에 휩싸였을 때 그린 메도우 학교는 현지의 수피교 사원과 함께 교전지역에서 청소년들을 구하는 데 힘을 보탰다. 사원은 보스니아 청소년들에게 가족을 찾아주었고 학교는 전액 장학금을 제공했다. 그 아이들이 학교 공동체 전체에 미친 영향은 처음부터 피부로 느껴질 정도로 뚜렷했다. 총명하고 진지하며 사리가 분명한 보스니아 학생들은 두고 온 가족과 친구들에 대한 걱정으로 마음 한편이 언제나 무거웠지만 그래도 자신들에게 주어진 새로운 기회를 더없이 고마워했다.

늦은 가을, 만성절萬聖節 (모든 성인의 날 대축일) 축제에서 11학년 보스니아 여학생 파티마가 고향에서 제일 친했던 친구에게 쓴 편지를 낭독하게 해달라고 요청했다. 그 친구는 몇 달 전 시장에 갔다가 폭격으로 유명을 달리한 뒤였다. 친구에 대한 변치 않는 사랑과 고국에서 폭력이 종식되기를 간절히 바라는 마음을 담은 편지를 들으면서 많은 이가 눈시울을 적셨다. 청소년들에게 깊이 없는 피상성만을 부추기는 미국 문화 속에서 파티마의 편지는 정신이 번쩍 들게 하는 찬물과도 같았다. '졸업 무도회 때 뚱뚱해 보이면 어쩌지', '주차위반 벌금을 어쩌나' 같은 사소한 걱정거리들이 파티마의 깊은 슬픔 앞에서 갑자기 하잘것없는 문제가 되어버렸다. 보스니아 학생들은 그린 메도우 학교를 다니던 몇 해 동안 교사와 학생들의 삶에 깊이와 넓이를 더해주었다.

그들은 벌써 오래 전에 학교를 졸업해서 떠났지만 『길가메시』는 아직도 11학년 수업의 중요한 주제로 곁에서 삶과 죽음, 우정의 본질에 관한 질문을 일깨워준다. 다시 길가메시 이야기로 돌아가 보자. 길가메시는 우트나피슈팀의 대답에 만족하지 못하고, 엔키두를 죽은 자들 가운데서 구해올 구체적이고 실행 가능한 해결책을 달라고 계속 애원한다. 마침내 우트나피슈팀의 마음이 누그러졌다.

결코 말한 적 없던 비밀을 네게 알려주리라
너와 너의 수호자를 되돌려줄 그것을.
강에 식물이 하나 있으니, 그 가시는
장미 가시가 그러하듯 네 손을 찌를 것이다.
그러나 그것이 너에게 새 생명을 주리니.

『길가메시』 중에서

위 구절을 꼼꼼히 읽어보면 우트나피슈팀이 알려준 비밀은 엔키두를 산 자들의 세계로 돌아오게 해주는 것이 아니라 길가메시에게 '새 생명'을 주겠다는 약속임을 알 수 있다. 그리고 정말 길가메시는 새 생명(변형)을 얻게 되긴 하지만 그 전에 일은 예기치 않게 꼬인다. 길가메시가 마법의 식물을 아무렇게나 두었다가 그만 잃어버리고만 것이다. 뱀이 그 풀을 꿀떡 집어삼키고 허물만 벗어 놓고 사라진다. 또 한 번의 상실로 실컷 울고 난 길가메시는 마침내 하나의 꺼풀을 벗는다. 우르크로 돌아온 그는 이제 더 이상 인간적 감정 앞에서 눈 하나 깜짝하지 않던 따분해하고 오만한 폭군도, 자기 연민에 빠져 슬퍼하는 자도 아니다.

길가메시는 더 이상 아무 말도 하지 않았다
그의 슬픔을 타인에게 강요하는 그런 말을 하지 않았다.
그는 성벽을 바라보았고
그의 백성들이 이루어놓은
높이에 경탄했다.
그리고 한순간, 아주 짧은 순간 동안
지금껏 겪었던 모든 일이
그의 눈앞을 스쳐갔다.

『길가메시』 중에서

경외감을 느끼는 길가메시의 모습에서, 많은 고통을 겪은 그가 이제는 자신의 백성을 자비와 관대함으로 다스리리라는 작은 희망을 본다.

『길가메시』가 마무리될 무렵이 엘리자베스 퀴블러 로스Elisabeth Kubler-Ross*의 저서와, 삶과 죽음을 눈앞에 둔 환자들이 겪는 '애도의 5단계'를 소개할 적기다. 아이들은 퀴블러 로스가 말한 5단계가 모든 인간이 공유하는 원형적인 경험임을 쉽게 이해한다. 자그마치 5천 년 전 서사시의 주인공도 엔키두가 죽은 뒤 동일한 단계를 거쳤다. 죽음이 돌이킬 수 없는 마지막임을 인정하지 않으려는 길가메시의 모습이 바로 1단계인 '부정denial'이다. 걷잡을 수 없는 '분노anger'에 사로잡히는 장면도 많다. 길가메시는 전갈 인간들에게, 여인숙 주인 시두리에게, 뱃사공 우르사나비에게 분노를 터뜨린다.

* 엘리자베스 퀴블러 로스 (1926~2008)_ 스위스 출신 심리학자. 죽음을 연구하여 호스피스 운동 등에 큰 영향을 미침. 『죽음과 죽어감On Death and Dying』 (2008, 이레)

퀴블러 로스는 세 번째가 '협상bargaining' 단계라고 한다. 죽음과 마주한 사람들은 이제 신과 협상을 하려 든다. 종양이 줄어들게 해달라고, 병이 사라지게 해달라고, 건강을 되돌려달라고 간청한다. 그렇게만 해주시면 이제부터 더 착하게 살겠다고, 교회나 절에 매주 나가고, 기도도 많이 하고, 다른 사람들을 소중히 여기겠다고 맹세한다. 길가메시의 협상은 뚜렷하게 명시되지는 않는다. 그는 "영생을 얻게"(『길가메시』 중에서) 해달라고 신들에게 애원하면서, 새로이 얻은 지혜로 "방탕했던 젊은 날"(『길가메시』 중에서)을 속죄하기 위해 노력하겠다고 약속한다. 그리고 앞서 보았던 것처럼 길가메시는 긴 여정의 갈피갈피마다 네 번째 단계인 '낙심depression'에, 심할 때는 절망에 빠진다. 하지만 장미를 닮은 신비의 꽃을 잃은 뒤, 고향으로 돌아가기로 결심하면서 마침내 죽음을 '수용acceptance'하는 단계에 이른다.

린다 수스만이 『성배 이야기』에서 말했던 입문의 길에 따르면 인생이 바뀌는 시련을 겪고 나서야 비로소 이런 수용이 의미를 갖는다. 길가메시는 유한한 인간의 세계와 불멸의 세계 사이에 놓인 근본적인 차이 앞에서 몸부림친다. "사람은 사물에서 죽음을 본다. 인간이란 바로 그런 것이다."(『길가메시』 중에서) 동시에 그는 죽음의 바다 저편에 사는 신적인 존재, 우트나피슈팀이 왜 자신에게 비밀을 일러주었는지 이해한다.

> 나는 애통해 했으리,
> 너에게 닥칠 모든 일에 대해
> 네가 돌아가야 한다는 것을,

너의 상실을 묻고
네 두 손으로 너의 세상을 새로 세워야 한다는 것을
내가 몰랐다면.
너의 자유가 나는 부럽다.

『길가메시』 중에서

신들은 불멸성을 가졌지만, 스스로 삶을 이렇게도 저렇게도 만들 수 있는 자유를 가진 건 오직 인간뿐이다. 길가메시는 그저 운명이 주는 시련을 수동적으로 겪기만 한 존재가 아니었음을 아이들에게 상기시킬 필요가 있다. 진정한 마음의 평화를 얻기 위해서는 용기와 열린 마음, 그리고 엄청난 내면적 노력이 필요하다.

또 다른 입문 이야기에서 단테는 지옥의 골짜기로 내려가는 인간의 이야기를 들려준다. 이 이야기를 통해 아이들은 인간이 사후에 어떤 일을 겪는지 그리고 자신의 고차적 자아와 하나가 되고자 한다면 어떤 힘을 길러야 하는지 한번 더 생각해볼 기회를 갖는다.

불의 죄, 얼음의 죄 『신곡Divine Comedy』

구원에 이르는 길을 그린 문학작품 중 단연 으뜸이라 할 수 있는(성서는 예외로 한다면) 『신곡』의 지옥Inferno편은 스스로 다스리지 못한 욕망이 낳은 무서운 결과를 뛰어난 필력으로 묘사한다. 무절제의 죄를 다스리는 상부 지옥부터 배신자들이 처절한 고통을 겪는 맨 아래 제9원*까지, 단테의 순례자는 각 원마다 펼쳐지는 악몽 같은 광경을 차례로 만나며 내려간다. 올바른 길을 다시 찾으려는 희망을 갖기 위해서는 죄인들을 보며 자연스럽게 솟아나는 동정심을 억누르는 법과 두려움을 극복하는 힘, 안내자 베르길리우스의 이성적 목소리에 귀 기울이는 법을 배워야 했다.

21세기 학생들이 단테가 펼쳐내는 사후 세계에 관한 거대한 그림 속으로 들어가는 일이 처음엔 당연히 쉽지 않다. 도덕적 상대주의가 지배적인 요즘 시대에 단테의 상은 경직된 교조주의나 심지어는 요즘 다시 고개를 드는 종교적 근본주의(순수한 교리로 돌아갈 것을 촉구하는 운동)와 다를 바 없어 보인다. 하지만 아이들이 적어도 그런 상이 탄생할 수 있었던 중세적 사고방식을 이해할 수 있기를 바라야 한다.

단테(1265–1321)가 살았던 시대는 저 높은 신의 권좌에서 여러 계급의 천사, 그리고 봉건 계급 구조 속 인간을 지나 저 아래 동물, 식물, 광물계까지를 아우르는 우주적 위계질서를 뜻하는 '존재의 대 사슬The Great Chain of Being'이 지배했다. 그런 수직적 사슬 구조 속에서는 개인이 차지하는 위치와 '계보'가 그 사람을 규정하는 특징이 되었고, 모든 연결고리는 상위, 하위 계층과 연결되어 있었다. 가장 높은 계층부터 가장 낮은 계층에 이르기까지 귀하고 천한 정도가 모두 규정되기는 했지만, 모두가 우주의 사슬 속에 제자리를 가진 존재들이었다. 절대자가 큰 계획 안에서 우주 만물을 창조했다

* circle_『신곡』에서 지옥의 단계를 나누는 단위

는 '지적 창조론'은 논쟁의 여지가 없는 진리였고, 정도의 차이는 있지만 모두가 느끼고 알고 있었다. 그런 사회 체계에선 계층 이동이나 자유는 부족했지만, 안정감과 소속감만큼은 확실했다.

전체 우주 역시 이와 상응했다. 전통적으로 점성술에서 말하던 7개의 행성은 모두 신성한 힘의 표현이었고, 각자의 특성에 따라 지구에 서로 다른 영향을 미쳤다. 예를 들어 달은 금속 중에선 은, 색깔로는 보라, 나무로는 벚나무, 인간에게선 생식 기관, 죽음에 이르는 7가지 중죄에 있어선 욕정과 관련되어 있다. 그리고 화성은 철, 빨강, 참나무, 쓸개, 분노와, 금성은 구리, 초록, 자작나무, 신장, 폭식과 관련된다.(147쪽 그림)

모든 창조물에 질서를 부여하는 이 중세적 그물망을 배운 뒤에도 아직 아이들은 단테가 그린 사후 세계의 완벽한 건축적 설계를 한 눈에 조망하지는 못한다. 도입부라 할 수 있는 1곡canto의 뒤로 지옥편, 연옥편, 천국편이 이어진다. 각 편은 다시 33곡으로 세분화되며, 모두 '별stelle'이라는 단어로 끝난다. 각 행은 11음절로 이루어져 있고, 각 연은 3행으로 구성되며, 가운데 행은 다음 연의 첫 번째 행 및 세 번째 행과 운율이 맞는 3운구법terza rima의 운율을 갖는다. 단테의 의도는 분명 독자들이 사후 영혼의 여정 역시 지상의 삶을 지배했던 신의 설계 및 불변의 법칙과 동일한 원칙에 따라 진행된다고 느끼게 하는 것이었다.

지옥편의 1곡에서부터 단테는 균형을 잃은 것은 세계 질서가 아니라 길을 잃어버린 순례자 자신임을 분명히 한다.

Nel mezzo del cammin di nostra vita
Mi ritrovai per una selva oscura
Ché la diritta via era smarrita

우리 삶의 여정 한중간에서
나 깨어보니 어두운 숲 속이었다.
이는 내가 올바른 길을 벗어나 헤매었기 때문이다.

『신곡』 중에서

의도적으로 '나의 삶'이 아니라 '우리 삶'이라는 표현을 쓴 데서 알 수 있듯이, 단테는 자신의 관점을 특별한 것이 아니라 구태여 일반적인 것으로 만들고자 했음을 아이들은 금방 이해한다. 분명히 독자들에게 순례자가 보고 듣는 것을 자기 것으로 받아들이라고 권하고 있다. 길을 나선 지 얼마 되지 않아 탐욕스런 늑대, 분노한 사자, 번드레한 표범이 순례자의 앞길을 가로막는다. 학생들은 그 동물들이 일종의 은유라는 것을 알아챘다.

단테는 광활한 사후 세계를 가로지르는 이 여행길에서 순례자를 안내하는 베르길리우스처럼, 다양한 층위의 죄인과 다양한 수준의 의미로 가득 찬 세계 속으로 11학년들을 안내한다. 곧 아이들은 그 동물들이 지옥의 각 영역에 대한 상징임을 알게 될 것이다. 늑대는 탐식의 죄를 벌하는 상부 지옥의 상징이며, 사자는 폭력을 범한 자들이 고통받는 지옥의 중간부를, 표범은 속임수를 획책한 자들이 영원한 고통 속에서 거하는 지옥의 최하층 영역을 상징한다.

순례자와 베르길리우스는 세례받지 않은 자들이 거하는 림보limbo를 지나, 애욕과 탐식, 탐욕, 게으름, 분노의 죄를 범한 자들의 영혼이 머무는 상부 지옥을 한 단계씩 거치면서 아래로 내려간다. 그 과정을 지켜본 학생들은 단테가 어떤 생각으로 죄인들마다 다른 벌을 주는지 이해하기 시작한다.

각 원마다 죄인들의 괴로움을 극대화시키고, 죄의 성격에 따라 다르게 구성된 무시무시한 환경이 있다. 간음한 자들은 채찍질과 거센 바람에 시달리고, 게을렀던 자들은 늪의 시커먼 흙탕물 속에 잠겨 있어야 한다. 형벌 역시 저지른 죄를 그대로 반영하는 동시에 그로 인한 결과를 극대화시킬 수 있도록 했다.

지옥의 안뜰에는 "인생을 살았으되/ 어떤 비난이나 찬사도 받지 않고 살았던"(『신곡』중에서) 태만한 자들이 거한다. 이들은 땅벌과 말벌 떼가 끊임없이 침을 쏘아대기 때문에 한시도 가만히 있지 못하고 몸부림을 치면서 깃발을 들고 뛰어다녀야 한다. 제4원의 낭비벽 심한 자들과 인색한 수전노들은 안간힘을 써서 거대한 바위를 서로에게 굴리는 일을 영원히 되풀이해야 하고, 분노의 죄를 저질렀던 이들은 서로 맞붙어 상대방을 "갈기갈기"(『신곡』 중에서) 물어뜯으며 치고받고 싸워야 한다.

또 지옥에는 원마다 각기 다른 감독관이 있어 형이 잘 집행되고 있는지 감시하면서 때로는 직접 벌을 주기도 한다. 그리스 신화에 나오는 머리가 셋 달린 굶주린 개 케르베로스는 탐식가들을 다스린다.

그의 눈은 벌겋고, 그의 수염은 침으로 검게 변해 있다
그의 배는 불룩하고, 발톱이 손을 대신한다.
그는 영혼들을 찢어발기고, 그들의 가죽을 벗기며 난도질한다.

『신곡』 중에서

"들끓는 분노로 미쳐버린"(『신곡』 중에서) 미노타우로스와 활과 화살로 무장한 켄타우로스는 폭력을 저지른 자들이 펄펄 끓는 피의 강에 "눈꺼풀까지 잠겨"(『신곡』 중에서) 몸부림치는 제7원을 다스린다. 그 아래, 사기꾼들이 거하는 제8원에서는 뿔 달린 악마들이 유혹한 자, 위선자, 거짓말쟁이와 도둑들의 등에 채찍을 휘두른다.

아이들은 기발하고 창의적인 형벌에 혀를 내두른다. 특히 단테가 설정한 지옥의 질서 속에 숨겨진 기준을 분명히 알게 되면 감탄의 목소리는 더욱 높아진다. 상부 지옥에 있는 죄인들은 자신의 통제할 수 없는 욕구에 희생된 자들이다. 의지의 충동을 다스리지는 못했지만 고의성을 갖고 죄를 저지른 것은 아니기 때문에, 단테는 그들에게 지하 세계 저 아래쪽에 있는 악한 영혼들에 비해 그나마 조금 덜 수치스러운 자리를 마련해준다. 자신과 이웃, 신에게 포악했던 자들은 지옥 중간부에 위치한다. 폭력범들 역시 불같은 감정이 스스로를 집어삼키도록 내버려둔 자들이다. 하지만 그들의 충동적인 행위는 피를 흘리는 결과를 낳았다. 단테의 눈에 인간 생명을 앗아갈 권리는 오직 신만이 가질 수 있기에 신의 영역을 넘본 이들은 지옥의 제7원에 떨어지게 된다.

지옥의 낮은 곳으로 계속 내려가면서 언뜻 보기엔 지은 죄에 비해 처벌이 너무 가혹하다고 여겨지는 경우를 만나게 된다. 왜 도둑과 위선자가 살인자보다 더 비열한 죄인이란 말인가? 단테에게 가장 중요한 핵심은 의도성이다. '고의로' 타인을 착취했던 인간들은 하나같이 제8원의 사악하고 비열한 사기꾼들과 같은 처지에 놓인다. 그들은 신이 인간에게 준 가장 귀한 선물인 이성을 자신만을 위한 이기적인 목적에 악용한 자들이다. 사기의 규모가 클수록, 다시 말해 더 많은 사람에게 해를 입힌 자일수록 더 깊은 지옥으로 던져진다. 따라서 신의를 저버린 배신자들을 지옥 맨 밑바닥에서 만나게 된다는 사실 자체는 별로 놀랍지 않다. 오히려 놀라운 것은 그들에게 주어지는 형벌의 방식이다. 지옥의 심연에서 만나는 것은 이글이글 타오르는 지옥 불이나 그 속에서 숨이 넘어갈 듯 비명을 질러대는 영혼이 아니다. 눈앞에는 그저 넓디넓은 얼음 들판만이 펼쳐져 있을 뿐이다.

그 얼음 들판 곳곳엔 셀 수 없이 많은 배신자가 "유리 속에 박힌 지푸라기처럼/ 어떤 이들은 납작 누워 있고, 어떤 이들은 몸을 직각으로 구부린 채/ 머리나 발을 위로 한 채 누워 있으며/ 어떤 이들은 활처럼 휘어진 자세로 머리를 발 쪽으로 굽힌 채"(『신곡』 중에서) 얼음 속에 갇혀 있다. 괴로움에 몸부림치는 한 영혼은 다른 이의 머리를 물어뜯고 있다. 호수 중심에는 궁극의 배신자, 얼음 속에 갇힌 거대한 형체의 루시퍼가 서 있다. 사실 그가 추방당해 떨어지면서 생긴 것이 바로 이 구멍 같은 형태의 지옥이다. 더할 나위 없이 위풍당당하고 신성한 존재였지만, 신곡에서 보여주는 그의 모습은 추하고 비참하기 이를 데 없다. 목 위로 세 개의 머리가 솟아올라 있다. 단테는 그 세 개의 입에 큰 은혜를 준 이를 배신한 세 명의 배신자 브루투스, 카시우스, 가롯 유다를 하나씩 물고 영원히 뜯어먹게 했다. 이 호수엔 침묵뿐이다. 위쪽에서 고통의 비명 소리가 희미하게 들리고, 루시퍼의 거대한 날개가 풍차처럼 끊임없이 삐걱댈 뿐이다. 그 날개가 계속 펄럭이면서 차디찬 공기를 쉬지 않고 부채질하기 때문에 이곳의 얼음은 영원히 녹지 않는다.

이토록 소름끼치는 장면을 읽고 난 뒤, 한 학생이 **로버트 프로스트**Robert Frost의 시 『**불과 얼음**Fire and Ice』을 떠올렸다.

> 어떤 이는 세상이 불로 끝날 거라고 말한다.
> 얼음으로 끝난다고 말하는 이도 있다.
> 지금껏 맛본 욕망으로 미루어
> 나는 불을 선택한 이들의 견해에 공감한다.
> 하지만 세상이 두 번 멸망해야 한다면
> 나도 증오에 대해서는 알 만큼 안다고 생각하는지라
> 얼음으로 맞는 파멸
> 역시 대단하며
> 충분히 그럴 만하다 말하리라.
>
> 『불과 얼음』 중에서

단테의 지옥에서 불은 제6원에서 불타는 무덤 속에 누워 고통받는 이교도들을 태우는 불과 제7원의 모래땅에서 신성모독을 범한 자들, 간음한 자들, 고리대금업자들에게 영원히 쏟아지는 불꽃, 성수반에 거꾸로 처박힌 죄인들과 거짓으로 교회의 성직을 매매하는 고성죄를 범한 자들의 발바닥을 핥는 불길로 등장한다. 하지만 가장 극악무도한 죄를 저지른 자들을 위해 단테가 준비한 것은 바로 얼음과 혹한의 풍경이다. 인간적 동정심의 따스함에 미동도 하지 않는 냉정하고 지적인 교활함의 끝을 보여주는 데 이보다 더 적절한 배경이 또 있을까?

무슨 효과를 바라고 11학년들을 지옥으로 이끌고 들어온 걸까? 거센 바람이 몰아치는 제2원에서 영원히 포옹하고 있어야 하는 벌을 받은 프란체스카와 파올로의 이야기를 읽고, 호르몬 분비가 왕성하고 혈기 넘치는 아이들이 육체적 정욕을 끊어버리겠다고 맹세한다거나, 시무룩한 얼굴로 우울한 생각에 빠져 있는 아이들이 제7원에서 나무에 걸린 채 괴로워하고 있는 영혼에 대해 읽고 자살에 대한 동경을 완전히 접기를 은근히 기대해서일까? 아니면 단테가 손버릇 나빴던 이들을 영원히 뱀의 형상으로 바꿔버리는 벌을 주는 것을 보고, 우리 가운데 있는 도둑이 타인의 재물을 탐하는 생각을 고쳐먹기라도 바라는 걸까?

오늘날 십 대들은 단테 시대 사람들보다 지옥에 떨어져 영원히 저주를 받는다는 위협에 크게 겁먹지 않는다. 물론 『신곡』을 읽은 11학년들은 적어도 죄에 대해, 그리고 단테가 죄의 경중에 따라 매긴 등급이 자신들의 견해와 일치하는지에 대해 새롭게 생각해보기는 할 것이다.

몇 해 전 유달리 똑똑했던 한 학생이 단테는 생각이 편협할 뿐만 아니라 타인을 단죄하려 든다고 분개하며 반박한 적이 있다. '죄를 짓는다'는 말 자체가 시대에 뒤떨어진 사고라는 것이다. 그 학생 덕분에 죄sin와 범죄crime

의 차이가 무엇인지, 인간들이 지상에서 법원이나 양심에 강제되어 이미 죗값을 치른 다음에도 영원한 심판을 위해 죄를 '차곡차곡 쌓아'두어야 하는지에 관한 아주 흥미로운 토론이 벌어졌다.

단테의 중세적 사고와의 간극을 연결하는 데 도움이 되는 과제를 내주기도 했다. 죽음에 이르는 7가지 중죄를 현대의 시점으로 다시 정의해보라는 것이었다. 우선 7가지 중죄를 정한 다음, 그 죄를 저지른 자들이 지옥에서 어떤 벌을 받을지를 『신곡』의 어조로 묘사해보라고 했다. 아이들은 지옥편을 참조하면서 '3운구 법'을 흉내 내어 죄에 걸맞는 환경과 감독관 그리고 잔혹하면서도 재기발랄한 형벌까지 모두 갖춘 시편을 써냈다. DVD/CD 저작권 침해자, 위조 사기꾼, 아동학대범, 성매매범, 저임금으로 노동을 착취하는 악덕 기업주, 환경을 오염시키는 기업, 어린 여자아이들에게 패션모델처럼 비쩍 마르거나 브리트니 스피어스처럼 가슴이 풍만해야 매력적인 여자라는 자본의 논리를 주입하는 광고업자들에 관한 곡들이 나왔다.

아이들은 보통 얼어붙은 구덩이에 갇힌 루시퍼에 이를 때쯤이면 단테의 순례자처럼 지옥의 풍경에 질려 이제 그만 벗어나고 싶어한다. 하지만 시간이 흐른 뒤에도 자꾸 생각나는 것은, 희망에 부풀어 연옥의 산비탈을 땀 흘리며 오르는 영혼들이나 순례자가 드디어 꿈에 그리던 베아트리체와 만나는 장면이나 형언할 수 없이 아름다운 천상의 풍경보다 지옥편의 음침한 풍경과 생생한 고통이다.

입문 과정의 많은 일이 그러하듯, 가장 힘들었던 시련이 가장 오래도록 기억에 남는다. 수스만에 따르면 시련을 극복하는데 성공한 입문자는 고난을 통해 훨씬 성숙한 새사람이 되어 '고향'으로 돌아온다. 입문으로 인한 성과가 그 개인으로만 국한되는 경우는 극히 드물다. 고향으로 돌아온 입문자는 그 열매를 남아 있던 이들과 함께 나누기 때문에 공동체 전체가 풍요로워지고 확장되기 마련이다. 이와 같은 모티브는 앞서 『길가메시』나 『오디세이아』 같은 서사시나 구전 동화처럼 오래된 이야기에서 뿐만 아니라, 페이턴Paton의 『울어라, 사랑하는 조국이여Cry, the Beloved Country』나 레슬리 마르몬 실코Leslie Marmon Silko의 『의식Ceremony』, 찰스 프래지어Charles Frazier의 『콜드마운틴Cold Mountain』, 톨킨Tolkien의 고전 『반지의 제왕Lord of the Rings』 3부작 같은 현대 소설에서도 찾을 수 있다. 그중에서도 볼프람의 『파르치팔Parzival』은 이 모티브를 가장 온전히 담아낸 작품이라 할 수 있다.

Dante Alighieri 1265-1321

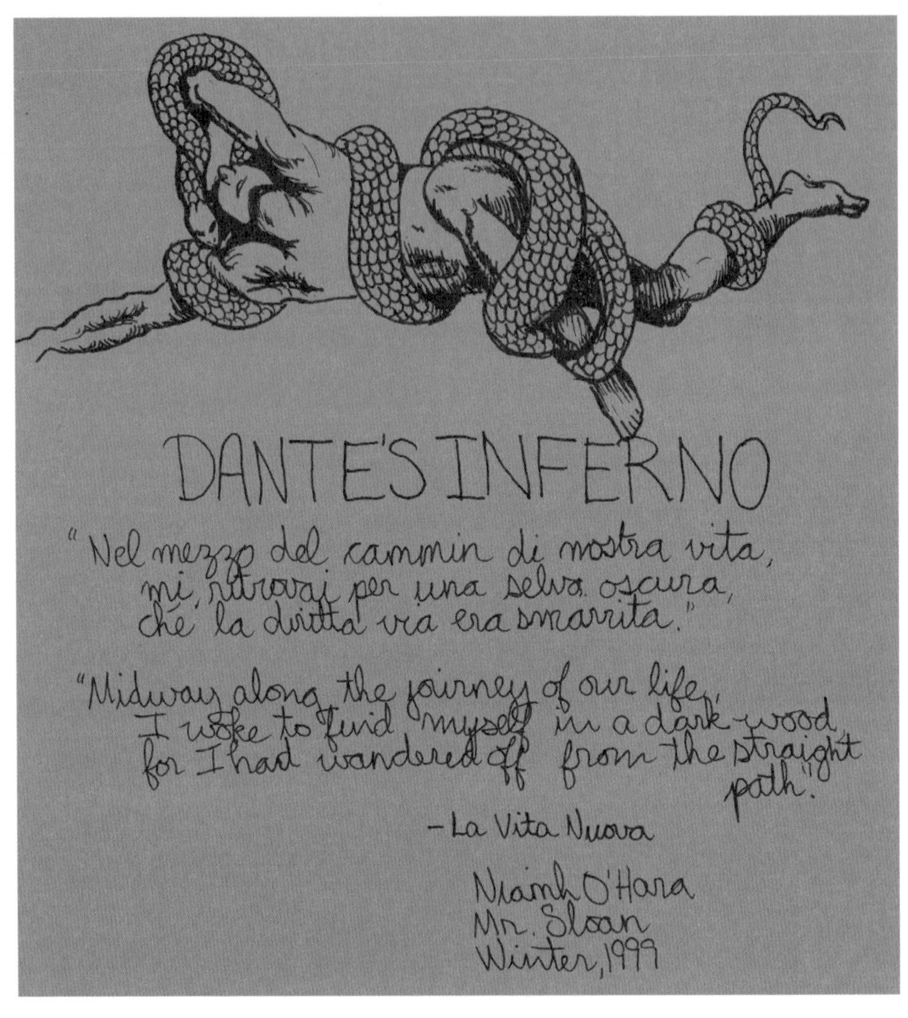
DANTE'S INFERNO
"Nel mezzo del cammin di nostra vita,
mi ritrovai per una selva oscura,
ché la diritta via era smarrita."
"Midway along the journey of our life,
I woke to find myself in a dark wood,
for I had wandered off from the straight
path."
- La Vita Nuova
Niamh O'Hara
Mr. Sloan
Winter, 1999

Ptolemaic Universe

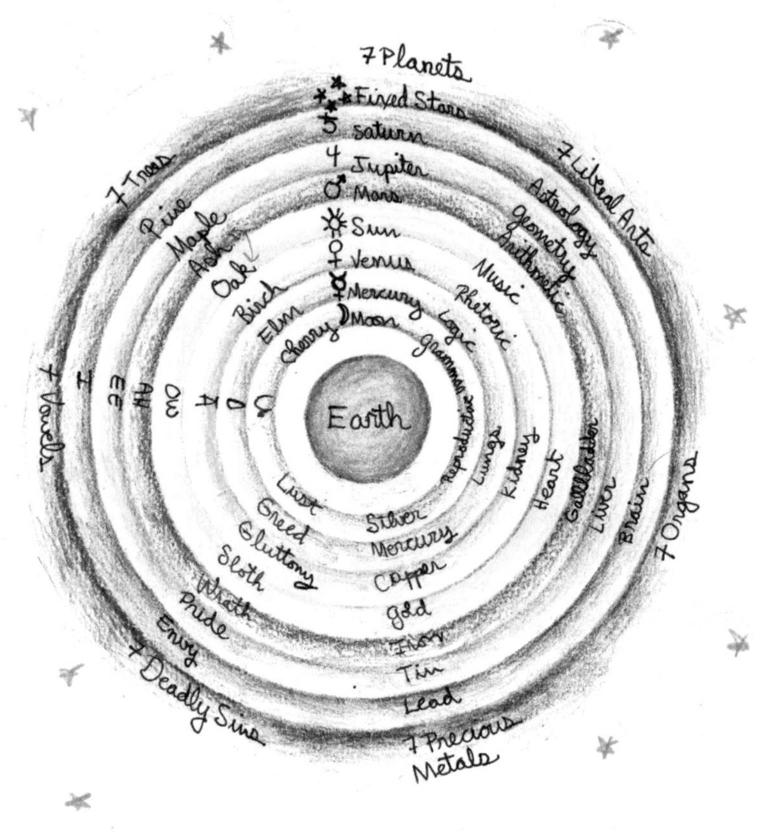

『파르치팔』은 단테의『신곡』보다 100년이나 앞선 13세기 초반 작품이지만, 수업에서는『신곡』다음에『파르치팔』을 읽는 편이 훨씬 효과적이다.

『신곡』은 중세 세계관의 정수를 담아낸 걸작이며, 신적 질서로 이루어진 세상이 사후 세계를 아우르며 거대한 파노라마로 펼쳐진다. 이에 비해『파르치팔』은 중세 기사와 왕궁이라는 좁은 무대를 벗어나지 않으면서도, 정신적 가치를 현대 지상의 삶 속으로 가져오려 애쓰는 인간들의 치열한 노력을 그리고 있다는 점에서 놀랄 만큼 현대적이며 시대를 뛰어넘는 통찰력을 지니고 있다.

많은 원형의 이야기가 그러하듯, **볼프람 폰 에셴바흐**Wolfram von Eschenbach의『파르치팔』도 할아버지인 왕의 죽음에서 이야기가 시작된다. 전반부에는 용맹한 젊은 기사인 파르치팔의 아버지 가흐무렛의 모험이 연대기적으로 서술된다. 유산을 하나도 상속받지 못한 가흐무렛은 고국을 떠나 명예와 운명을 찾아 동쪽으로 간다. 검은 피부의 아름다운 여왕이 다스리는 왕국을 지키는 데 성공한 가흐무렛은 여왕 벨라카네와 사랑에 빠지고 둘은 결혼을 한다. 하지만 고작 몇 주도 지나지 않아 마상 시합에 대한 욕구가 다시 끓어오른 가흐무렛은 임신 초기의 아내를 버리고 유럽으로 돌아간다. 이렇듯 한군데 진중하게 머무르지 못하는 습성을 가흐무렛은 평생 버리지 못한다. 이는 흠잡을 데 없는 기사의 뚜렷한 결점이었다. 이후 다른 곳에서도 결투에 임해 모든 기사를 물리치고 아름다운 여왕의 마음을 얻는데 성공한다. 하지만 같은 행태를 반복한다. 헤르체로이데 여왕과 결혼하지만(첫 번째 결혼은 '이교도'와 한 것이기 때문에 무효로 선언된다) 또다시 방랑벽에 사로잡히자 아이와 아내 곁을 떠난다. 동쪽으로 길을 떠난 그는 그곳에서 배신을 당해 전투 중에 죽고 만다. 악한이 몰래 가흐무렛의 다이아몬드 투구에 숫염소의 피를 부은 탓에 투구가 해면처럼 말랑해져서 투구가 적의 공격을 막아내지 못한 것이다.

가흐무렛의 삶과 그의 때 이른 죽음은 파르치팔이 겪게 될 모험의 예고편과도 같다. 가장 뚜렷한 연관성은 파르치팔의 몸속에 왕과 기사의 피가 흐르고 있다는 사실이다. 게다가 그의 아버지는 동방과 서방 모두에서 당대 최고의 영웅으로 이름을 날린 기사였다. 또 다른 연결 고리는 파르치팔의 신비스러운 이복형(검은 피부의 여왕 벨라카네와 가흐무렛 사이에서 태어난 아들)이다. 파르치팔은 이야기 말미에서 그와 운명적인 결투를 벌이기 전까지 그의 존재를 알지 못했다. 세 번째는 한군데 안착하지 못하는 기질의 대물림이다. 파르치팔 역시 방랑벽과 싸워야 했다. 이런 지엽적인 문제들을 뛰어넘어 파르치팔의 모험에 놓인 가장 큰 복선은 동방과 서방을 하나로 엮는 그물망의 완성이다. 가흐무렛이 모험을 찾아 동방과 서방을 오가면서 두 지역에 눈에 보이지 않는 그물망이 엮이기 시작했다.

관찰력이 아주 뛰어난 한 학생은 원래 가흐무렛이 들던 방패는 표범 무늬였지만 뒤에 닻을 상징하는 문양으로 바뀌었음에 주목하면서 이것이 어쩌면 가흐무렛도 방랑을 그치고 정착해야 함을 인식한다는 표시가 아니겠느냐고 했다. 또 닻 문양이 자세히 보면 동방과 서방을 상징하는 기호, 즉, 기

PARZIVAL

독교화된 유럽을 의미하는 십자가와 아랍 문화권에서 신성하게 여기는 초승달이 결합된 모양이라는 예리한 관찰도 했다.

가흐무렛도 분명 자신의 과제가 동방과 서방을 통합하는 것임을 막연하게나마 알고 있었을 것이다. 하지만 그는 그 임무를 완수하지 못했다. 숫염소의 피를 뒤집어쓰고 물렁해져 버린 다이아몬드 투구의 강렬한 이미지에서 한 가지 이유를 찾을 수 있다. 맑고 투명한 다이아몬드는 바로 명징한 사고활동을 의미한다. 게다가 투구는 '머리를 보호하는' 물건이 아닌가. 가흐무렛은 위대한 전사였지만 그의 사고는 불명확했고 기껏해야 마상 시합을 향한 열정에만 쓰일 뿐이었다. 동서의 상이한 두 문화를 통합하기 위해서는 각성된 사고능력이 필요했으나, 그것은 그에게 능력 밖의 일이었다. 이런 경우에 흔히 그렇듯 아버지의 과업을 아들이 이어 완수한다.

파르치팔은 아버지를 모르고 자랐고, 사실 그에 관해 한 마디도 들은 바가 없지만, 숲에서 어린 시절을 보낸 것은 전적으로 아버지의 죽음이 낳은 결과였다. 파르치팔의 어머니 헤르체로이데는 남편을 잃고 가슴이 찢어질 듯 슬펐다.(그녀의 이름을 글자 그대로 풀면 '가슴의 슬픔'이다) 그녀는 아들이 결코 아버지 같은 운명을 맞이하지 않도록 기사도에 관한 그 어떤 것도 접촉하지 않고 살게 하리라 결심했다. 그래서 헤르체로이데는 파르치팔을 데리고 (심지어 아들에게 진짜 이름을 알려주지도 않은 채, 그저 '착한 아들, 귀한 아들, 잘생긴 아들'이라고 부르면서) 속임수가 넘쳐나는 왕궁과 기사도의 관습이 닿지 않는 머나먼 졸타네 숲에서 은둔 생활을 한다. 파르치팔은 자신의 혈통이나 바깥 세상에 대해 전혀 알지 못한 채 어린 시절을 보낸다. 그러던 어

PARZIVAL

느 날 말을 탄 기사 세 명이 파르치팔 곁을 쏜살같이 지나간다. 햇빛이 반사되어 눈부시게 반짝이는 갑옷에 넋을 잃고 그들이 신이라고 생각한 파르치팔은 자기도 기사가 되기로 마음먹고 어머니께 그 결심을 고한다. 말려봐야 운명을 피할 수 없다는 것을 깨달은 헤르체로이데는 마지못해 허락하지만, 아들에게 어릿광대(바보) 의상을 만들어 입히고 일부러 얼토당토 않는 조언을 한다. 세상 사람들이 아들을 홀대하고 업신여기게 만들어서 더 큰 불행을 만나기 전에 자신에게 돌아오게 하고 싶었던 것이다.

아이들은 이 장면에서 헤르체로이데의 그릇된 양육 태도를, 자녀를 과잉보호하는 부모들이 다 큰 아이들을 '온실 속에 가둬' 키우려는 태도와 비교하며 열변을 토하곤 한다. 부모님이 열두 살까지 영화를 단 한 편도 못 보게 했기 때문에 오히려 자기가 지금 영화 중독이 됐다는 학생도 있었고, 어떤 남학생은 누구네 집에 놀러간다고 하면 하나하나 전화를 걸어 확인하는 엄마 때문에 미치겠다고 분통을 터뜨리기도 한다. 반면 헤르체로이데의 방식이 극단적이긴 하지만 사실 아들을 세상의 위험에서 보호하려 했던 것 아니냐며 그녀의 입장을 변호하는 학생들도 있다. 하지만 부모가 아이들을 아무런 원칙도 없이 마냥 저 하고 싶은 대로 하도록 풀어놓아서는 안 된다는 데는 대부분 동의한다. 그럼 직접 부모의 입장이 되어서 골치 아픈 자녀 양육의 원칙들에 대해 생각해보자. 내가 부모라면 우리 가정의 TV 시청 방침을 어떻게 정할 것인가? 나라면 열 살짜리 아이에게 인터넷 사용을 무제한으로 허용할 것인가? 몇 살부터 음주, 마약, 섹스를 허락할 것인가?

졸타네 숲을 떠난 파르치팔은 가는 곳마다 사건을 일으키고 다니지만,

어린아이처럼 순진해서 자기 때문에 벌어진 상황을 전혀 눈치채지 못한다. 자신이 떠난 직후에 어머니가 상심 때문에 세상을 떠나셨다는 사실도 모르고 기사가 되겠다고 신 나게 길을 나서서는 기사도에 완전히 어긋나는 짓을 하고 다닌다. 낮잠 자는 귀부인의 장막에 제멋대로 들어가서 싫다는 부인을 끌어안고, 브로치를 빼앗고, 배가 불룩해지도록 그녀의 음식을 먹은 것이다.

다시 길을 가던 그는 사랑하는 연인 쉬오나투란더의 시신을 품에 안고 슬피 울고 있는 사랑스러운 처녀 지구네를 만난다. 세상을 떠난 연인 곁에서 은둔생활을 하는 이 여인은 이야기의 중요한 순간에 등장해서 파르치팔에게 새로운 자기 인식을 일깨우는 역할을 한다. 이 장면에서는 지금껏 자기 이름을 모르고 살던 그에게 '파르치팔'이라는 본명을 알려주면서, 그 뜻이 "한가운데를 가로질러"(『파르치팔』 중에서)라는 것과 그가 왕가의 혈통을 타고났으며 지구네 자신과 사촌이라는 사실을 알려준다.

지구네와 헤어진 뒤, 머리부터 발끝까지 온통 진홍색으로 차려입은 기사를 만난 파르치팔은 갑옷이 탐이 나서 그 기사를 죽인다. 이제 말을 타고 다른 기사의 '정체성'을 입은 파르치팔은 구르네만츠의 성에 이른다. 구르네만츠는 파르치팔에게 창 싸움 기술부터 기본적인 예의범절까지, 그가 지금껏 한 번도 배운 적 없던 기사도에 관한 세상의 관습적 지식을 가르친다. 하지만 그가 젊은 파르치팔에게 전수한 여러 규범 중 가장 무게가 컸던 것은 "너무 많은 질문을 하지 말라"(『파르치팔』 중에서)였다.

파르치팔은 다시 길을 나서고, 얼마 안 가 새로 익힌 기술과 지식을 활용할 기회를 만난다. 아버지의 운명이 그대로 되풀이되는 게 아닌가 싶은 상황이 비슷하게 진행된다. 포위되어 성안에 갇힌 여왕과 그녀의 왕국을 적의 손아귀에서 구해낸 파르치팔은 콘드비라무어스 여왕과 깊은 사랑에 빠진다. 두 사람은 결혼하고 그는 왕이 된다. 일반적인 동화였다면 이야기는 이쯤에서 '그래서 그들은 언제까지나 행복하게 살았다'로 끝나겠지만, 『파르치팔』은 전형성과 거리가 멀다. 사실 이야기는 이제 겨우 1/4밖에 진행되지 않은 상태다. 볼프람 폰 에셴바흐가 하고 싶은 진짜 이야기는 여기서부터 시작이다. 파르치팔은 기사도의 기술과 목표를 아주 쉽게, 아니 너무 쉽게 달성한다. 하지만 '자아selfhood'의 기술은 그처럼 호락호락하지 않다. 지금까지 쌓아올린 모든 공적은 진정한 탐색의 시작을 알리는 전주곡에 불과했다.

아버지에게 물려받은 방랑벽으로 파르치팔이 갓 결혼한 아내 곁을 떠나 어머니를 찾아 나서면서 이야기는 기묘하고 낯선 세계로 빠져든다. 길을 떠난 파르치팔은 문잘베셰 성에 당도한다. 성주인 안포르타스는 심각한 부상을 입은 상태였고, 400명의 기사가 비통한 마음으로 그 곁을 지키고 있었다. 파르치팔은 성에서 거행되는 신비로운 의식을 참관한다. 한 견습 기사가 그 끝에서 피가 흘러나오는 창을 받쳐 들고 연회장으로 들어오고, 그 뒤로 처녀들이 줄을 지어 들어왔다. 그중 한 처녀는 "천상의 완벽함"(『파르치팔』 중에서)이라고 밖에 표현할 길이 없는 성배를 운반하고 있었다. 성배는 식탁에 앉은 이들에게 그들이 어떤 음식이나 음료든 원하는 대로 모두 베풀어주었다. 식사를 마친 뒤 성주는 파르치팔에게 "양날이 서로 완전히 평행을 이루고 있는"(『파르치팔』 중에서) 아주 진귀한 칼을 선물로 준다. (한 학생은 평행하는 두 선을 무한대로 확장하면 결국 서로 만나게 된다는 점을 지적했다. 이를 통해 문잘베

셰 성에서 벌어지는 사건은 본질적으로 정신적 차원의 일임을 알 수 있다) 이런 예사롭지 않은 사건들이 일어나는 내내 파르치팔은 아무런 질문도 하지 않는다. 침소로 돌아가 밤새 악몽에 시달리다가 잠에서 깨어보니 성은 텅 비어 있다.

이후 아더 왕의 궁정에서 파르치팔이 원탁의 일원으로 받아들여지려는 순간 말할 수 없이 추한 몰골의 사람이 나타나 문잘베셰 성의 일을 다그친다. 마법사 쿤드리였다.

> 그녀의 코는 개의 코 같았고,
> 멧돼지 이빨 같은 것 두 개가 입 밖으로 삐져나와 있었다.
> 쿤드리는 곰 같은 귀를 가지고 있었고, 어떤 연인도 그녀 같이 털 많고 거친
> 얼굴을 원하지 않을 터였다. 이 매력적인 귀염둥이의 손은 원숭이 가죽 같았다.
>
> 『파르치팔』 중에서

쿤드리는 문잘베셰의 성주를 낫게 할 질문을 하지 않았다는 이유로 파르치팔에게 저주를 퍼붓는다. 순조롭던 이야기의 분위기가 갑자기 반전되는 이 장면에서 아이들은 와글와글 시끄러워진다. 쿤드리의 흉한 외모가 의미하는 바를 궁금해 하기도 하지만, 가장 많이 쏟아지는 질문은 그녀의 비난이 너무 가혹하지 않느냐는 것이다. 분명히 쿤드리는 성배의 성에서 무슨 말을 하고 어떤 행동을 해야 할지 몰랐던 것을 파르치팔의 책임이라고 비난하고 있다. 하지만 아이들은 대체 그가 뭘 알고 미리 준비할 수 있었겠느냐, 게다가 꼭 그렇게 공개적으로 망신을 줄 필요가 있느냐며 흥분한다. 문잘베셰 성에서 있었던 일이 승승장구하던 파르치팔의 앞길을 어이없이 막아서자

다들 김새고 실망하는 분위기다. 쿤드리의 비난에 따르면 파르치팔은 일생일대의 시험에 실패한 것이다. 이제 앞으로 어떻게 될까? 하나씩 짚어보자. 쿤드리의 외모에 대해 어떤 학생은 어쩌면 그녀의 추한 겉모습이 파르치팔 내면의 아름답지 못한 부분의 반영일지 모른다는 의견을 내놓았다. 그러고 보니 지금까지 파르치팔은 기사다운 품위와 예절을 갖추고는 있지만, 깊이 없고 자기밖에 모르는 풋내기였다. 이처럼 그의 내면은 이야기 곳곳에서 외적인 형태로 표현된다. 예를 들어 그가 문잘베셰 성을 떠날 때 한 견습 기사가 뒤에서 그에게 이렇게 소리친다. "네 놈은 거위 같은 놈이다! 그 턱주가리를 움직여 성주님께 질문을 했어야지!"(『파르치팔』 중에서) 얼마 안 가 파르치팔은 매가 거위를 공격해 상처 입히는 것을 본다. 아침에 깨었을 때 성배의 성이 텅 비어 있었다는 것은 파르치팔이 갑자기 버림받고 외롭다고 느끼게 되었음을 의미한다. 외부 상황과 내적 영혼 상태 사이의 상응관계를 도무지 통찰하지 못하는 것도 파르치팔의 '부족함' 중 하나다.

'파르치팔에게 책임이 있느냐'라는 대단히 흥미로운 문제에 대해 생각해보자. 대개 학생들은 그가 성배의 성에서 올바른 질문을 하는 데 실패하긴 했지만, 그게 과연 파르치팔의 잘못이냐고 항변한다. "너무 많은 질문을 해서는 안 된다는 구르네만츠의 충고를 따른 것뿐이잖아요." 한 학생이 이렇게 말하면 다른 학생이 대꾸한다. "봐 봐. 누가 너한테 신호등이 빨간 불일 때 길을 건너라고 충고했다고 하자. 네가 그 충고를 따랐다면 누가 벌금을 내야 할까? 너야, 아니면 충고해준 사람이야?" 엎치락뒤치락하는 토론 끝에 아이들의 견해는 파르치팔의 잘못은 모두가 항상 저지르는 실수, 즉,

과거의 교훈에 기대어 현재의 문제를 해결하려 했던 것이라는 데 모아지곤 한다. 파르치팔은 문잘베셰에서 일어난 정신적 사건에 현세적 충고를 적용시키려 했다. 그의 실패는 현재의 상황에 적절하게 행동할 수 있는 침착함을 아직 갖지 못한 데서 기인한다.

이 이야기가 청소년들에게 주는 중요한 교훈 중 하나는 파르치팔이 첫 시도에서 실패했다는 점이다. 우리 시대는 실패를 대단히 불명예스럽게 여긴다. 아무도 실패를 원하지 않는다. 사람들은 어떻게 해서든 실패를 맛보지 않으려 기를 쓴다. 어처구니 없을 정도로 연약한 우리의 자아의식과 자존감에 금이 가기 때문이다. 실패는 의심을 낳는다. 하지만 그 의심에서 진정한 질문이 자라난다면(모든 질문에는 탐색이 내포되어 있다), 실패는 가장 큰 성장을 위한 기폭제가 될 수 있다.

쿤드리에게 수모를 당한 뒤 파르치팔은 평생 처음 의심에 사로잡혀 괴로워한다. 의심은 명쾌하고 결단성 있는 사고를 병들게 한다. 가장 절망적인 순간에 자신을 내팽개친 것처럼 보이는 하느님과의 관계까지도 의심한다.

> 아, 대체 하느님이 무엇인가? 그분이 진정 전지전능한 분이시라면, 권능으로 세상을 다스리시는 분이라면, 내가 이런 불명예를 입게 하지 않으셨을 텐데. 하지만 나는 이제 그분과의 인연을 끊을 것이다. 그분께서 나를 미워하신다면, 그 미움을 감내하리라.
>
> 『파르치팔』 중에서

동시에 그는 "성배를 볼 수 있을 때까지 나 자신에게 어떤 기쁨도 허락하지 않으리라, 그 때가 속히 오든 더디 오든 간에."(『파르치팔』 중에서)라고 결심한다. 다시 성배를 찾아 스스로를 구원하겠다는 서원은 그에게 절체절명의 목표가 된다.

몇 년 전 나는 우연히 **앨버트 후프스티클러**Albert Huffstickler의 **『의심의 벼랑 끝**The Edge of Doubt**』**이라는 시를 읽었다. 불확실성의 미덕을 대단히 현대적인 목소리로 찬미하는 시였다.

의심의 벼랑 끝

의심의 가장자리는 항상 존재한다.
그것을 신뢰하라. 그곳에서
새로운 것이 탄생하리니. 만일
그대가 그것과 함께 살 수 없다면, 가라.
의심이 사라졌을 때
그대는 지금까지 배웠던 것을 되풀이하며
자동인형처럼 살 것이기 때문이다.
이렇게 기도하라.
저를 구하소서, 달콤하게 유혹하는
확실성으로부터, 그것은 저를
가장자리, 그 어두운 가장자리에서
뒷걸음질 치게 만들지만, 그곳에서
새벽빛이 동터 오리니.

파르치팔처럼 11학년들은 의심이 삶에서 진실의 빛을 찾아 헤매게 만드는 원동력이 될 수 있음을 온 몸으로 경험한다. 파르치팔의 의심은 삶을 쌓아올린 토대에 균열이 생기면서 시작된다. 그 균열이 넓어지면서 그의 영혼에 새로운 앎이 들어올 수 있는 공간이 열린다. 이번에 그 앎을 전해준 사람은 한 은자였다.(알고 보니 그는 파르치팔의 외삼촌이었다) 트레프리첸트는 파르치팔에게 인류와 성배의 기원에 대해, 그의 혈통에 대해, 그리고 용서에 대해 가르친다. 하지만 그 후로 몇 년이 지난 뒤에서야 파르치팔은 영혼의 상처를 극복할 수 있었다. 마침내 고통과 고독, 고립의 세월을 보낸 뒤 새사람이 되고, 신에 대한 믿음을 회복하고, 다른 이들에 대한 연민을 품게 되고, 생각을 고양시킬 수 있게 되었을 때 쿤드리가 다시 나타나 그가 조만간 성배의 왕이 될 거라고 선언한다.

여기에서 주목해야 할 것은 쿤드리가 나타나기 전에 파르치팔이 위험천만한 상황을 두 번이나 간신히 모면한다는 점이다. 파르치팔은 상대가 누군지 모르고 결투에 임했다가 동지이자 용맹한 기사인 가반 경에게 최후의 일격을 날리기 직전에야 그의 정체를 알게 된다. 가반은 명실공히 이 이야기의 '중심부'에서 핵심 역할을 한다. 그 역시 처음에는 성배 탐색의 길에 나서지만 곧 다른 길로 빠져, 파르치팔의 탐색과 기이하게 교차되는 평행우주를 걷는다. 그에게 주어진 운명은 감정의 어둡고 더러운 영역을 정화하는 것이었다. 그는 자신의 과제가 성배의 성에 사는 400명의 기사를 해방시키는 것이 아니라, 경이의 성Castle of Wonder에 포로로 잡혀 있는 400명의 처녀를 해방시키는 것임을 알게 된다. 파르치팔은 성에 들어가서 칼을 받지만, 가반은 성에 들어가기 전에 방패를 받는다. 파르치팔은 성배의 왕과 그의 왕국을 치유하기 위해서 그저 몇 마디 말만 하면 되지만, 가반은 불안정하고 위태로운 경이의 침대에서 살아남기 위해 마지막 한 방울의 용기까지 짜내어야 했고 칼을 휘둘러 괴물 같은 사자를 정복해야 했다. 파르치팔은 가슴을 짓누르는 의심을 홀로 품고 괴로워하지만, 가반은 사람들의 의심을 한 몸에 받으며 견뎌야 했다.

가반이 파르치팔 이야기와 무슨 관계인지 질문하는 아이들도 있지만, 통찰력 있는 아이들은 두 기사의 모험이 아주 밀접하게 연결되어 있음을 꿰뚫어본다. 볼프람 폰 에셴바흐는 가반이 미지의 기사에게 패배하기 직전에 그 기사가 다름 아닌 파르치팔임을 알게 된다는 장면을 넣어 둘의 관계를 더욱 분명하게 한다. 공격을 주고받던 기사가 바로 사촌이자 친구인 가반이란 사실을 알게 된 파르치팔은 이렇게 외친다. "내가 싸워 이긴 것은 바로 나 자신이었구나!" 가반도 같은 생각을 한다. "그대의 손이 우리 두 사람에게서 승리를 얻었도다. 이제 우리 두 사람을 위해 슬퍼하라. 그대가 싸워 이긴 것은 바로 그대 자신이었도다."(『파르치팔』 중에서) 가반은 비유적으로 말해 파르치팔의 일부다. 두 흐름이 하나로 합쳐지면서 이제 가반이 관계의 영역에서 얻은 성과까지 파르치팔 안에서 통합된다.

두 번째 위기일발의 상황도 모르는 이와 결투를 벌일 때였다. 몇 합도 지나지 않아 파르치팔은 그가 지금껏 겨루었던 어떤 상대보다 강력하다는 사실을 깨닫는다. 그에게 온 힘을 다해 일격을 가하는 순간 파르치팔의 칼이 두 동강으로 부러진다. 상대방은 그 절호의 기회를 이용해서 밀어붙이지 않고, 잠시 쉬면서 서로의 이름과 신분을 밝히자고 제안한다. 여기에서 에센바흐는 마지막 남은 복선 한 가닥을 엮어 넣는다. 상대는 바로 무어인들이 사는 동방에서 온 파르치팔의 배다른 형제, 가흐무렛과 벨라카네의 아들 파이레피스였던 것이다. 가흐무렛과 벨라카네의 결합으로 파이레피스는 "까치의 무늬를 지니고" (『파르치팔』 중에서), 즉, 얼굴에 흰 색과 검은 색이 뒤섞여 있었다. 두 형제가 포옹하는 장면 역시 서로 다른 영혼 능력의 통합을 의미한다. 파이레피스가 가진 불굴의 의지력이 파르치팔의 정밀한 사고력, 그리고 감정을 통제하는 가반의 힘과 하나로 합쳐지게 된 것이다. 이렇게 새롭게 발달한 사고와 느낌, 의지의 힘을 갖춘 지금에야 비로소 파르치팔은 성배의 왕이 될 준비를 마친다.

11학년들도 사고와 느낌, 의지의 힘을 삶 속에서 통합시키는 것이 얼마나 중요한지 분명 알고는 있다. 하지만 막상 행동할 때는 사고와 느낌, 또는 사고와 의지가 분리되는 경우가 많다. 한 걸음 물러서서 자기는 아무 상관없다는 듯이 선생님과 친구들에게 냉정한, 때론 잔인하기까지 한 비판을 날리는 아이의 사고에는 느낌의 따스한 온기가 필요하다. 심심하면 칼로 책상에 낙서하는 버릇을 가진 아이는 그렇게 아무 생각 없이 손 가는 대로 행동해서는 안 된다는 것을 깨달아야 한다. 즉, 의지 속에 깨어 있는 의식을 불어넣어야 한다. 손톱만큼이라도 무시당한다고 느끼면 수업시간이건 뭐건 물불 안 가리고 펄펄 뛰며 화를 내는 아이는 자신의 인간관계를 좀 더 객관적으로 돌아보고 관찰할 필요가 있다.

루돌프 슈타이너는 20세기 말이면 세상의 힘이 사고, 느낌, 의지의 분리를 강화하고 '분해'시킬 거라고 예언했다. 지금 우리는 두개골 모양의 국회 회의장에서 이해타산적인 정치인들이 긍정적 행위라곤 눈을 씻고 봐도 없는 탁상공론을 벌이는 동안, 지구 곳곳에서 맹목적이고 야만적 의지가 파괴의 칼날을 마구 휘둘러대는 광경을 목격하고 있다. 그리고 종교 광신주의의 부활은 고삐 풀린 열정이 얼마나 큰 파멸을 초래할 수 있는지(그 열정에 물불 안 가리는 의지의 힘이 결합하면 상황이 얼마나 더 악화될 수 있는지)를 입증한다. 『파르치팔』의 결말에서 에셴바흐는 각성된 인간의 내면에서 사고, 느낌, 의지가 재결합, 통합되었을 때의 본보기를 보여준다.

쿤드리는 파르치팔이 조만간 성배의 왕으로 등극하리라 공표하면서 흥미로운 조건을 하나 내건다. 파르치팔 혼자서는 성배의 성으로 돌아갈 수 없고, 반드시 누군가를 데리고 가야 한다는 것이다. 그가 선택한 사람은 바로 동방을 대표하는 이복형 파이레피스였다. 11학년들에게 이것이 어떤 의미일지 생각해보자. 이 나이는 자기도취와 자기 본위의 시기라고 불러도 무방할 때다. 하지만 『파르치팔』의 결말은 운명 최고의 순간은 결코 '나' 혼자 힘으로 성취할 수도, '나만'을 위해 존재하지도 않는다고 말한다. 반드시 형제자매와 함께 가야 한다. 그뿐만 아니라 적이라 생각했던 자와 싸움을 멈추고 충분한 대화를 나누다 보면, 파르치팔과 파이레피스처럼 몰랐던 형제를 만나게 될 수도 있다. 중동과 아프리카, 아일랜드, 카슈미르, 체첸, 발칸 반도 등 세계 곳곳에서 인류를 불행의 나락에 밀어 넣는 그 끈질긴 분쟁을 이런 새로운 시각으로 바라볼 수 있다면 얼마나 좋을까!

그리하여 파르치팔은 형과 함께 문잘베셰 성으로 돌아가 과거에 실패했던 과제를 성공적으로 완수한다. 마침내 상처 입은 안포르타스에게 이렇게 묻는다. "외숙부님, 무엇 때문에 괴로워하십니까?"(『파르치팔』 중에서) 이것은 '상대방'에게 계속 관심을 갖고 지켜볼 때만 나올 수 있는 질문이다. 그 순간 안포르타스는 치유되고 왕국은 회복된다. 이제 칼Sword의 기사는 말Word의 기사가 된다.

11학년들은 또 한 번 병든 왕국과 칼과 말 사이에서 고뇌하는 고귀한 왕자를 『햄릿』에서 만날 것이다. 하지만 파르치팔과 달리 햄릿은 자신의 소외를 극복하지도, 엘시노어 성을 정화시킬 힘을 이끌어내지도 못한다.

최초의 근대적 인간 『햄릿』

현대의 젊은이들은 『햄릿』을 안다. 셰익스피어 원작은 안 읽었어도 세계 여러 나라에서 지금도 끊임없이 각색되어 무대에 오르는 연극으로, 영화로 접하고 있다. 영화도 로렌스 올리비에, 리처드 버튼이 주연한 고전 영화부터 멜 깁슨이나 케네스 브래너, 에단 호크가 햄릿으로 분한 최근작까지 다양하다. 하지만 이렇게 발에 채이도록 많은 영화 한 편 안 봤어도 현대 젊은이들은 원시부족이 직관으로 자연을 알 듯 그렇게 『햄릿』을 안다. 자연은 그 품속에서 사는 이들에게 어떤 풀이 약초이고 독초인지, 어떤 동물은 덫을 놓아 잡을지, 어떤 동물은 피할지, 어디에다 천막을 쳐야 할지, 어떻게 해야 따뜻하게 지낼 수 있는지 가르쳐준다. 『햄릿』이 우리 시대 문화에 미치는 영향도 이와 비슷하다. 이 작품은 현대의 의식 상태에 대해, 세상을 이해하게 하는 동시에 세상으로부터 자신을 분리시키는 양날의 칼과 같은 그 의식 상태에 대해 가르친다.

『햄릿』의 흔적은 도처에 널려 있다. 원작의 명대사들은 일상 대화 속에서 자주 사용된다. 가장 대표적인 '사느냐 죽느냐To be or not to be'부터, '(이럴 땐) 연극이 제격이지the play's the thing', '약한 자여, 그대 이름은 여자로다Frailty, thy name is woman', '기지의 핵심은 간결함이요Brevity is the soul of wit', '이 나라 어딘가가 썩어든 거야Something is rotten in the state of Denmark', '여자가 좀 수다스럽게 애정을 맹세하는 것 같구나(저리 펄쩍 뛰는 것을 보니 의심스럽구나)Methinks the lady doth protest too much', '연인에게 달콤한 것을Sweets to the sweet'까지 수많은 관용구들이 일상대화 속에서 흔하게 오간다. 『햄릿』의 빛나는 대사에서 탄생한 책 제목도 수백이 넘는다. 하지만 현대인이 『햄릿』에 열광하고, 전 세계 발도르프학교 11학년들이 이 책을 읽는 이유가 단지 그 탁월한 언어 때문만은 아니다. 사람들이 이 작품을 사랑하는 이유는 햄릿이 처한 딜레마의 본질과, 생각하고 생각하고 또 생각하는 그의 태도에 있다.

햄릿의 고뇌는 상반되는 감정에서 기인한다. 그는 자신의 죽음에 복수해달라는 아버지의 명령과 모든 행위에 합리적 근거를 찾고자 하는 근대적 의식의 맹아萌芽 사이에서 이러지도 저러지도 못하는 처지라고 느낀다. 학생들은 햄릿의 딜레마에 전적으로 공감한다. 특히 삶이 무엇이냐는 실존적 문제('사느냐 죽느냐'의 문제)를 느끼기 시작한 아이들과, 정답이 없는 문제를 놓고 어려운 결정을 내려야 하는 상황의 아이들이 그렇다.

햄릿의 고뇌는 그가 살던 세상과도 무관하지 않다. 엘시노어Elsinore 성은 속임수와 술책에 대기까지 오염된, 신에게 버림받은 것 같은 왕국이다.(어원을 풀이해보면 '엘El'은 히브리어로 '신God', '시네sine'는 라틴어로 '없다without'는 뜻이다) 얼마 전 세상을 떠난 아버지 햄릿 왕의 혼령을 또 만날까 봐 잔뜩 겁먹은 보초들의 대화로 1막이 시작된다. 아버지의 혼령을 만난 아들 햄릿에게는 고민할 여지도 없는 분명한 과제가 부여된다. 정원에서 자고 있던 아버지를 독살하고, 남편이 "죽은 지 두 달도"(『햄릿』 중에서) 되지 않은 어머니와 결혼한 비열한 삼촌 클로디우스를 죽이는 일이다. "명상처럼, 아니면 사랑의 상념처럼 빠른 날개로"(『햄릿』 중에서) 복수에 뛰어들겠다고 맹세는 했지만, 복수의 계획은 거듭된 고민의 늪에 빠져 허우적거린다. 그는 자신의 용기를 의심한다.

> 오, 나란 놈은 정말로 흉악하고 비천하다…
> 있을 수 없을 만큼.
> 간은 콩알만 하고
> 억압을 쓰게 느끼게 할 쓸개도 빠진 놈이다, 그렇지 않다면
> 이 천박한 창자로 이 근방에 사는 모든 솔개들을
> 살찌웠어야 했다.
>
> 『햄릿』 중에서

그러더니 자신이 만났던 아버지의 혼령이 진짜였나 의심하기 시작한다. "내가 본 혼령은/ 어쩌면 악마였는지도 모른다. 그리고 악마는/ 그럴싸해 보

이는 모습으로 위장할 힘이 있지."(『햄릿』 중에서)

걱정 많고 우유부단하긴 하지만 햄릿은 절대 바보가 아니다. 비범하리만큼 날카로운 통찰력을 지닌 그는 클로디우스와 폴로니어스가 꾸민 더러운 계략을 꿰뚫어보고, 그 두 사람과 자신의 측근인 로젠크란츠와 길덴스턴을 "독니 달린 독사"(『햄릿』 중에서)처럼 대한다. 자신이 감시당하고 있음을 눈치 채고 오히려 한 수 앞선 감시자가 되기로 결심한다. 그들을 감시할 전략으로 탄생한 것이 바로 연극 속의 연극이다. 햄릿이 "왕의 양심을 사로잡고자"(『햄릿』 중에서) 꾸민 이 연극은 셰익스피어 작품 전체를 통틀어 가장 중요한 장면 중 하나다.

왕과 왕비, 측근들이 '곤자고의 살해'라는 연극을 관람하려고 모인 장면에서 학생들은 감시하는 자와 감시당하는 자가 서로 물고 물리면서 모순이 중첩되는 것을 본다. 왕위를 찬탈한 자가 자신의 살해행각을 똑같이 재연하는 연극을 본다. 관객들은 연극을 보고 있고, 햄릿과 호레이쇼는 클로디우스의 얼굴에서 죄책감이 드러나는지 주의 깊게 살핀다. 동시에 폴로니어스와 로젠크란츠, 길덴스턴은 햄릿에게서 감시의 눈길을 떼지 않는다. 한편 독자는 『햄릿』을 관람하는 관객인 동시에 감시자들이 서로 감시하는 모습을 지켜보는 또 다른 관객이다. 한 11학년 학생은 이 동심원을 한 번 더 넓혀 보면 이 모든 사건 전개를 지켜보는 또 다른 감시자가 있다는 사실을 우리에게 일깨워주었다. 바로 아버지 햄릿 왕의 유령이다.

이 장면의 중요성은 역사적인 맥락에서 볼 때 더욱 뚜렷해진다. 오웬 바필드Owen Barfield*는 인간 의식의 진화에 대한 루돌프 슈타이너의 설명에 영감을 받아 고대인과 현대인의 의식 차이에 대해 많은 글을 썼다. 바필드는 고대인의 의식 상태를 '참여의식'이라고 불렀다. 고대인들은 주변과 하나로 통합된 의식 상태에서 살았고, 외부 세계와 자신의 내면세계를 분리해서 느끼는 경우가 극히 드물었다. 11학년들은 자신들도 어렸을 때는 고대 인류처럼 주변과 분화되지 않은 상태였다면서, 인류 발달의 초기와 개별 인간의 초기 단계가 서로 상응한다고 말한다. 아이들은 달과의 거리감을 전혀 못 느끼던 시절, 시간이라는 것이 순간적인 기쁨의 연속 안에서 그저 흘러갈 뿐 아무런 의미가 없던 시절을 어렴풋이 떠올린다.

바필드에 따르면 세월이 지나면서 인류는 조금씩 이 참여의식을 잃어갔고, 그것이 사라진 자리에 '인식'이라는 새로운 능력이 싹트기 시작했다. 그로 인해 물질 세상에서 더욱 분명하게 거할 수 있게 됐지만, 동시에 고대인들에게는 그토록 선명했던 정신적 실재 위로 장막이 드리워졌다. 이런 인식 능력의 대가로 인류가 내준 것은 다름 아닌 가장 원초적인 소속감이다. 사춘기가 시작되면서 삶의 이중성, 즉 '여기 안'에 있는 '나'와 '저기 바깥' 세상의 분리를 느낀다. 그사이에 놓인 거대한 간극은 도무지 메울 길이 없어 보인다. 자신의 삶을 구경하는 관객이 된 것이다. 사람들이 자신의 휴가나 결혼식을 카메라 렌즈를 통해 '감상하는' 모습이 아이러니한 상황의 정점이다.

---

* 오웬 바필드 (1898~1997)_ 영국의 철학자, 작가, 시인, 비평가, 변호사. 영국 인지학의 토대를 놓았으며 클라이브 루이스C.S.Lewis, 톨킨Tolkien, 엘리엇Eliot 등 수많은 작가에게 영향을 주었다
『체면: 우상 연구』(Hanover, NH: University Press of New England, 1998)

세익스피어는 『햄릿』에서 이런 '관객 의식' 상태를 견딜 수 없는 지경까지 중첩시킨다. 마지막 장면에서 사람들이 너무나 따로 떨어져 고립된 나머지 서로 불신하고 기만하다가 종국에는 사람 사이에 연결된 끈을 잘라버리는 세상이 어떻게 끝나는지를 보게 된다. 모든 관계가 거짓이었다. 마지막 장면의 살육전에서 유일하게 살아남은 호레이쇼와의 우정을 제외하면, 햄릿이 맺었던 모든 인간관계는 쓰디쓴 열매만 낳는다. 햄릿이 마음에 품었던 오필리아는 아버지의 음모에 무조건 순종하는 꼭두각시에 불과했으며 결국에는 햄릿에게서 등을 돌린다. 오필리아 역시 아버지를 감히 거역하지 못하는 중세시대 딸의 처지와 독자적 존재로 자신의 정체성을 지키고 싶은, 양립할 수 없는 두 힘 사이에서 괴로워했다. 하지만 불행하게도 그녀의 자아의식은 엘시노어를 파멸로 몰고 가는 음모와 배신을 이겨낼 정도는 아니었다. 그렇기 때문에 사랑한다고 여겼던 이가 자신의 삶을 지배하던 아버지를 살해하자 버틸 힘을 잃고 미쳐버리고 만 것이다.

아이들은 『햄릿』에 나오는 많은 행동의 밑바탕에는, 진짜든 위장이든 일종의 광기가 깔려 있음에 주목한다. 어떤 아이들은 그렇게 음험한 세상에 살면서 자신을 보호하려면 미치는 것 말고 방법이 없지 않겠냐고 말한다. 오필리아는 너무 의지가 약하고 순종적이라고 비판하면서도 아이들은 그녀가 제정신을 놓아버릴 수밖에 없었던 심정을 이해한다. 햄릿의 '광기'는 오필리아의 경우와 다르다. 햄릿이 최후의 결투를 벌이기 전, 오필리아의 무덤 옆에서 그녀의 오빠 레어티즈에게 자신의 난폭한 행동에 대해 용서를 구하면서 하는 말을 우리는 곧이곧대로 받아들일 것인가?

자네도 필시 들어 알겠지, 내가 벌을 받아
지독한 정신착란에 걸렸다는 걸. 내가 한 짓은
자네의 마음, 명예심, 그리고 반감을
거칠게 흔들어 깨웠을 내 행동은, 분명히 말하지만 광기였네.
햄릿이 레어티즈에게 부당한 행동을 한 것 아닌가? 절대 아닐세.
만일 햄릿이 자기 자신으로부터 멀어져 있었다면,
그리고 그가 제정신이 아닌 채로 레어티즈에게 부당한 행동을 했다면,
그건 햄릿이 한 일이 아닐세, 햄릿은 그걸 부인하네.
그렇다면 누가 했지? 그의 광기야. 그런 까닭에,
햄릿은 부당한 대접을 받은 쪽에 속한다네.
그의 광기는 불행한 햄릿의 적이기 때문일세.

『햄릿』 중에서

혹은 햄릿이 로젠크란츠와 길덴스턴에게 "난 그저 북북서로 미쳤을 뿐이야. 바람이 남쪽으로 불 때는 톱인지 톳인지 분간할 수 있다네."(『햄릿』 중에서)라고 털어놓을 때가 오히려 더 그럴듯한가? 레어티즈에게 했던 말은 잠시 제정신이 아니었다며 용서를 구하는 고백인 동시에 근사한 자기방어다.

반면 두 사람에게 한 말은 햄릿의 '지독한 정신착란'이 순전히 계획된 가면이었음을 인정하는 것이다. 이야기가 끝날 때 아이들은 둘 다 진실이었다는 모순을 받아들이게 된다. 햄릿은 폴로니어스와 클로디우스, 로젠크란츠와 길덴스턴 앞에서는 감쪽같이 미치광이 행세를 했지만, 그러는 와중에 여러 번 저도 모르게 속내를 털어놓곤 했다. 오필리아에게 "수녀원으로 가

라"고 말하는 장면이 가장 그러했고, 두 번째는 어머니의 침실에서 왕비가 생명의 위협을 느낄 만큼 거센 비난을 퍼붓는 장면이고, 세 번째는 오필리아의 무덤에서 레어티즈와 맞붙어 싸울 때였다.

하지만 5막에서 햄릿은 놀랄 만큼 침착하다. 지극히 평온한 심정으로 눈앞의 죽음을 받아들이고 기다린다.

> 우린 전조를 무시하지 하지만 참새 한 마리가 떨어질 때도 특별한 섭리가 있는 법이야. 죽을 때가 지금이면 아니 올 것이고, 아니 올 것이면 지금일 것이지. 지금이 아니라도 오기는 할 것이고. 마음의 준비가 최고야.

『햄릿』 중에서

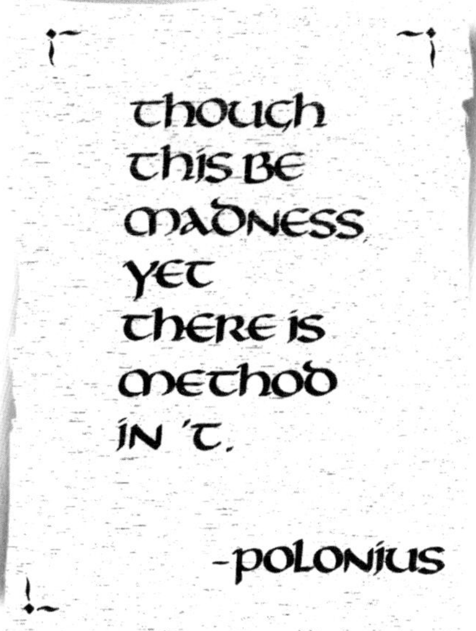

무덤 파는 이와 대화하는 장면에서 햄릿은 어릿광대 요리크의 해골을 집어 들고 죽음에 대해 곰곰이 생각한다.

> 지금은 아무도 없는 건가, 자기가 웃는 모습을 조롱할 자가? 아주 풀이 죽어버렸어? 이제 마님 방으로 가서, 이렇게 전하라고, 화장을 한 치나 두껍게 처발라도, 이런 꼴이 될 수밖에 없을 거라고… 알렉산더 대왕도 흙 속에선 이런 모습일 거라고 생각하나?… 알렉산더는 죽었다, 알렉산더는 묻혔다, 알렉산더는 먼지로 돌아갔다. 먼지는 흙이고, 우리는 그 흙으로 회반죽을 만드는데, 그렇다면 왜 그 회반죽(그가 변해 만들어진)으로 맥주통을 봉하지 않을까?
>
> 『햄릿』 중에서

죽음에 대한 햄릿의 명상은 절대 미치광이의 헛소리가 아니다. 오히려 생명의 유한함이라는 매혹적인 주제를 다룬 그 어떤 글보다 정곡을 찌르는 통찰력을 담고 있다. 또 햄릿은 앞에서 여러 차례에 걸쳐 죽음과 먼지로 돌아감을 연결시킨다. 그 유명한 '인간이란 얼마나 멋진 작품인가'로 시작하는 독백에서도 인간의 신성한 본성에 대해 극찬을 늘어놓다가 "그런데, 내겐, 이 무슨 흙 중의 흙이란 말인가?"(『햄릿』 중에서)라는 김빠지는 말로 끝맺는다.

이처럼 햄릿이 죽음과 먼지의 관계에 집착하는 것은 당연한 일일지도 모른다. 결국 '관객 의식' 상태 자체가 물질 영역과 떼려야 뗄 수 없는 관계이기 때문이다. 정신적 근원에서 멀어질수록 우리의 사고는 지상적인 것에 얽매이게 된다. 관객 의식은 물질 세상의 비밀을 파헤치는 데 있어서는 더없이 훌륭한 도구다. 그리고 자연과학자들은 지난 600년 동안 그것을 이용해 자연의 비밀을 연구해왔다. 하지만 더 높은 곳으로 이끄는 힘이 없을 때 그것은 우리를 다른 사람들한테서, 그리고 우리가 탐구하고자 하는 바로 그 세상에서 고립시킨다.

『햄릿』은 복수나 배신, 광기에 관한 이야기가 아니다. 그것은 새로운 의식의 출현에 대한 이야기이며, 한 개인의 이야기가 아니라 모든 개인의 이야기다. 아이들은 11학년 수업에서 만난 인물 중 햄릿에게서 가장 많은 동질감을 느낀다. 자그마치 400년 전 이야기이지만 햄릿은 이 시대 아이들과 한 치도 다를 바 없는 자의식의 눈으로 세상을 보고, 이들과 똑같은 고민을 한다. 인생의 의미, 죽음의 의미, 죽음의 문지방 너머에 놓인 신비 같은 문제를, 아이들은 자신들 모두가 햄릿이라는 사실을, 더는 과거의 망령이 내리는 지시나 명령에 순종하며 살 수 없는 존재임을, "하늘과 땅 사이를 기어 다니면서"(『햄릿』 중에서) 자신의 힘으로 살아야 하는 처지임을 깨닫는다. 햄릿처럼 발 딛고 서서 자신의 자유의지에 따라 선택한 행동을 주체적으로 펼칠 수 있는 테라 페르마(terra firma 육지)를 찾는다. 그것은 어쩌면 거친 바다에 솟아오른 작은 섬일지도 모른다. 셰익스피어는 매혹적인 마법으로 가득 찬 최후의 작품 『**템페스트(폭풍우)**The Tempest』를 통해 아이들에게 그 섬을 선사한다.

복수 대신 용서 『템페스트』

모든 것이 처참하게 무너지며 끝나는 『햄릿』의 결말에 대해 아이들은 오히려 무덤덤하게 반응한다. 막이 오르기도 전에 벌써 살인이 벌어진 데다, 유령이 등장하고, 간통이라 비난받는 결혼, 조금씩 미쳐가는 젊은 여자, 무덤에서 벌어지는 몸싸움, 8명이나 되는 죽음까지 막장 연속극 같은 사건의 연속이었기 때문이다. 연극은 클로디우스, 거트루드, 햄릿, 레어티즈의 시체가 여기저기 널브러진 채 끝난다. 햄릿의 영혼은 고귀했지만 엘시노어 성을 악의 손아귀에서 구하기엔 역부족이었다. 그 거대한 어둠의 힘에 맞서 끝까지 안간힘을 쓰는 그의 모습에 숙연해지면서도 한편으로는 "이 세상만사가 내게는 얼마나 지겹고, 맥 빠지고, 단조롭고, 쓸데없어 보이는가."(『햄릿』 중에서) 하는 절망적인 심정이 들기도 한다.

셰익스피어의 마지막 작품, **『템페스트』**는 이런 아이들의 스산한 마음을 따뜻하게 감싸준다. 이 작품 역시 과거에 벌어진 반역의 그림자를 안고 시작한다. 밀라노의 정당한 통치자였던 프로스페로 공작은 동생 안토니오와 나폴리의 왕 알론소의 배신으로 추방된 신세다. 프로스페로도 아무 잘못이 없다고는 할 수 없다. 마법을 연마하는 데 정신이 팔려 국정을 등한시했기 때문이다. 사람들은 그를 당시 갓난아기였던 딸 미란다와 함께 조그만 나룻배에 태워 거친 바다에 버리지만, 하느님의 도움으로 목숨을 건진다. 두 사람을 태운 배는 한 섬에 닿고, 거기서 프로스페로는 두 명의 하인을 얻는다. 한 명은 아리엘이라는 공기의 정령이다. 나무 둥치에 갇혀있던 정령들을 프로스페로가 해방시켜주면서 그의 하인으로 묶이게 된다. 칼리반이라는 다른 하인은 마녀가 낳은 추악한 괴물이다. 프로스페로는 그가 "딸의 명예를 범하려 하기"(『템페스트』 중에서) 전까지 애정을 갖고 그를 키운다.

섬에서 프로스페로는 허송세월하지 않았다. 정성을 다해 키운 딸 미란다는 아름다운 아가씨로 성장했고, 자신은 마법에 대한 지식을 한층 깊게 연마했다. 이제 자신의 지위를 찬탈한 동생과 공범들이 탄 배를 섬으로 유인하기 위해 그동안 갈고닦은 마법의 힘을 이용해 폭풍우를 일으킨다. 프로스페로가 미란다에게 지금 꾸미고 있는 엄청난 계획을 털어놓는 장면에서 학생들은 이 작품 역시 죽고 죽이는 살육전으로 끝날까 지레 걱정한다. 하지만 프로스페로는 아리엘에게 배신자들을 포함해서 그 배에 타고 있는 이가 아무도 다치지 않게 조심해서 데려오라고 지시한다.

극의 초반부터 학생들은 이곳이 평범한 섬이 아니며, 이야기 역시 전형적인 복수극은 아닐 것 같은 느낌을 받는다. 셰익스피어는 이 섬에 배반의 원흉들뿐만 아니라 스테파노, 트린쿨로라는 두 명의 술주정뱅이 바보, 미란다가 한 눈에 반한 젊고 멋진 귀공자 페르디난드까지 다양한 인간들이 모이게 한다. 페르디난드는 공작 자리를 찬탈한 자의 아들로, 배에 같이 탔던 이들은 그가 바다에 빠져 죽은 줄 알고 있다. 두 주정뱅이는 우연히 칼리반을 만나 술을 진탕 퍼먹이고는 그를 꼬여 프로스페로를 무너뜨리자는 엉성하기 짝이 없는 계략에 동참시킨다. 한편 프로스페로는 의도적으로 페르디난드와 미란다를 만나게 만들고, 둘은 첫눈에 사랑에 빠진다. 하지만 그는 "이런 신전에 사악한 생각이 깃들 리 없다"(『템페스트』 중에서)는 미란다의 항의에도 불구하고 페르디난드를 거칠게 대한다. 그의 속셈은 따로 있었기 때문이다. "이렇게 빠르게 진행될 때는/ 내가 일을 어렵게 만들어야지, 너무 쉽게 손에 넣으면/ 성과가 가볍게 보이는 법"(『템페스트』 중에서)

이렇듯 프로스페로는 두 남녀가 맺어지도록 일을 꾸미는 한편, 모반을 꾀한 세 명의 주정뱅이를 혼내고, 또 한쪽에선 아리엘을 시켜 배신자들을 위한 일종의 연옥을 만든다. 공기의 정령은 여자 얼굴에 독수리 몸을 한 괴물 하피로 둔갑해 그들 앞에 나타난다. 하지만 자살한 자들의 숲에서 죄지은 영혼들을 찢어발기는 『신곡』의 하피와 달리, 아리엘은 그들의 눈을 내면으로 향하게 하여 자신의 더러운 영혼을 직시하게 만든다. 이 장면에서 예리한 아이들은 햄릿이 침실에서 어머니와 대립하는 장면을 떠올린다. 햄릿의 말이 '비수처럼' 어머니의 귀에 박혀 "내 눈이 내 영혼을 직시하게 만드는구나./ 그곳에서 나는 거칠고 시커먼 자국을 본다./ 그 얼룩은 결코 희어지지 않으리."(『햄릿』 중에서)

아리엘은 왕위 찬탈자와 공범들의 눈앞에 더욱 가혹한 거울을 들이댄다.

> 너희 셋은 죄인이로다, 하여 너희들의 운명이,
> 이 지상과 그 안에 있는 것들을 움직여,
> 결코 범람하지 않던 바다로 하여금
> 너희를 뱉어내게 했지… 하지만 기억하라
> 내가 너희 때문에 벌인 일임을. 너희 셋은
> 밀라노에서 쫓아냈지, 선한 프로스페로를,

바다로 내몰았지. 하지만 바다는 그걸 막아냈어,
그와 아무 죄 없는 딸을, 그 악랄한 행위로 인해…
죽음보다 더 끔찍한 지옥이 천천히, 느릿느릿
한 발 한 발 너희 앞으로 다가오리라,
그 분노를 피할 길은… 오로지
마음의 슬픔과 그 후의 순결한 삶뿐이리라.

『템페스트』 중에서

고전적 비극에서는 악당들과 프로스페로, 미란다까지 모두 죽은 뒤에야 이런 깨달음의 순간이 찾아오기 마련이다. 『리어왕』의 코델리아가 얼마나 비극적인 죽음을 맞이했던가를 생각해보면, 순수하고 깨끗한 미란다 역시 그런 운명을 피할 수 없을 것 같다. 하지만 다행히도 이 작품은 비극이 아니라 사랑이야기다. 그 속에서는 모든 어두운 죽음의 그림자와 상실이 크나큰 사랑의 힘으로 회복된다.

작품의 절정에서 아리엘은 악당들을 어떻게 감금했는지 주인에게 보고하면서 이렇게 말한다. "슬픔과 낙심이 넘치도록 차올라 있어…/ 주인님의 마법이 정말 강하게 먹혔습니다./ 주인님께서도 지금 그들을 보신다면, 마음이/ 부드러워지실 걸요."(『템페스트』 중에서) 여기서 프로스페로는 아무나 못하는 일을 해낸다. 용서라는 개념을 받아들이는 것이다.

그렇다면 내 마음도 그래야겠지.
그저 공기에 불과한 그대도, 감각, 감정으로
그들의 고통을 느끼는데, 어찌 내가,
그들과 같은 인간인 내가, 그들처럼 날카롭게
모든 감정을 느끼는 내가, 더 부드럽게 마음이 움직이지 않으리?
비록 그들의 크나큰 잘못으로 내가 철저히 당했지만,
나는 분노가 아니라, 그보다 숭고한
내 이성의 편에 서리라. 더욱 귀한 행동은
복수가 아닌 선에 있으리. 그들이 참회하고 있으니,
내 목적을 향해 한 줄기로 달려왔던 힘을 이제는
더 이상 뻗지 않으리라. 가라, 가서 그들을 풀어주어라, 아리엘
내 마법을 내가 깨리라, 그들의 정신을 회복시키리라,
이제 그들은 제 모습을 찾을 것이다.

『템페스트』 중에서

햄릿은 외부 상황이나 태생적 부족함으로 인해 이와 같이 높은 경지에 이를 수 없었다. 학생들은 분명히 프로스페로가 햄릿보다 훨씬 발달한 인간이라는 걸 인정은 하지만, 당연하게도 햄릿을 더 가깝게 느끼고 공감한다. 햄릿은 그들처럼 고통받는 영혼이었으며, 자신의 한계를 아프게 인식하고 그 때문에 괴로워하는 존재였다. 통찰력에 있어선 프로스페로만큼 뛰어나지만, 자신의 천성을 통제하지는 못했다. '더욱 귀한 행동'을 선택하기에는 타고난 본성을 이길 힘이 많이 부족했던 것이다. 진정으로 진화된 능력

을 소유한 프로스페로는 인간이라기보다는 올림포스 산 위의 신들처럼 완전무결한 존재로 보인다.

뛰어나게 영특한 학급은 『템페스트』의 의미를 좀 더 깊이 파고들기를 원하기도 한다. 프로스페로와 아리엘, 그리고 칼리반은 무엇을 상징하는가? 섬은 또 무엇인가? 젊은 연인의 의미는?

11학년 2학기쯤이면 아이들은 이야기 속 여러 등장인물이 사실은 한 인간이 지닌 다양한 특성을 펼쳐놓은 것이라는 해석을 낯설어하지 않는다. 이런 관점으로 보면 현대를 사는 모두가 홀로 선 개별 존재라는 개념을 섬이라는 이미지로 표현했다고 말할 수 있다. 주위는 온통 물(바다)이다. 때론 상어가 득실대기도 한다. 우리는 이웃 섬에 다리를 놓을 방법을 찾는다.

비범한 능력을 가진 프로스페로는 '고차적 자아'를 상징한다고 볼 수 있다. 하지만 학생들은 그가 완벽한 인간이 아니라는 증거를 곳곳에서 찾아낸다. 폭풍우를 일으킨 것도 그렇다. 자신의 목적을 달성하기 위해 자연을 제멋대로 이용하지 않았는가. 마법을 이용해 타인의 자유의지를 침해하기도 했다. 그의 주문에 미란다는 잠이 들고 페르디난드는 통나무를 끌었다. 죄를 뉘우치며 통한에 잠긴 조난자들의 정체를 칼리반에게 말해주면서 프로스페로는 자신의 결점을 시인한다. "이 어둠의 부분을 나는/ 내 것이라 인정한다."(『템페스트』 중에서) 칼리반은 셰익스피어가 창조한 가장 독창적인 인물이면서, 역설적으로 또 가장 원형적인 인물이기도 하다. 말투나 용모 모두 거칠고 반항적인 칼리반은 프로스페로의 지배를 받는다.(산스크리트 어로 '칼리Kali'는 죽음과 파괴의 여신, 데비Devi의 또 다른 이름이며, 다툼과 불화, 반목을 의미한다.) 칼리반의 눈으로 볼 때, 프로스페로는 마녀의 아들인 자신을 섬의 유일한 주민이자 주인 자리에서 내쫓고 그 자리를 차지한 침탈자다. 칼리반은 프로스페로의 머리에 '못을 박고' 싶어 손이 근질거린다. 하지만 한심하기 짝이 없는 반역 음모가 들통 나자, "이제부턴 현명해질 것이며/ 은총을 구하겠습니다."(『템페스트』 중에서)라고 약속한다.

프로스페로가 고차적 자아의 상징이라면, 칼리반은 아직 구원받지 못한 낮은 자아를 상징하며, 그렇기 때문에 프로스페로의 흔들리지 않는 자아의 힘에 늘 묶여 있어야 했다는 꽤 그럴듯한 주장을 펼치는 학생들도 있다. 한순간도 경계를 늦추지 않는 '감독관'이 없었다면 칼리반은 제멋대로 격렬하게 감정을 표현하고 무분별한 행동을 일삼았을 것이다. 충동을 억제하느라 매일같이 전쟁을 치르는 청소년들은 자신의 내부에 '칼리반'이 있다는 사실을 잘 알고 있다. 그는 본능의 존재이며, 신중하고 분별력 있는 '프로스페로와 같은 자아'의 손아귀에서 벗어나기 위해 호시탐탐 음모를 꾸민다. 어떤 아이들은 칼리반이 스테파노와 트린쿨로가 권하는 술 몇 잔에 넘어가 무모하게 행동하는 것을 보며 내심 찔리는 듯 혀를 차기도 한다.

아리엘은 인간 이하의 존재인 아둔한 칼리반과 뚜렷하게 대조된다. 아리엘은 빛과 공기의 존재다. 정령이자 하인인 아리엘은 프로스페로가 원하는 바를 똑 부러지게 수행한다. 하루 속히 자유롭게 풀어달라고 보채는 아리엘에게 프로스페로가 한두 번 질책했던 것을 빼면, 둘은 제법 죽이 잘 맞는다. 아리엘은 모습을 자유자재로 바꿀 수 있다. 한순간 '불타오르는 경이로움'의 모습으로 배신자들의 배에 올랐다가, 금세 모습을 감추고 황홀한 멜로디로 페르디난드를 끌어내 미란다를 만나게 하고, 또 순식간에 하피로 둔갑해서 배신자들의 영혼을 뒤흔들고 자신의 과오를 직시하게 만든다. 아리엘은 프로스페로의 의지와 연결되어 있다는 점에서는 칼리반과 닮았지만, 좀 더 고차적이고 진보한 존재로 프로스페로의 섬세한 손발처럼 움직이며 그의 생각을 현실에 구현한다.

작품의 절정에서 프로스페로를 '가르쳐', 복수에서 용서로 방향을 바꾸게 했던 장본인이 바로 아리엘이었음을 놓쳐서는 안 된다. 배신자들의 가련한 모습을 상세히 보고하면서 어찌나 불쌍한지 자신의 감정마저 부드러워질 지경이었다는 말을 넌지시 덧붙인다. 이에 프로스페로는 "그렇게 생각하나, 정령?"이라고 묻고, 아리엘은 "만일 제가 인간이었다면 그랬을 거란 겁니다, 주인님."(『템페스트』중에서)이라고 대답한다. 사실 칼리반이 인간 이하의 존재이듯 아리엘은 인간 이상의 존재, 초인간이다. 셰익스피어는 아리엘처럼 정신으로 충만한 의지를 향해 노력하면서, 칼리반과 같은 원초적 충동을 넘어서야 한다고 말해주려던 게 아니었을까.

작품의 결말에서 프로스페로가 마법의 힘을 포기할 때 학생들은 상당히 당혹스러워하곤 한다. 평생을 바쳐 연마해온 '기술'을 왜 포기하는지 이해할 수 없어한다. "그건 피카소나 요요마가 최고의 전성기 때 붓을 꺾고 첼로 활을 버리는 것과 마찬가지"라는 아이도 있었다. 프로스페로가 진정한 자유의 의미를 이해했기 때문에 버릴 수 있었음을 이들이 통찰할 수 있기를 바랄 뿐이다. 프로스페로는 자연을 자신의 의지로 복종시킬 수 있었다.

나는 한낮의 태양을
흐리게 했고, 거친 바람을 일으켰다.
그리고 초록 바다와 하늘빛 창공 사이에
으르렁거리는 것들을 두었다. 무시무시하게 콰르릉대는 천둥에게
불을 주어, 주피터의 억센 참나무를
그의 벼락으로 쪼갰다.

『템페스트』 중에서

목적(배신자들의 뉘우침, 페르디난드와 미란다의 맺어짐)을 이루자 이제 아리엘을 비롯한 정령계를 자신의 수하에 둘 이유가 없어졌다. 그는 이렇게 서약한다.

이 조야한 마법을
이제 버리겠노라, 그리고 천상의 음악을
불러내어, 지금도 그렇게 하고 있지만,
이 공기 정령의 주문에 걸린
그들의 정신을 되돌려놓겠다는 나의 목적이 이루어지면,
내 마법 지팡이를 부러뜨려
땅속 아주 깊은 곳에 파묻어버리리라,
그리고 그 어떤 낚시추도 닿아본 적 없는 깊은 물속에
내 마법 책을 수장시키리라.

『템페스트』 중에서

이로 인해 해방된 것은 하인들만이 아니다. 프로스페로는 섬에서 보낸 세월 내내 '독방'이라 부르던 동굴에서 지냈다. 아리엘을 풀어주고 마법을 포기하면서 초자연적 힘에 의존해 살던 프로스페로 역시 자유를 얻는다. 과거 인류는 정신세계의 직접적인 인도를 받으며 살았지만 점차 그 관계가 멀어지면서 많은 것을 잃고 포기해야 했다. 하지만 그로 인해 인류는 자유를 얻을 수 있었다. 이 기나긴 과정 전체가 프로스페로라는 한 인물 속에 압축된다. 맺는말에서 프로스페로가 관객들에게 하는 말은 모두에게 하는 말인 동시에 모두를 대변하는 말이기도 하다.

이제 마법은 모두 끝났다,
내게 남은 힘은 나 자신의 것뿐.
이제 내게는
부릴 정령도, 사용할 마법도 없다.
그리고 내 끝은 절망이려니,
만일 내가 기도로 구원받지 못한다면,
기도는 꿰뚫는 것, 그래서 자비 그 자체를
공격하고, 모든 과오를 해방시킨다.

『템페스트』 중에서

프로스페로는 자비의 교훈을 배웠고, 학생과 교사 모두에게도 그것을 요구한다. 이는 진정한 인간됨의 의미를 느끼고 경험할 수 있게 하기 위해서다.

만물에 깃든 생명을 보다_낭만파 시인들

오래전 내가 상급학생이었을 때 문학 숙제를 앞에 놓고 쩔쩔 맨 적이 있었다. 무엇을 어떻게 써야 할지 몰라 머리를 쥐어뜯던 나를 한 12학년 선배가 구해주었다. 여러 번 이런 숙제를 받았던 그 누나는 이렇게 말했다. "책 내용 자체는 사실 별로 중요하지 않아. 셋 중 하나야. 개인과 신, 개인과 타인, 개인과 자연. 무슨 책이든 이 세 주제 중 하나를 골라 쓰면 돼." 40년이 지난 지금 생각해봐도 기가 막힌 조언이다. 『템페스트』에서는 자연이다. 페르디난드와 미란다가 프로스페로의 동굴에서 체스를 두다가 발견되는 마지막 장면을 빼면, 연극은 처음부터 끝까지 마법으로 가득 찬 작은 섬의 자연을 배경으로 진행된다. 사실 단순한 배경 정도가 아니라 자연의 힘을 이용해서 악당들이 "아무도 자신의 자아가 아닐 때"(『템페스트』 중에서) 그들이 다시 진정한 모습을 찾도록 변화시키고자 하는 한 인간의 의지에 자연이 종속되어 움직인다.

『햄릿』은 숨막히게 답답하고 살얼음판 같은 엘시노어 성 내부에서 극의 대부분이 진행된다. 그 성벽을 벗어난 등장인물들은 하나같이 유령과 마주치거나(햄릿과 보초병들), 목이 달아날 운명이 기다리고 있는 항해에 오르거나(로젠크란츠와 레어테즈), 무덤가에서 격투를 벌이거나(햄릿과 레어티즈), 물에 빠져 죽는다.(오필리아) 이때의 자연은 『템페스트』에서 치유와 회복의 힘을 가진 자연과는 거리가 멀다. 『햄릿』에서 자연은 죽음이라는 피할 길 없는 진실과 계속 대면하게 만든다. 그리고 그 죽음의 공기를 벗어나고 싶어

하는, 상처받은 영혼을 치유하고 무너진 세상을 다시 일으켜 세울 안전하고 평화로운 어떤 곳을 찾고 싶어하는 햄릿의 절박한 소망을 느낄 수 있다.

오늘날 청소년들의 바람도 이와 다르지 않다. 루돌프 슈타이너는 청소년들을 앞에 놓고 이렇게 말했다. "자연을 찾는 외침이 있는 곳에서, 만물의 신성한 근원을 기억하고 그것과 합일하고자 하는 갈망이, 젊음으로 가득 찬 영혼으로부터 솟아오릅니다."(GA 217a)

자연에 대한 동경의 역사는 18세기 후반, 특히 인식의 새로운 지평을 열었던 영국 낭만주의 시인들의 작품으로 거슬러 올라간다. **윌리엄 워즈워스**William Wordsworth와 **사무엘 테일러 콜리지**Samuel Taylor Coleridge는 각각 1770년과 1772년, 혁명의 시대에 태어났다. 프랑스와 식민지 미국에서 억압의 굴레를 벗어버리려는 민중들의 절박한 외침이 울려 퍼지던 시절이었다. 대서양 이쪽과 저쪽에서 자유, 평등, 박애에 대한 열망이 태동하기 시작했으며, 동시에 이미 산업혁명이 인간과 자연의 관계를 변화시키고 있었다. 그 전까지 인간은 수백 년 동안 자연 속에서 자연과 협력하며 삶에 필요한 물품들을 생산하는 삶을 이어오고 있었다. 사치품은 부족했을지 몰라도 시골 사람들은 논밭과 집안에서 일정한 사회적, 경제적 전체성을 경험하며 살고 있었다. 생산의 전 과정에 참여하는 것이 보편했다. 스웨터 한 벌을 짜더라도, 양을 키우고 털을 깎는 것부터 털을 곱게 빗어 다듬고, 염색하고, 털실을 짜는 일 전부를 직접 했다.

발도르프학교 학생들은 증기기관이 발명되면서 상황이 어떻게 달라지는지를 자세히 배운다. 두 세대도 지나기 전에 가내 수공업은 사실상 명맥

이 끊기고, 도시 지역에 우후죽순처럼 생겨난 공장과 제분소가 그 역할을 대신했다. 값싸게 물건들을 대량생산하는 공장들과의 경쟁에서 밀려난 사람들은 그런 공장을 움직일 노동력이 되고자 터질 듯 북적이는 도시로 흘러 들어갔다. 한몫 챙겨 부자가 된 사람도 있고 형편없이 열악한 환경에서 살게 된 사람도 있었지만, 과거와 전혀 다른, 자연과 분리된 삶을 산다는 점에선 모두가 동일했다.

윌리엄 워즈워스는 평생을 잉글랜드 북서부의 평화롭고 한적한 호숫가에서 살면서도, 인류의 삶에 찾아온 이 엄청난 지각변동을 예리하게 인식했다.

> 세상은 지나치게 우리 곁에 있다. 늦은 시간부터 이른 시간까지
> 벌어들이고 쓰느라 우리는 힘을 낭비한다.
> 우리 것인 자연에서 거의 아무것도 보지 못하고;
> 우리는 우리의 마음을 내버렸다, 천박한 은혜여!
>
> 『우리는 너무나 세속에 치우쳐 있다The World Is Too Much with Us』 중에서

그는 산업화로 인한 지각변동이 인간영혼에 끼칠 엄청난 영향을 일찍부터 예견했다. 하지만 산업혁명은 인간과 자연이 소원해지게 된 원인인 동시에 결과다. 사람들이 자연에서 한발 물러나, 자연을 자신과 분리된 것으로 인식하기 시작한 그 순간부터 소외의 씨앗은 뿌려진 셈이었다. 깨달음을 얻기 전 프로스페로처럼 사람들은 자신의 이익을 위해 자연을 정복하는 법을 배웠다.

워즈워스와 콜리지는 자아와 자연 사이, 그 넓어져만 가는 틈새에 다

리를 놓고자 했다. 그들은 1798년 『**서정 민요와 몇 편의 다른 시**Lyrical Ballads, with a Few Other Poems』라는 소박한 제목으로 출판한 작은 시집의 서문에서 이런 의지를 분명하게 천명한다. 말투가 어찌나 대담하고 자의식으로 가득한지 학생들은 조금 충격을 받기도 한다.

그 글에서 워즈워스는 시문학이 나아갈 새로운 방향을 제시했고, 결국 콜리지와 함께 시의 새로운 지평을 열겠다는 과제를 완수한다. 『서정 민요와 몇 편의 다른 시』가 등장하기 전, 시는 재치와 기교 넘치는 말장난으로 전락해 있었다. 신고전주의의 전형으로 추앙받는 알렉산더 포프Alexander Pope의 『머리채 겁탈The Rape of the Lock』은 귀족들의 응접실 파티에서 한 신사가 몰래 한 귀부인의 머리채를 자르는데 정작 그 여인은 전혀 눈치 채지 못한다는 내용을 서사시를 가장한 장중한 어조로 풀어놓으며 독자를 배꼽 잡게 한다.

이런 신고전주의 시의 가벼움과 기교에 대한 반발에서 낭만주의가 일어난다. 시집 서문에서 워즈워스는 새로운 시문학의 구성 요소들을 하나하나 열거한다.

> 시는 '일상에서 벌어지는 사건과 상황을 보통 사람들이 실제로 사용하는 언어로' 표현하는 데 주안점을 둘 것이며, '인간의 열정은 자연의 아름답고 영원한 형상과 일체를 이룬다'는 믿음을 표현할 것이다. 또한 오로지 '변덕스러운 입맛을 위한 음식을 제공하기' 위한 듯 종잡을 수 없고 경박했던 지금까지의 시와 달리 가치 있는 목표를 추구할 것이다.
>
> 『서정 민요와 몇 편의 다른 시』 중에서

워즈워스가 새로운 시의 방향을 설명하며 했던 말 중 귀에 가장 익숙한 것은 "강렬한 감정의 자발적 분출"(『서정 민요와 몇 편의 다른 시』 중에서)일 것이다.

자발성을 사랑하는 11학년들은 이 대목에서 워즈워스에게 아낌없는 박수를 보내곤 한다. 종이 위에 되는 대로 감정을 쏟아놓고는 그것을 시라고 우기며, 그 감정을 몰라주는 매정한 선생님의 비판을 한 마디도 인정하지 않으려는 자신들을 정당화하는 말처럼 들리기 때문이다. 학생들이 쓴 시를 비평하는 일은 언제나 살얼음판을 걷는 듯 조심스럽다. 특히 종이 위에 적힌 단어들이 무방비로 노출된, 상처받기 쉬운 자기감정 그 자체라고 믿는 청소년들의 경우에는 두말할 필요도 없다. 이렇게 고쳐보면 더 좋지 않겠냐는, 정말 조심스러우면서도 건설적인 비판마저 자신의 영혼에 대한 무자비한 공격으로 여기기도 한다. 다행히 워즈워스는 자주 인용되는 그 구절 뒤에 아주 중요한 조건을 덧붙인다.

> 무릇 좋은 시란 강렬한 감정의 자발적 분출이다. 하지만 이 말이 사실이라 할지라도, 시가 어떤 가치를 지니려면 절대 임의의 주제에 관해 쓴 것이어서는 안 되며, 인간에 의해, 일상적인 육체적 감각 이상의 능력을 소유한 인간이 '오랫동안 깊이 성찰해온 것'이어야 한다. (따옴표는 이 책의 저자가 삽입)
>
> 『서정 민요와 몇 편의 다른 시』 중에서

이리하여 11학년들은 슬프게도 워즈워스의 글을 멋대로 인용하며 그가 대중적이며 젊은이답게 자연스런 의식의 흐름에 따라 시 쓰는 것을 옹호했다고 주장할 수 없다는 사실을 깨닫는다.

그래도 어떤 학생들은 자연에 대한 숭배에 가까운 존경의 마음은 자신들과 다르지 않다고 생각한다. 워즈워스가 자연의 세계에 경배를 표했던 최초의 시인은 아니다. 사실 자연에 대한 찬미는 전 세계 모든 문학에서 얼마든지 쉽게 찾을 수 있다.

하지만 워즈워스를 비롯한 낭만주의 시인들은 지금까지의 경배에 새로운 차원을 더했다. 인간은 지금처럼 자신과 자연이 분리되었다고 느낀 적이 없었다. 지금처럼 인간이 자연이라는 마르지 않는 원천에서 떨어져나가, 위축되고 유한한 자신들의 영혼과 자연 사이 깊은 골을 이어줄 다리를 이토록 간절히 원했던 적도 없었다. 낭만파 시인들은 자연을 그저 치유의 손길이나 활력제로 보지 않았다. 그들에게 자연은 인간이 다시 한번 세상과 진정한 일체감을 느끼게 해줄 수 있는 창조적이고 신성한 힘의 표현 그 자체였다. 워즈워스는 『**틴턴 사원**Tintern Abbey』에서 이렇게 말했다.

틴턴 사원

그리고 나는 느꼈다.
고양된 사색의 기쁨으로
내 마음을 동요시키는 한 존재를; 한층 더 깊이
침윤되어 있는 어떤 존재의 숭고한 느낌을,
그 존재의 거처는 저무는 태양의 빛,
둥근 대양과 살아 있는 공기,

푸른 하늘이며 사람의 마음속이다:
그것은 모든 생각하는 것과 모든 사색의 대상을 움직이고
모든 사물 속으로 흐르는
한 운동이며 정신이다.

『서정 민요와 몇 편의 다른 시』 중에서

11학년들은 자연이 신이 만든 작품이라는 말에 코웃음을 치기도 한다. 사실 이 나이에 아이들은 고차의 힘을 가진 모든 존재를 부정하는 허무주의에 빠진다. 그러나 자연에는 인간의 도덕성을 고양시키는 신비로운 능력이 있다고 하는 워즈워스의 말 자체를 완전히 허무맹랑하다고 여기지는 않는다.

또한 잊혀진
기쁨의 감정들을: 아마 그런 것들은
착한 사람의 생애의 가장 좋은 부분에,
그의 작고, 이름 없고, 기억되지 않는,
친절과 사랑의 행위에 적지 않거나 하찮지 않은
영향을 끼친다.

『서정 민요와 몇 편의 다른 시』 중에서

한발 더 나아가 워즈워스는 자연이 인간을 명상과 같은 상태에 들어가게 해주며, 그 속에서 찰나에 불과할지라도 사물의 본질을 꿰뚫어볼 힘을 갖는다고 믿는다.

마침내 이 육신의 숨결과
심지어 우리 인간의 피의 흐름도
거의 멈출 때까지, 우리는 육체 속에 잠들어
살아 있는 영혼이 된다.
한편 조화의 힘과 기쁨의 깊이 있는
힘으로 고요해진 눈으로,
우리는 만물의 생명을 꿰뚫어본다.

『서정 민요와 몇 편의 다른 시』 중에서

'낙원'과도 같았던 어린 시절이라면 모를까, 대부분의 10대 청소년들은 '만물의 생명을 꿰뚫어보는' 상태를 경험하지 못한다. 하지만 인간과 자연이 근본적으로 연결되어 있다는 '생각' 자체는 청소년들의 영혼에 깊은 울림을 준다. 자연의 근본이 신성하다는 말에 공개적으로 단호한 반론을 제기하는 아이들도, 지금껏 동서고금의 위대한 인물들이 두터운 장막을 걷어 자연의 정신적 토대를 밝혀주었다는 것은 부인하지 않는다.

워즈워스와 동료 시인들은 자연과의 숭고한 합일에 도달할 방법과 그 상태를 지속시킬 수 있는 길을 끊임없이 모색했다. 그 합일은 그들에게 일상의 의식을 넘어설 수 있는 능력을 약속했다. **『쿠블라 칸**Kubla Khan**』**에서 콜리지는 '기적과 같은 진귀한 장치,/ 얼음 동굴이 있는 양지바른 환락의 저택'과 덜시머*라는 악기를 연주하며 아보라 산에 대한 노래를 부르는 '아비시니아 처녀'에 대해 말한다.

---

* dulcimer_ 유럽의 민속 타현 악기로 동양의 양금과 피아노의 전신. 피아노와 현악기의 중간 소리가 난다.

내가 내 마음속에 그녀의 연주와
노래를 되살릴 수만 있다면
진정 깊은 환희에 잠겨
높고 긴 음악에 맞추어
나는 지을 수 있으리라, 공중에 저 궁전을!
저 양지바른 궁전을! 저 얼음의 동굴을!
이 음악을 들은 모든 사람들은 거기서 그것들을 보고
모두 외치리라, 주의하라! 주의하라!
그의 번쩍이는 눈을, 그의 나부끼는 머리칼을!
그의 주위에 세 겹으로 원을 짜고
거룩한 두려움으로 네 두 눈을 감아라.
왜냐하면 그는 꿀과 같은 이슬을 먹었고
낙원의 우유를 마셨기 때문에.

『쿠블라 칸』 중에서

콜리지는 『쿠블라 칸』의 이런 장면들을 약을 먹고 취한 상태에서 환영으로 보았다고 말한다. 이 신기하고 신비로운 일화에 정신이 팔려 정작 시의 내용은 뒷전인 경우도 있지만, 아이들은 작품의 초현실적인 어조와 그 의미를 이해하려 애쓴다. 시인이 말하려는 바는 잠들어 있는 자신의 상상력을 다시 일깨울 수 있다면 '허공(시인들의 고유한 활동영역인 그곳)'에 기억에 남을 만한 위대한 성채를 지을 수 있다는 것이다. 그뿐만 아니라 자연의 신비 위에 드리워진 '장막을 걷어 올릴' 수도 있으며, 그 행위는 독자를 '거룩한 두려움'으로 가득 차게 할 것이라 말한다. 어쩌면 콜리지 작품의 화자는 플라톤의 '동굴의 비유'에 나오는 해방된 죄수인지도 모른다. 죄수는 동굴 속 그림자 바깥에 존재하는 고차의 실재를 발견하고, 그 진실을 다른 이들과 함께 나누고자 동굴로 돌아오지만 그를 맞이하는 건 여전히 안락한 환각 속에 사로잡힌 다른 죄수들의 공포와 조롱뿐이다.

콜리지의 또 다른 장편 시 『늙은 뱃사공의 노래The Rime of the Ancient Mariner』에서 이 주제는 한층 더 심화된다. 이 역시 입문을 주제로 하는 11학년 수업에 더할 나위 없이 좋은 작품으로, '여정, 고난과 고독, 점진적인 성숙, 구원, 타인을 이롭게 할 목적의 귀환'이라는 입문의 주제를 풍부하게 담아내고 있다.

유령 같은 몰골의 비쩍 마른 늙은 뱃사공이 결혼식에 가느라 바삐 걷던 한 남자를 불러 세우고, 가슴 아픈 이야기를 들려준다. 남자는 홀린 듯 이야기를 듣는다. 어떤 항해에서 그 뱃사공이 좋은 징조를 상징하는 새, 앨버트로스를 만났던 이야기다.

> 마치 그 새가 기독교인의 영혼이기라도 한 듯
> 우리는 하느님의 이름으로 환호하며 맞이했소.
> 그리고 순풍인 남풍이 뒤에서 일어났소:
> 앨버트로스도 뒤따라왔소.
> 그러고는 매일같이 먹이나 놀이를 찾아
> 선원들이 어어이 부르는 소리에 따라왔소!

『늙은 뱃사공의 노래』 중에서

그러다가 불쑥 심술궂은 충동에 사로잡힌 뱃사공이 석궁을 꺼내 자연이 보낸 사절 같은 그 새를 쏘아 떨어뜨리면서 재앙이 시작된다. 몇 주가 지나도록 바람이 불지 않고, 구름 한 점 없는 뜨거운 하늘 아래 배는 옴짝달싹 못하고 서 있다. 사람들은 참을 수 없는 갈증에 시달린다.

그리고 모든 사람들의 혀는 심한 갈증 때문에
뿌리 채 시들어버렸소.
우리들은 말할 수가 없었소.
검댕으로 우리들의 목구멍이 질식된 것처럼.

『늙은 뱃사공의 노래』 중에서

다른 선원들은 그의 과오를 상기시키는 끔찍한 증거로 뱃사공의 목에 앨버트로스의 시체를 매단다. 그 때 기이하게도 바람 한 점 없는 바다 위를 맹렬한 속도로 다가오는 배가 있었다. 유령선이었다. 그 배에는 두 유령이 선원들의 영혼을 걸고 주사위를 던지고 있었다. 동료들은 모두 그에게 비난의 눈길을 보내며 죽어갔고, 산 사람이라고는 그 뱃사공밖에 남지 않았다.

이제 오래전 길가메시처럼 뱃사공도 '죽음과도 같은 삶'을 겪는다. 동료들이 사방에 죽어 누워 있는 곁에서 자신이 죽인 앨버트로스의 시체를 목에 건 뱃사공은 죄의 값을 치러야 했다. 그는 어떤 인간과의 교류도 단절된 채 철저히 개인으로서의 운명을 견딘다.

홀로, 홀로 오직 홀로,
나 홀로 넓고 넓은 바다 위에!
어떤 성인도 고통스러워하는
내 영혼을 불쌍히 여기지 않았소.

『늙은 뱃사공의 노래』 중에서

고통의 전환점은 그가 물뱀을 응시하는 자신을 발견하는 순간 찾아왔다. 그전까지 물뱀은 그저 씻을 수 없는 죄책감을 떠올리게 할 뿐이었다. "그리고 수천, 수만의 끈적끈적한 것들이/ 계속 살았소; 그리고 나도 그리했소."(『늙은 뱃사공의 노래』중에서)

고립과 자기혐오는 10대들에게 굉장히 익숙한 감정이기 때문에 교사는 굳이 이를 아이들의 상태와 비교해서 설명할 필요가 없다. 그저 뱃사공의 고통을 표현해보라고 하는 것으로 충분하다. 하지만 저주가 풀리는 순간이 언제인지는 놓치지 말아야 한다.

나는 물뱀들의 화려한 의상을 지켜보았소:
청색, 윤기 있는 초록색, 우단 같은 흑색,
그들은 똬리를 틀기도 하고 헤엄도 쳤소; 그리고 모든 자국은
황금의 불꽃으로 번쩍였소.

오 행복한 생물들이여! 어떤 말로도
그들의 아름다움을 표현할 수 없었을 것이오:

사랑의 샘이 나의 가슴에서 솟아났고,
나도 모르는 사이에 그들을 축복했소…

바로 그 순간 나는 기도할 수 있었소;
그리고 나의 목에서 자유롭게
앨버트로스는 떨어져나가, 가라앉았소,
납덩이처럼 바다 속으로.

『늙은 뱃사공의 노래』 중에서

가슴 찢는 고뇌를 이기고 뱃사공이 '자기 밖으로' 눈을 돌렸을 때, 그 눈길이 물속을 오가는 피조물의 아름다움에 미쳤을 때, 비로소 그의 내면에 변화가 일어날 수 있었음을 아이들은 금방 이해한다.

이는 또한 청소년들에게 꼭 집어 말하긴 어렵지만 정말 중요한 교훈을 준다. 흔히 인정하다시피 이 나이 아이들은 자기 자신에게 지나치게 몰두하곤 한다. 사실 인생 전체를 통틀어 자기도취 또는 자기몰두의 절정기라 할 수 있다. 물론 자기 고유의 내면세계가 꽃피기 시작하면서 그 깊이와 차원을 넓혀가는 시기임을 생각하면 그래야 마땅한 일이기도 하다. 하지만 강박적일 정도로 자기에게만 매달리다가 세상에서 멀어지지 않도록 자신을 조절할 수 있어야 한다. 이런 고립이 우울증(아마도 서양에서 가장 빠른 속도로 증가하고 있는 질병)으로 이어지는 경우가 너무 흔하게 발생하기 때문이다.

뱃사공은 구원에 이르는 기나긴 여정을 시작한다. 그것은 마침내 고통을 겪은 자의 눈으로 자연을 보았기 때문에 가능했다. 그간의 비통함이 그의 내면에 공감의 씨앗을 뿌렸다. 앞서 길가메시나 파르치팔, 프로스페로처럼 뱃사공 역시 자비의 미덕을 배운다. 하지만 그의 경우에는 이유 없는 살상이라는 무분별한 행위 뒤에 그것을 얻는다. 그는 자연을 훼손했고, 초자연적인 세계가 그 행위에 응답했다. 뱃사공은 축복에 이르는 길을 스스로 찾아내면서 저주를 견뎌내야 했다.

아이들은 콜리지의 시를 인류의 무분별한 환경파괴와 자연을 함부로 여긴 대가를 묘사한 예언자적 우화로 보기도 한다. 그러면서 뱃사공이 지나가던 결혼식 하객, 갑작스러운 상황에 얼떨떨해하면서도 이야기를 듣고 나서 정신이 깨어나게 된 그 남자를 붙들고 털어놓지 않을 수 없던 그 교훈을 인류도 배워야 한다고 목청을 높이곤 한다. "그는 최고의 것을 사랑하는 최고의 것을 위해 기도한다./ 크고 작은 모든 피조물을 위해." 입문자가 두고 온 이들을 풍요롭게 하고자 고향으로 돌아온다는 린다 수스만의 말을 다시 떠올려보자. 결국 자연을 훼손한 과오를 개인적으로 뉘우치는 것으로는 부족하다. 뱃사공(과 우리)은, 과거에 대해서 뿐만 아니라 미래를 위한 공공의 책임을 져야 한다. 이런 사고방식을 통해 11학년들은 성숙한 12학년으로 성장해간다.

나의 노래, 세상의 노래

지금껏 없었던 새로운 차원을 얻은 듯 대범하고 여유로워진다. 이들은 지금 커다란 문지방을 넘는 중이다.
_ 본문 중

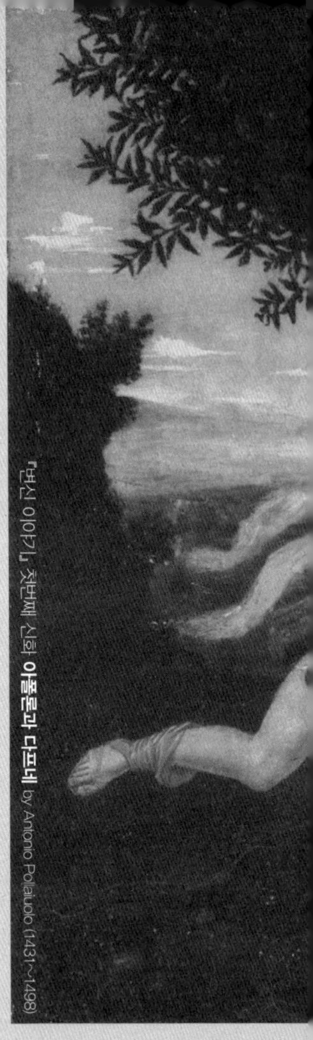

「변신 이야기」 첫번째 신화 **아폴론과 다프네** by Antonio Pollaiuolo (1431~1498)

[12학년 수업 주제와 인용 작품]

•개별성의 노래	에머슨『자연』, 소로『월든』, 호손『젊은 굿맨 브라운』
	휘트먼『풀잎』, 디킨슨『디킨슨의 편지』
•인간으로서의 책임	『파우스트』
•새로운 형제애를 향하여	『바실리사와 바바 야가』『불새』『이반 일리치의 죽음』
•변형의 힘	『변신 이야기』

한 발은 이미 세상 속에

얼마 전 나는 4개의 발도르프 상급학교 12학년 30여 명이 부모와 중학년 학생들 앞에서 자신의 경험을 발표하는 자리를 마련했다. 그들은 최근 미국 메인 주에 있는 허밋 섬에서 일주일을 보낸 캠프 이야기부터 시작했다. 그곳에서 그들은 암석 해안의 조수 웅덩이(바위 사이의 작은 웅덩이)에 직접 들어가 걸으면서 해양 생물학을 공부했다. 단순히 생물 표본을 채집하는 데 그치지 않고, 현미경으로 관찰하고, 그 생물이 사는 주변 환경을 스케치하고, 레이첼 카슨Rachel Carson*의 책을 읽은 뒤 그 감상을 시로 표현해보고, 바닷가 풍경을 수채화로 그리고, 함께 춤추고 노래도 했다. 그렇게 직접 몸으로

* 레이첼 카슨(1907~1964)_ 환경운동 진보에 큰 영향을 미친 미국의 해양생물학자. 대표저서 『침묵의 봄』

경험하며 배울 수 있어 정말 좋았다는 이야기를 많은 아이가 했다. 한 여학생은 그 경험을 한마디로 요약하면 자연 전체가 자신들을 향해 '여기 좀 봐' 달라고 조용히 외치는 소리가 들리는 것 같았다고 표현했다. 황홀한 석양의 장관도 물론 그랬지만, 모래사장 웅덩이를 후다닥 지나가는 작은 게, 물속에서 한들거리는 해초, 멋진 곡선을 그리며 활강하는 갈매기까지 평소 같으면 그냥 지나쳤을 소소한 순간들이 모두 눈에 들어왔다고 했다.

청중으로 참석했던 한 부모는 학생들의 발표력과 태도, 통찰력에 대해 칭찬했다. 정말 그들에게선 잘난 체하지 않는 자신감이 넘쳤다. 이는 발도르프학교 12학년 학생들에게서 자주 볼 수 있는 특징 중 하나다. 시무룩한 얼굴로 어깨를 움츠리고 다니던 11학년 때와 달리 12학년에 올라가면서 많은 아이가 지금껏 없었던 새로운 차원을 얻은 듯 대범하고 여유로워진다. 이들은 지금 커다란 문지방을 넘는 중이다. 아직 한 발은 학교에 담고 있지만 빠른 속도로 둥지를 넘어 자라고 있고, 다른 한 발은 이미 기대와 흥분으로 학수고대하는 세상 속에 있다. 생각이 깊어지는 만큼 시야도 넓어지고 있다.

이처럼 갑자기 '불쑥 커버린 영혼'을 살찌울 양식으로 12학년들에게 지난 200년 동안 문학을 통해 제기해 온 질문들을 소개한다. 그 속에는 이들이 매일같이 고민하는 문제도 담겨 있다. 가장 대표적인 것은 갈수록 뚜렷해지는 자신의 개별성을 당당하게 드러내고 싶은 욕구와 그러면서도 공동체를 떠나고 싶지는 않은 마음 사이의 팽팽한 긴장을 어떻게 화해시킬 것인가 하는 문제다. 12학년 1학기 때는 에머슨, 소로, 호손, 디킨슨, 휘트먼 같은 19세기 위대한 미국 작가들의 작품을 발췌해 읽으면서, 세상을 품을 수 있는 개별성에 대한 그들의 아낌없는 찬사를 배운다. 2학기 때는 푸시킨, 고골, 도스토옙스키, 톨스토이, 솔제니친 같은 위대한 러시아 작가들의 작품을 읽으며, 인종과 국경을 뛰어넘는 새로운 형제애를 향한 작가들의 가슴 뜨거운 열망을 배운다.

나의 노래

서양 역사에는 창조적인 힘이 정신적 돋보기처럼 어떤 좁은 지역에 신비롭게 집중되면서 그 사회와 시대 전체를 불타오르게 했던 경우가 몇 번 있었다. 기원전 5세기 그리스가 분명 그 경우에 속하고, 르네상스 시대의 이탈리아 역시 그러하다. 그리고 적어도 문학에서만큼은 19세기 뉴잉글랜드에서도 그런 일이 일어났다고 말할 수 있다. 그전까지 미국의 뛰어난 인재들은 새로운 정치체제 구축에 모든 에너지를 쏟아 부었고, 신생국가 미국의 문화는 내세울 것이 하나도 없는 원시적 수준이라는 것이 세상의 시각이었다. 1819년 한 영국 언론인이 쓴 글이다.

> 미국에는 국민 문학도, 깊이 있는 사상을 가진 사람도 없다.
> 대서양 건너편에 사는 우리 형제들의 재주는 주로 정치적 주장을 담은 글에서 보인다. 미국은 너무 어려서 유럽의 오래된 국가들과 문학에서 경쟁 상대가 되지 못한다.

그들에게는 재능을 발휘하고 상상력을 불태울 역사도, 로맨스도, 시도, 전설도 없다. 미합중국 국민들은 결코 자부할 만한 자국의 시나 음악을 가질 수 없을 것이다.

『영국 비평The British Critic』 1819년 2월

1년 뒤 영국의 비평가 시드니 스미스Sydney Smith의 견해도 비슷했다. 그는 이렇게 물었다. "전 세계 그 어느 곳에서 과연 누가 미국의 책을 읽고, 미국의 연극을 보러 가고, 미국의 회화를 감상한단 말인가?"(『에딘버러 리뷰The Edinburgh Review』1820년 1월호)

나는 이런 시각의 배후에 영국이 35년 동안 두 번의 전쟁에서 미국에 패하면서 생긴 불편한 심기가 숨어 있을 수도 있다고 생각한다. 그렇다 하더라도 미국인에 대한 이러한 평가가 아무 근거 없는 편견만은 아니었을 것이다. 벤자민 프랭클린Benjamin Franklin의 『자서전Autobiography』, 워싱턴 어빙Washington Irving의 소설, 제임스 페니모어 쿠퍼James Fenimore Cooper의 『가죽 스타킹 이야기Leatherstocking Tales』를 제외하면, 당시 미국에는 미국의 문학이라 부를 수 있는 것이 거의 없었다. 그리고 이들 중에 새로운 작가 세대 전체에 영감을 주며 미국 문학계의 지평을 바꾸었다고 할 만한 사람도 없었다. 1830년대에 이르러 매서운 푸른 눈과 매부리코를 가진 전직 유니테리언*목사 에머슨이 등장하면서 미국은 비로소 유럽으로부터 '문화적 독립'을 선언할 수 있었다.

* 신이 하나라는 유일신 신앙, 즉 단일신론Unitarianism을 주장하며 18세기에 등장한 삼위일체를 부정하는 기독교 교파

랄프 왈도 에머슨 Ralph Waldo Emerson을 미국 문학의 아버지로 꼽는다고 하면 고개를 갸우뚱할 사람도 있을 것이다. 1803년 보스턴의 한 명문가에서 태어난 그는 어려서 병약했다. 가문의 전통에 따라 하버드에서 공부한 뒤(성적은 초라했다) 목사가 되지만, 부인 엘렌이 젊은 나이에 세상을 떠나자 신앙의 위기를 맞는다. 에머슨은 교단을 떠나 유럽을 두루 여행하면서 토마스 칼라일Thomas Carlyle, 콜리지, 워즈워스와 같은 대문호들을 만난다. 새로운 목적의식을 갖고 미국으로 돌아온 그는 저작과 강연 활동을 시작한다. 그의 작품 중 후대에 가장 큰 영향을 미친 것은 단연 1836년에 발표한 **『자연**Nature**』**이라는 제목의 수필이다. 이 책에서 그는 후에 '초월주의transcendentalism'라고 불리게 될 사상의 기본 틀을 제시한다. 한번은 12학년들과 수업을 하면서 이 긴 단어 속에 숨겨진 단어를 찾아 그 뜻을 유추해보라고 한 적이 있다. 아이들이 'transcend 초월하다'를 찾아낼 것을 기대하며 던진 질문이었지만, 한 녀석이 모르는 척 "dental 치과?"라고 답하자 유머 감각 뛰어난 다른 녀석이 이런 농담으로 받아쳤다. "그 인디언 신비주의자는 왜 치과에서 국부 마취제를 안 맞겠다고 했을까? -치과 약물을 초월하고 싶어서 transcend dental medication" 교사 입장에서는 아이들이 나중에 정작 에머슨의 사상은 까맣게 잊어버리고 이런 농담들만 기억할까봐 은근히 겁이 나기도 한다.

수필 『자연』에서 에머슨은 세 가지 대담한 주장을 제기한다. (1) 인간의 근본은 물질에 있는 것이 아니라 정신에 있다. (2) 인간은 망가져버린 신이다. 그렇기에 (3) 인간은 자기 자신의 난쟁이다. 그리고 뒤이어 이렇게 말한다. 인간은 한때 정신의 측면에 있어서 찬란하게 빛나는 거대한 존재였으나 시간이 지나면서 그 정신적 능력의 많은 부분을 잃었다. 형편없이 쪼그라든 지금의 우리에게 정신은 맞지 않는 옷이 되었다. 너무 커서 입은 사람을 완전히 삼켜버리는 그 옷은 우리가 얼마나 작아졌는지를 깨닫게 할 뿐이다.

만약 12학년들이 이 문학 주요수업 직전에 동물학, 특히 다윈의 진화론을 공부했다면, 에머슨이 진화에 대한 보편적인 개념에 반기를 들었다고 생각할 수도 있다. 인류가 진화가 아닌 '퇴보'를 하고 있다는 말처럼 들리기 때문이다.

하지만 에머슨은 우리가 비록 신성한 근원에서 멀리 벗어나긴 했어도, 정신의 힘에 다시 불을 붙일 수 있는 능력에 대한 굳은 신념을 갖고 있었다. "시간과 공간 속에 존재하는 힘이 아니라 순간적으로 내면으로 흘러 들어오는 일의 원인이 되는 힘."(『자연』 중에서) 에머슨에 따르면 이 능력은 감각을 '초월'한 것이며, 고차의 진실을 이해할 수 있게 해주고, 책이나 전통적인 방식의 배움에 좌우되지 않는다. 하버드 대학에서 〈미국의 학자〉란 제목으로 했던 충격적인 연설에서 에머슨은 이렇게 단언한다.

> 책, 대학, 예술대학, 모든 종류의 기관은 천재들의 과거의 발언에 머물러 있습니다. '이것이 좋다'고 그들은 말합니다. '우리도 그 말을 따르자.' 그들은 나를 규정하고 속박합니다. 그들은 뒤를 볼 뿐 앞을 보지 않습니다. 하지만 천재들은 앞을 내다봅니다. 인간은 희망하고, 천재는 창조합니다.
>
> 〈미국의 학자〉 중에서

나는 12학년들에게 지금 자신이 근엄한 노교수 및 패기 넘치는 젊은 학자들 틈에 앉아 에머슨이 미국인들에게 이제 유럽에 의존해서 정신적 힘을 구하지 말라고 일갈하는 연설을 듣고 있다고 상상해보라고 한다.

> 우리는 지금껏 너무나 오래 유럽 궁정 시인들의 말에 귀 기울여왔습니다. 이미 미국 공민의 정신은 소심하고 모방적이며 길들여져 있다는 의심을 받고 있습니다… 해결책은 무엇입니까?… 만일 스스로를 자신의 본능 위에 굳건하게 세우고 그것을 고수한다면, 세계 전체가 그 사람 주위로 모여들 것입니다.
>
> 〈미국의 학자〉 중에서

에머슨의 말은 1837년 당시 강의실에 앉아 있던 젊은 세대에게 아침을 깨우는 기상나팔과도 같았다. 그 낭랑한 울림은 오늘날에도 여전하다. 12학년들은 에머슨이 자신의 존엄성과 사회의 요구 사이에 전쟁을 선포한다고 했던 것이 무슨 의미인지 분명히 이해한다. 『자립Self-Reliance』이라는 글에서 에머슨은 "어느 사회나 구성원 전부가 성인이 되는 것을 공모하여 막으려 한다."(『자립』중에서)고 단언한다. 그는 한쪽에 버티고 선 획일화된 사회의 힘과 한 치의 양보도 없이 맞붙어 싸우는 치열한 전투의 반대편에 자아를 세운다. 뺏느냐 뺏기느냐의 기로에 놓인 것은 다름 아닌 인간 자신의 개별성이다.

에머슨은 이 싸움을 아주 극적인 단어로 묘사한다. 사회는 순응이라는 미끼를 이용해서 인간 정신의 존엄함을 거역하고, 모방의 안전함을 이용해서 독창성의 힘을 깎아내리며, 과거의 안정을 이용해서 지금 이곳, 이 순간에 충실할 때 겪어야 할 위태로운 예측 불가능성을 억압한다. 조지 오웰이 말한 '집단정신'을 맹목적으로 추종하는, 거대한 규모의 분화되지 않은 순종자 무리에 맞서기 위해 개인은 어떤 힘을 끌어내야 할까?

에머슨은 청중에게 다시 한 번 자아에 대한 신성불가침성을 역설한다. "궁극의 신성함은 오직 그대 자신의 정신적 존엄함뿐이다… 침입자들에게 신발을 벗을 것을 명하라. 신께서 거하는 곳이기 때문이다."(『자연』 중에서) 또한 과거의 관습과 전통을 되새기면서 안정을 추구하는 것이 사회의 보편적 관행이지만, 이 신성함은 현재를 중시하는 마음가짐을 요구한다. 에머슨은 사람들에게 그 순간에 충실히 살아야 함을 목청 높여 외친다.

> 자아가 되어가는 존재라는 그 사실을 세상은 혐오합니다. 영원함은 과거를 타락시키고, 모든 부유함을 가난으로, 모든 명성을 수치로 변하게 하며, 성인과 불한당을 뒤섞고, 예수와 유다를 동일 선상에 밀어 넣기 때문입니다.
>
> 〈미국의 학자〉 중에서

12학년들은 '되어가는' 존재라는 말의 의미를 절감한다. 지금까지 겪은 사춘기를 객관적으로 반추할 힘이 생기면서, 그 짧은 몇 해 동안 자신들이 얼마나 성숙해졌는가를 볼 수 있기 때문이다. 자신감 없이 눈치 보며 남을 흉내 내던 시기도 있었다. 어딘가 소속되고 싶은 마음 때문에 또래 집단에 합류했다. 다른 아이들이 입는 옷을 입고, 10대들의 은어, 말투를 따라하고, 집단이 승인한 대상에게 반항했다. 하지만 진정한 자기 모습을 찾아가기 시작한 지금은 자신만의 고유성을 더 귀하게 여기기 시작한다. 지금까진 반에서 별로 인기가 없던 괴짜나 유별난 취향을 가진 아이들이 이제는 독특한,

하지만 진짜 자신의 색깔을 가진 인간으로 대우받는다. 이런 아이들에게 독창성을 추구하라는 권고가 귀에 쏙 들어오는 건 당연한 일일 것이다. "그대 자신의 생각을 믿는 것, 그대 마음에서 진리라고 생각한 것이 모든 사람에게도 진실임을 믿는 것, 그것이 바로 천재성이다."(『자연』 중에서) 에머슨은 진정한 자아를 향한 아이들의 내밀한 갈망을 건드린다.

12학년 '나의 노래' 수업의 핵심 내용 중 하나는 자아의식의 근원을 탐색하는 것이다. 유전 요인과 환경 요인을 포함, 개별성 형성에 영향을 줄 수 있는 모든 요소를 살피면서, 개성은 '타고나는 것이냐, 길러지는 것이냐'는 해묵은 논쟁을 되짚어본다. 아이들은 먼저 성별, 신체 특성, 나이, 기질, 재능, 관심사, 가족 구성, 가치관, 사회경제적 위치, 지리적 위치, 정치적 성향, 종교적 신념, 교육 등 머리에 떠오르는 요인들을 적어본다. 그런 뒤 아이들에게 이런 질문을 던진다. 만약 어떤 사람에 대해 이러한 정보를 전부 알고 있다면 그 사람의 '자아'를 정확히 알 수 있을까? 그리고 할 수 있는 한 많은 사례를 들어가며 토론한다. 특히 빈민가나 판자촌에서 태어났지만 재즈 뮤지션이나 대통령이 된 사람들처럼 예측 가능한 기준을 정면으로 반박하는 경우를 살펴본다. 동일한 환경에서 자란 쌍둥이가 개성이 전혀 다른 사람으로 성장할 가능성에 대해서도 생각해본다. 인터넷에 '이상적인 배우자를 찾기 위한 29가지 적합성 검사' 같은 서비스가 넘쳐나는 세상이지만, 언제나 결론은 진정한 자아는 결코 어떤 꼬리표나 등급, 조건표로 정리할 수 없다는 데 이른다. 무엇이 사람을 진정 홀로 선 개인으로 만드는가? 그것은 걸음마 하는 어린아이에게 자아 인식의 빛이 동터오면서 처음으로 '나'라는 단어를 입 밖에 내는 순간만큼 신비롭고 기적 같은, 이해가 닿지 않는 영역이다.

나는 12학년들에게 에머슨의 자아 찬양과 맥을 같이하는, 짧지만 대단히 어려운 과제를 내준다. 이름하여 '독창적인 생각' 써보기다. 지금까지 이런 생각을 이런 말로 표현한 사람은 아무도 없다고 확신하는 내용을 써보는 것이다. 처음엔 불가능한 과제라는 둥, 새로운 생각이라고 주장하는 것들은 모두 알고 보면 옛것을 고쳐 쓴 것에 불과하다는 둥 온갖 불평을 다투어 쏟아놓지만, 곧 나름대로 진지하게 과제에 몰두하곤 한다. 한번쯤 곱씹어보게 만드는 글 몇 개를 소개한다.

> 고요한 정신만이 역동적인 생각을 할 수 있다, 하지만 내 말을 아무 의심 없이 수용해선 안 된다. 롤러코스터를 타고 소네트(14행시)를 써보라. _ 아리 프로만

> 수영장에 물이 없으면 뛰어들지 마라. _ 히로미 니시자와

> 좋은 일이 지나치게 많은 것은 멋진 일이다. _ 캐서린 스턴

> 꿈을 이루려면 먼저 잠에서 깨어야 한다. _ 아리엘르 멘델존

> 깨끗한 방은 당신에게 시간이 남아돈다는 증거다. _ 젭 메트릭

> 어른들은 철이 드는 게 아니라 그저 유머 감각을 잃어갈 뿐이다. _ 나오미 핸더슨

> 다른 사람들은 우리가 절대 깨닫지 못하는 우리 안의 진실을 보기 때문에, 무의식중에 자신에 대해 더 많이 알고자 그들과 친해진다. _ 제시카 와인스타인

친구는 우리가 우리 안으로 떨어지지 않도록 잡아주는 눈에 보이지 않는 번지 점프 줄이다. _ 주디스 아놀드

한 사람이 둘로 나뉘는 경우가 많다. 혼자 있을 때와 타인과 있을 때 전혀 다른 사람이 되는 것이다. 어떤 상황에서나 같은 사람일 수 있을 때, 온전한 인간이라 할 수 있다. _ 다렌 보쉬

독창적인 생각을 말로 표현해보라는 건 그물로 물을 잡아보라는 것과 같다. _ 케이티 뮐러

몇 년 전 알렉 밀러라는 학생은 에머슨이 들었다면 박수갈채를 보냈을 문장 하나를 써냈다. "질문이 대답보다 훌륭한 것이다. 대답은 오만에 의해 잘려나간 질문이기 때문이다." 이 문장 속에 '나의 노래' 주요수업의 정수가 담겨 있다. '관습적인 대답보다 창조적인 질문을 소중히 여긴다'는 점에서 12학년 문학 수업 전체의 취지를 집약했다고도 할 수 있다. 발도르프 교육을 받은 학생들이 '틀을 벗어나' 생각하고, 하나의 편협한 시각이 아니라 더욱 넓은 관점에서 문제를 바라볼 수 있기를 바란다. 또 다른 위대한 미국 작가, **월트 휘트먼**Walt Whitman 역시 『**나 자신의 노래**Song of Myself』 도입부에서 이런 태도에 대해 말한다.

당신은 이제 더 이상 간접적으로 사물을 받아들이지 않을 것이며,
죽은 자의 눈을 통해 보지도 않을 것이며, 책 속 망령에 매달리지도 않을 것이다.
당신은 내 눈을 통해서도 보지 않을 것이며, 나에게서 가져가지도 않을 것이다.

당신은 온 사방에 귀를 기울일 것이며, 그것들을 당신 스스로 걸러낼 것이다.

『나 자신의 노래』 중에서

'온 사방에' 귀를 기울이고 '그것들을 당신 스스로' 걸러낸다는 휘트먼의 말은 발도르프 상급 교사들이 '다면적 사고aspect thinking'라고 부르는 것과 다르지 않다. 이런 태도와 사고방식을 위해선 『길가메시』와 『파르치팔』, 『템페스트』에 나왔던 '공감'을 한 단계 더 발전시켜야 한다.

다른 사람과 공감하기 위해서는 무엇이 필요한가? 상상적 도약을 통해 다른 사람의 눈으로 상황을 보고 느낄 수 있어야 한다. 다면적 사고는 이런 공감의 개념을 인식의 차원까지 확장시킨 것으로, 어떤 생각이나 상황을 여러 관점에서 생각해보는 태도를 의미한다. 청소년들이 하나의 사안에 대해 수많은 관점에서 나오는 다양한 주장을 펼칠 수 있을 만큼 사고의 유연성을 발달시킬 수 있을까? 유명한 『장님과 코끼리』 우화가 있다. 다면적 사고는 이와 기본은 같지만 그보다 한발 더 나아간 것이다. 우화에 등장하는 장님들은 모두 개인의 경험에 갇혀 있다. 한 사람은 코끼리 꼬리를 밧줄이라고 생각했고, 한 사람은 코끼리 옆구리를 만져보고 벽이라 생각했으며, 한 사람은 코끼리 다리를 나무 둥치라고 생각했다. 12학년 학생들이 하나의 생각을 다양한 관점에서 보는 데 그치지 않고, 그 다양한 관점을 의미 있게 통합시킬 수 있기를 희망한다.

에머슨과 소로, 호손, 휘트먼, 디킨슨의 작품을 읽고 그들의 사상을 공부하면서 아이들은 다면적 사고 능력을 갈고 닦을 최적의 기회를 얻는다.

이 작가들 모두 인간 본성에 대한 자신만의 관점을 갖고 있다. **헨리 데이비드 소로**Henry David Thoreau의 『**월든**Walden』을 발췌해 읽으며 아이들은 '자립'에 대한 에머슨의 철학적 주장이 소로를 통해 타협 없는 행동 원칙으로 전환되는 것을 본다. 관념적, 추상적이었던 에머슨의 사상을 이해하느라 골머리를 앓았던 많은 학생이 소로의 세계에서 튼튼한 현실감을 발견한다. 어떤 학생들은 일상의 이야기를 소박하게 적는 소로의 문체와 에머슨의 '사상을 편안하게 풀어놓는' 능력을 높이 평가한다. 에머슨보다는 소로가 의지와 실천을 좀 더 강조했다고 할 수 있다. 소로는 삶을 '단순하게 하고 또 단순하게 하라'고 간곡히 호소한다. 수없이 많은 전자기기가 일상생활을 지배하고, 깨어 있는 낮 시간에 휴대전화나 아이팟, 텔레비전, 컴퓨터 없이 8시간 이상을 보내본 게 언제인지 기억도 안 나는 요즘 아이들은 소로의 이런 외침을 통해 새로운 각성과 감동을 얻기도 한다.

12학년들이 소로의 사상을 만나는 것은 많은 아이가 대학입학 전형에 얽힌 복잡한 문제로 머리와 마음이 무거워지기 시작하는 시점이다. 아이들은 타인의 기대를 외면하라, 미래를 위해 즐거움을 유보하지 말라, 사회가 말하는 성공을 좇지 말라는 소로의 말이 자신의 마음을 대변한다고 느낀다. "사랑보다, 돈보다, 명예보다, 내게 진실을 달라."(『월든』 중에서) 에머슨처럼 소로도 아이들의 내면에, 미래뿐 아니라 바로 오늘을 의식적으로 만들어가는 힘을 스스로 일깨우고 북돋운다.

그것은 한 장의 그림을 그리고, 조각상을 만들 수 있는 것과 같으며, 몇 가지 물건을 아름답게 만들 수 있는 것과도 같다. 하지만 우리의 눈길이 통과하는 바로 그 대기와 매체를 조각하고 색칠하는 일, 우리가 도덕적으로 할 수 있는 그 일이 훨씬 더 아름다운 일이다. 일상의 품격을 가꾸는 것, 그것이 최상의 예술이다.

『월든』 중에서

소로는 유명한 '시민 불복종'에 관한 글에서 이를 한층 더 발전시킨다. 여기서도 소로의 글은 독립을 쟁취하고자 분투하는 젊은이들에게 힘을 실어주며, 그들을 더욱 대담하게 만든다.

이 미국 정부, 그것은 그저 하나의 전통일 뿐이다…
매 순간 본래의 모습을 조금씩 잃어가고 있다. 그것은 살아 있는 한 인간의 생기와 힘을 가지고 있지 않다. 만일 법이 당신에게 타인에 대한 부당한 행위를 할 것을 요구하는 그런 본성을 가진 것이라면, 그 법을 깨부수라고 말하라….
나는 강요받으러 태어나지 않았다. 나는 나 자신의 방식에 따라 숨을 쉴 것이다. 누가 가장 강한 자인지 보자. 민중은 어떤 힘을 가졌는가? 그들만이 나보다 더 높은 법에 순종하는 나를 강요할 수 있다.

『월든』 중에서

학생들은 20세기에 가장 높이 평가받는 두 명의 민권운동 지도자, 모한다스 (마하트마) 간디와 마르틴 루터 킹 2세 모두 소로가 쓴 『**시민 불복종**Civil Disobedience』에 엄청난 영향을 받았다는 말에 놀라곤 한다. 억압적인 법에 비폭력 방식으로 저항한 두 사람은, 그런 사상을 형성하는 데 소로의 글이 크게 기여했다고 회고한다.

12학년들은 소로가 미국-멕시코 전쟁에 항의하기 위해 인두세 납부를 거부했다는 유명한 일화를 좋아한다. 고작 하룻밤이었지만 콩코드 교도소에 수감되었을 때, 그 소식을 들은 에머슨이 서둘러 옷을 갈아입고 찾아왔다고 한다. 교도소 밖에서 에머슨이 큰 소리로 "헨리 데이비드, 자네 그 안에서 뭐하는가?"라고 묻자, 소로는 "랄프 왈도, 당신은 그 밖에서 뭐하십니까?"라고 답했다는 것이다. 양심의 명령에 충실했던 소로의 태도는 이상을 추구하는 상급학생들의 눈에 더할 나위 없이 훌륭한 역할모델이다.

하지만 소로의 말투가 너무 날카롭고 비판적이라는 학생들도 있다. 에머슨은 현학적인데다 논리의 흐름이 가끔 옆길로 새거나 종잡을 수 없는 경우도 있긴 하지만, 그에게는 오직 청중에게 힘을 주고, 자기 영혼의 광대함과 자신의 정신에 깃든 천재성을 신뢰하게 하려는 의도밖에 없었다. 반면 소로는 물질적 소유에 사로잡힌 사람들을 비판할 때 훨씬 신랄하고 날카로웠다.

> 나는 젊은이들, 내 고향 사람들을 본다. 그들의 불행은 바로 물려받은 농장과 집, 헛간, 소, 농기구를 소유하고 있다는 것이다. 이런 것들은 일단 얻으면 버리기 힘들다… 누가 그들을 흙의 노예로 만들었는가?…대부분의 사치품, 그리고 이른바 생활 편리품 중 대부분이 필요불가결한 것이 아닐 뿐더러 인류의 진보를 심각하게 저해하고 있다.
>
> 『월든』 중에서

"나는 세상에 가능한 한 많은 다른 사람이 존재하기를 소망한다. 그리고 나는 그 모든 이가 자신만의 길을 성실하게 찾아내고 그 길을 갈 수 있게 하고 싶다."(『월든』 중에서) 사람마다 자신의 방식이 있음을 인정하면서도, 또 사람들에게 이렇게 살아야 한다고 거리낌 없이 주장한다.

> 가난을 정원의 허브처럼, 세이지 풀처럼 가꾸어라. 옷이든 친구든 새것을 구하려 너무 애쓰지 마라, 옛것을 향하라. 옛것으로 돌아가라. 사물은 변하지 않는다. 우리가 변할 뿐이다. 옷가지들을 팔아버리고 너의 생각을 지켜라.
>
> 『월든』 중에서

그릇된 길에 빠진 이들을 향해 시시콜콜 이래라저래라 하는 충고를 늘어놓는 소로에 대해 어떤 학생들은, 사람들을 깔보고 무시하며 책임감 있게 행동하라느니, 베풀 줄 알아야 한다느니, 궁핍보다 안락함을 좋아한다느니 훈계하는 잔소리쟁이에 불과하다고 삐쭉거린다. 그들의 눈엔 소로의 삶에 위선이 넘쳐난다. 『월든』에서 마치 자신이 '야생'에서 살았던 것처럼 말하지만 실상은 그렇지 않았다. 소로가 기거했던 오두막은 콩코드 시내에서 1마일밖에 떨어져 있지 않아 상업시설과 어머니 집에 얼마든지 드나들 수 있었을 뿐만 아니라, 어머니가 자주 와서 식사와 빨래를 챙겨주었다고 한다. 소로를 비판하는 사람들에 따르면 그는 주장하는 바와 달리 전혀 자립적이고 고독한 시인이 아니었다고 한다.

『월든』에서 아이들을 괴롭히는 문제는 또 있다. '고차의 법칙' 장에서, 지금껏 시종일관 자연을 칭송하다가 느닷없이 "자연은 정복하기 어렵다, 하지만 반드시 정복되어야 한다."(『월든』 중에서)고 말해 독자를 어리둥절하게 만든 것이다. 하지만 전체 맥락을 보면 그가 말한 자연은 인간의 낮은 본성을 가리킨 것이었음을 알 수 있다. "우리는 우리 안에 있는 동물을 의식한다. 그 동물은 우리 고차의 본성이 잠들어 있는 정도에 비례하여 깨어 있다."(『월든』 중에서) 소로는 모든 '순수하지 못한' 행위와 온갖 종류의 욕정이 바로 이 낮은 본성에서 기인한다고 여겨 그것을 억눌러야 한다고 말했다. 흥미로운 것은 사람들이 불필요하게 많은 노동을 한다고 비난했던 그가 그 욕정의 조절을 일과 연결시킨다는 점이다. "노동에서 지혜와 순결이, 나태에서 무지와 욕정이 생겨난다."(『월든』 중에서) 막 깨어나 꿈틀대기 시작하는 애정의 마음이 욕정과 자연스럽게 연결되는 청소년들의 눈에 소로의 이런 태도는 당연히 고리타분해 보인다.

너새니얼 호손 Nathaniel Hawthorn의 작품에도 이런 청교도적인 긴장감이 팽팽하다. 호손은 1840년대 콩코드에서 에머슨과 소로의 이웃으로 살았지만 초월주의 그룹에 속한 작가는 아니다. 오히려 그의 단편소설은 인간의 가능성을 높이 평가했던 에머슨, 소로의 주장과 뚜렷한 시각차이를 보인다. 호손의 작품들은 미국 문화의 어두운 이면에 뿌리를 두고 있다. 17세기 미국은 청교도 목사 조나단 에드워드 같은 이들이 〈분노한 하느님 손에 있는 죄인들〉 같은 종말론적 설교로 사람들의 넋을 빼놓던 시절이었다.

> 사람이 거미나 무슨 징그러운 벌레를 불 위에 들고 있듯, 당신들을 지옥 불구덩이 위에 들고 계시는 하느님은 당신들을 혐오하시며, 무시무시하게 분노하고 계십니다. 당신들을 향한 그분의 진노는 불길처럼 타오릅니다.

그분은 당신들을 아무짝에도 쓸모없는 존재로, 그저 불길에 던져버려야 할 존재로 여기십니다. 그분의 눈은 진정 정결하여 당신들은 감히 그 눈길에 담길 수조차 없습니다. 우리 눈에 가장 끔찍한 독사보다 그분의 눈에 당신들은 만 배나 더 혐오스럽습니다. 그 어떤 고집스러운 반역자가 군주를 거스른 것과 비교도 할 수 없을 정도로 당신들은 끝없이 그분을 거역하였습니다. 하지만 지금 이 순간에도 당신들이 지옥 불길 속으로 떨어지지 않게 잡고 계시는 것은 바로 그분의 손길입니다.

〈분노한 하느님 손에 있는 죄인들〉

호손은 작품을 통해 이 설교의 대상, 곧 죄의식으로 가득 찬 인간의 마음을 면밀히 그려내고자 했다. 인간의 마음은 악의 유혹에 쉽게 무너지는 연약한 것이기에 인간은 영원한 파멸의 경계에 위태롭게 서 있는 존재이기 때문이다. 흥미롭게도 호손은 청교도 시대까지 자신의 가계도를 되짚어보다가, 증조부인 호손 판사가 그 유명한 세일럼 마녀 재판*을 주관했다는 사실을 알게 된다.

『젊은 굿맨 브라운Young Goodman Brown』 같은 그의 단편소설에는 이런 청교도적 분위기가 선명하다. 한 젊은이가 한밤중에 정체 모를 인물과의 약속을 지키고자 페이스Faith(믿음)라는 이름의 아내를 홀로 놔두고 금지된 숲으로 간다. 그 수수께끼의 인물은 다름 아닌 악마였다. 숲에서 자신과 베일로

* Salem witch trials_ 1692년 미국 매사추세츠 주 세일럼 빌리지에서 일어난 마녀 재판 사건. 5월부터 10월까지 185명을 체포해 19명을 처형하는 등 25명이 목숨을 잃었다. 인간의 집단적 광기를 상징하는 사건으로 문학작품과 영화 등의 소재로 널리 쓰이고 있다.

얼굴을 가린 젊은 여자(아내 페이스를 닮은)를 중심으로 악마의 제의가 벌어진다. 의식이 진행되는 중에 그는 마을 사람들이 가장 건실한 시민으로 여기는 이들이 악당, 죄인들과 친하게 어울리는 것을 보고 충격을 받는다. 더욱 끔찍한 일은 자신이 '마음속 온갖 사악한 것들에 공감하면서 그들에 대해 소름끼치는 형제애'를 느끼고 있다는 것이었다. 의식을 주관하던 악마가 "그대들은 여태껏 미덕이 꿈일 수 있기를 소망해왔다. 이제 그대들은 환상에서 깨어났다. (중략) 악이 인류의 본성이다!"(『젊은 굿맨 브라운』 중에서)라고 선언하는 순간, 굿맨 브라운은 의식을 중단시키려 한다. "하늘을 올려다보면서 이 사악한 자에게 저항하자!"(『젊은 굿맨 브라운』 중에서)

다음 날 아침 황량한 숲에서 잠을 깬 굿맨 브라운은 전날 밤 일이 실제로 일어난 건지 아니면 그저 나쁜 꿈이었는지 확신하지 못한다. 하지만 사실이 어쨌든 간에 마을로 돌아온 굿맨 브라운은 완전히 다른 사람이 되었다. 깊이 충격을 받은 그는 이제 아내와 마을 사람들의 미덕을 의심하게 되었기 때문이다. 숲에서 있던 일은 그 누구에게도 입을 열지 않았지만, 깊은 의혹은 모든 인간관계에 먹구름을 드리웠다. 아내 페이스로부터 점점 멀어져 갔고 이웃을 불신의 눈초리로 바라보기 시작한 그는 여생을 스스로 쌓은 담 안에 갇힌 외톨이로, 자신의 환멸 속에서 씁쓸하게 보낸다.

호손은 '일상의 질을 변화시킬 수 있는 개인의 능력, 이것이야말로 최고의 예술'이라는 소로의 생각을 뒤틀어 음산한 이야기 한 편을 만들어냈다. 아닌 게 아니라 굿맨 브라운은 일상의 질을 바꾸었다. 마음에 깃든 의심은 삶을 병들게 했고, 자신만의 살아 있는 지옥을 낳았다. 이런 이야기 역시 12학년들에게 자신이 지닌 힘에 대해 생각해보게 한다. 인생을 살면서 만나게 되는 크고 작은 사건들에 대해 긍정적인, 혹은 부정적인 태도를 취하느냐에 따라 일상의 풍경이 완전히 달라진다는 사실을 생생하게 보여주고 있기 때문이다.

12학년 아이들은 호손의 작가적 역량에 탄복하면서, 동시에 인간 영혼의 어두운 측면에 집착하는 그의 마음에 공감한다. 아이들 역시 인간 마음을 병들게 하는 비뚤어진 것에 마음이 끌리기 때문이다. 하지만 단테의 세계관을 만났을 때도 그랬지만, 요즘 아이들은 어떤 죄 때문에 그 사람의 평생이 더럽혀진다는 청교도적인 태도에 공감하지 않는다. 아이들은 기쁨에 넘치는 목소리로 인간됨을 찬미하는 휘트먼의 노래가 무한히 확장되는 자신들의 자아를 잘 표현하고 있다고 여긴다.

휘트먼의 시는 많은 12학년에게 새로운 세계, 새로운 깨달음과도 같다. 현대시를 좀 안다 하는 아이들도 마찬가지다. 『나 자신의 노래』의 첫 줄을 읽는 순간 지금 자기들 눈앞에 문학의 혁명이 펼쳐지고 있음을 깨닫는다.

> 나는 나 자신을 찬양하고 나 자신을 노래한다.
> 그리고 내가 취하는 것을 그대도 취하리라
> 내게 속한 모든 원자는 그대에게 속한다고 할 수 있으니
>
> 나는 빈둥거리며 내 영혼을 초대한다.
> 나는 몸을 기대 편안한 마음으로 천천히 살펴본다. 여름 풀 한가닥을

내 혀, 내 피의 모든 원자는 이 땅과 대기에서 형성되었고
여기 부모에게서 태어났다.
그들도 마찬가지로 부모에게서 태어났고
그 이전도 마찬가지로 부모에게서 태어났다.
이제 완벽한 건강을 누리는 삼십칠 세의 나는 시작이다
죽기까지 그치지 않을 것을 바라면서.

『나 자신의 노래』 중에서

휘트먼 이전까지 그 어떤 시인도 전통적인 형식에서 완전히 탈피해 예측 가능한 운율에 전혀 얽매이지 않는 시를 창조한 적이 없었다. 16세기에 시작된 무운시無韻詩도 시인들을 운율의 구조에서 해방시켰지만, 오보격 운율의 큰 틀을 완전히 벗어나지는 못했다. 그로부터 300년 후에 등장한 워즈워스와 콜리지도 내용과 주제에선 파격적이었지만 무운시의 한계를 벗어나진 못했다.

휘트먼은 모든 형식을 가차 없이 파괴했다. 그의 시를 읽은 학생들은 왜 그가 '현대시의 아버지'라 칭송받는지 대번에 이해한다. 휘트먼은 글이라는 형식에서 지금껏 아무도 감히 시도하지 못했던 자유로운 방식으로 노래한다. 행은 아무 제약 없이 길게 이어지고, 오직 높아졌다 낮아지는 어조에만 음악적 느낌이 담긴다. 휘트먼은 새로운 시 형식의 개척자일 뿐 아니라, 에머슨이 『시인The Poet』이라는 수필에서 찾고자 했던 '우리 시대와 사회적 상황을 노래'할 수 있는 시인이었으며, 단테처럼 감히 자신의 자서전 속에 보편성을 담아낼 수 있는 사람이었다.

12학년들은 상급 과정에 들어와서 만난 모든 작가 중에 휘트먼이 자기들과 가장 가까운 목소리를 갖고 있다고 여긴다. 휘트먼의 『나 자신의 노래』는 지금껏 접했던 모든 전통과 강령을 의심하는 젊은이들을 위한 송가와도 같다. "논리와 설교는 결코 확신을 주지 못한다, 밤의 습기는 내 영혼 속으로 더 깊이 파고든다."(『나 자신의 노래』 중에서) 휘트먼은 지금 자신과 아무런 연관도 느낄 수 없는 허울뿐인 '교과서 같은 가르침'에 싫증나고 배신감을 느끼는 모든 청소년의 심정을 대변한다. 아무것도 섞이지 않은, 직접 체험을 통해 얻는 배움을 찬미한다. 학교와 집이라는 안전한 울타리를 참을 수 없이 갑갑하게 느껴왔던 아이들은 그의 시를 읽고 당장이라도 넓은 세상으로 '탈출'하고 싶은 충동에 사로잡힌다. "첩도, 식객도, 도둑도 초대받고, 입술 두툼한 노예도 초대받고, 성병환자도 초대받으리라"(『나 자신의 노래』 중에서) 휘트먼이 모두를 포용했던 것처럼, 청소년들도 자신들의 닫힌 삶의 벽을 무너뜨리고, 사람들의 새로운 세계 속에 섞이고 싶어한다.

휘트먼이 12학년들의 마음에 크게 공명하는 이유 중 하나는 그의 시야가 광대무변하다는 데 있다. 삶의 가능성이 내면에서 솟구쳐 오른다고 느끼는 아이들의 심정을 대변하듯, 휘트먼은 모든 인간 존재 내면에 감추어진 방대한 깊이와 우주적 그림에 대해 이야기한다.

> 나를 위한 준비는 엄청난 것이었다.
> 나를 도왔던 믿음직하고 다정한 팔들.
> 시간의 회전은 내 요람을 싣고, 힘찬 뱃사공들처럼 노를 젓고 또 저었다.

내 자리를 마련하기 위해 별들은 자신의 궤도를 벗어나 운행했다,
그들은 나를 떠받칠 것을 찾기 위해 온갖 힘을 보내주었다.

『나 자신의 노래』 중에서

휘트먼의 글은 어떤 면에서는 '물질세상은 신성한 존재들의 활동을 드러내는 표상'이라는 에머슨의 통찰로 가득하다. 하지만 또 한편 휘트먼은 관능의 문제에 누구보다 솔직했던 시인으로, 이는 소로의 청교도적 성향과 뚜렷한 대조를 이룬다. 에머슨이 몰두했던 지점은 사고였고, 소로의 주된 관심사가 의지, 즉, 그 사고의 실질적 적용이었다면, 휘트먼이 가장 중시했던 것은 단연 느낌이었다.

나는 육체와 식욕을 믿는다.
보고 듣고 느끼는 것이 기적이며, 나의 모든 부분 부분이 기적이다.
나는 내면과 외면에서 모두 신성하며,
내가 만지는 혹은 내게 닿는 모든 것을 성스럽게 만든다.
이 겨드랑이 냄새는 기도보다 더 순수한 향기다.

『나 자신의 노래』 중에서

휘트먼의 천재성은 육체적인 것과 정신적인 것을 가르는 '장막을 찢은' 데서 찾을 수 있다. 그는 둘을 똑같이 경외했다. 육체 속에 정신이, 정신 속에 육체가 깃들어 있고 서로 얽혀 있기 때문이다. 세속적 기쁨과 심오한 진실 모두를 추구하는 청소년들에게 휘트먼은 그 둘을 하나로 통합하여 두 세

계가 줄 수 있는 최상의 것을 선사한다.

무엇보다 든든한 것은 그가 에머슨과 소로가 강조했던 자아의 중요성에 더욱 힘을 실어준다는 점이다.

> 나는 영혼이 신체보다 더 위대하지 않으며, 신체도 영혼보다 크지 않다고 말한 바 있다. 그리고 그 무엇도, 신조차도, 인간에게는 자신의 자아보다 대단하지 않다.
>
> 『나 자신의 노래』 중에서

종교가 있거나 겸손을 중요하게 여기는 사람들에게는 휘트먼의 말이 지독한 자기중심주의처럼 들릴 수 있지만, 진정한 자아, 타인을 포용할 수 있는 넓은 자아에 대한 추구가 옳다는 확신을 얻고 싶은 12학년들에게 그의 말은 큰 위안과 힘이 된다.

이 수업에서 아이들이 가장 좋아하는 과제 중 하나는 각자 『나 자신의 노래』를 써보는 것이었다. 아이들에게 자신의 장점을 찬양하고, 자신을 전혀 다른 각도에서 묘사해보고, 자신의 놀랍고 색다른 여러 면모를 자랑스럽게 드러내 보라고 격려한다. 그중 두 편을 옮겨 적는다.

> 나는 언제나 긍정적이거나 활기차지는 않다.
> 당신은 내가 책상 위에서 곰팡이 핀 채 썩어가는 포도 주스라는 걸 알게 될 것이다.
> 나는 스페이드의 여왕,
> 나는 미루는 자들, 비꼬는 자들의 모임을 요구한다.

그들은 나의 일부, 나는 그들이 되기 때문이다.
나는 예술가인 동시에 비평가, 그리고 나의 부분들은 음침하고 침울하다.
나는 시기한다.
그건 7가지 죄악 중 내가 가장 좋아하는 것.
나는 자신을 무가치하게 여기며 불멸의 약을 삼키는
그 가련한 소년에게서 눈을 돌릴 수가 없다.
나는 비극으로 가득 차 있고, 냉소주의는 나의 부서질 듯 약한 나무 방패.
나는 내 영혼에 고통을, 그리고 가뭄을 붓는다,
그리고 핏빛 포도주는 성배에서 넘쳐 흐른다.

– 줄리안 루소, 2002

나는 과소평가된 질문
"피클과 양파 곁들이시겠습니까?" 혹은 "4 사이즈에 이 색깔 있나요?"처럼.
나는 음악 없이 가장 잘 묘사된다
나는소리가 없다 학교에 지각하게 하는 소리 없는 알람시계처럼,
아니면 쿠키를 타게 하는 존재하지 않는 '땡' 소리처럼.
나는 확실한 것을 의심하고, 의문스러운 것을 확신한다.
나는 비타민 C는 헛소리라는 것을 확신하지만,
동화와 유령의 존재는 믿는다.

– 케이트 루디쉬, 2006

자신의 어두운 면에 집중한 글도 있고, 더 높은 자아를 보려 하는 글도 있고, 우울한 어조의 글도 있고, 종잡을 수 없이 기발한 글도 있다. 어떤 글

이건 아이들은 스스로를 당당하게 드러낼 수 있음에 기뻐한다. 휘트먼을 읽은 뒤로 마음의 빗장을 연 듯하다. 마치 이제는 자신을 드러내고, 아동기와 청소년기를 지내는 동안 몰래 감추어두었던 내면의 보물을 타인과 함께 나누어도 좋다는 허락을 받은 것 같은 모습이다.

부모와 교사들도 휘트먼에게서 배울 것이 많다. 지금껏 내게 많은 부모가 무례와 반항을 일삼는 10대 자녀를 어떻게 대해야 옳으냐고 애타게 묻곤 했다. "내가 시키는 대로 해!"라는 호령도 먹히지 않고, 옛날처럼 품에 안고 다독여주는 것도 질색한다. 휘트먼은 전혀 다른 태도로 이들을 대한다.

> 당신들 각각의 (젊은) 남자와 (젊은) 여자를 나는 작은 언덕 위로 이끌고 올라간다.
> 내 왼손은 당신의 허리를 감싸 안고,
> 내 오른손은 대륙과 도로의 풍경을 가리킨다.
> 나도, 다른 어느 누구도 당신 대신 그 길을 여행할 수 없다,
> 당신 스스로 그 길을 가야만 한다.
>
> 『나 자신의 노래』 중에서

사춘기 후반 청소년들에게 어른은 더 이상 권위를 가진 존재로서 복종을 강요할 수 없다. 그러나 이들을 온전한 어른으로 여기며 부모와 교사로서의 역할을 내려놓는 것 역시 옳지 못하다. 휘트먼은 이들의 힘을 인정해주는 동시에 도움을 주는 자세가 무엇인지 보여준다. 10대 후반 아이들과의 관계가 억지로 밀어 올리거나 위에서 끌어당기는 식이어서는 올바르게 형성될 수 없으며, 아이들과 어깨를 나란히 하고 서서 인생의 가능성을 제시해

주어야 한다고 말한다. 청소년들이 필요로 하는 것은 전능한 스승도 독재자도 아닌, 조금씩 뒤로 물러나다가 마침내 전권을 양도하는 것이 자신의 역할임을 인지하고 있는 안내자다.

휘트먼이 명랑 쾌활한 동반자이자 젊은이들을 호위하는 시인의 역할을 동시에 수행하며 짧지만 감동적인 인생길 산책을 함께하는 인물이라면, **에밀리 디킨슨**Emily Dickinson은 자신의 집 정원 문밖조차 나가보지 않은 고독한 영혼이다. 그녀가 살아온 이야기를 듣고 나면 아이들은 눈을 휘둥그레 뜨곤 한다. 시의 분위기나 살아온 생애나, 휘트먼과 디킨슨은 하나부터 열까지 극적인 대조를 이루기 때문이다. 휘트먼은 방방곡곡을 여행하고, 번화한 브루클린에 살면서 지역 신문 편집장을 지낸 반면, 에밀리 디킨슨은 평생 매사추세츠 주 애머스트를 벗어난 적이 없으며, 마지막 20년 동안은 가족과 함께 살던 집에서 아예 한 발짝도 나가지 않았다. 세상에 모습을 드러내지 않으려는 결벽은 전설적일 정도였다. 자신이 죽은 뒤에 1,800편이 넘는 시를 모두 태워 없애달라고 유언했지만, 다행히 여동생 라비니아는 그 부탁을 따르지 않았다. 한 편지에서 디킨슨은 자신을 이렇게 묘사했다. "나는 굴뚝새처럼 왜소하고, 머리카락은 밤송이처럼 거칩니다. 내 눈은 손님이 남기고 간 술잔 속 셰리(포도주) 같습니다."(『**디킨슨의 편지**』 중에서)

휘트먼의 시는 자유분방하고, 감정이 풍부하며, 감추는 것 없이 솔직한 반면, 디킨슨의 시는 절제와 생략이 많고 수수께끼처럼 알쏭달쏭하다. 휘트먼은 시야가 넓고 호탕한 사람이었지만, 디킨슨은 내성적이고 두문불출하던 시인이었다. 하지만 해마다 12학년들은 뛰어난 안목으로 그녀의 시에도 휘트먼에 전혀 뒤지지 않는 광대함이 담겨 있음을 통찰한다. 디킨슨의 작품을 이해하고 감상하기란 쉬운 일이 아니다. 그녀는 독자들에게 많은 요구를 한다. 처음 그녀의 작품을 접한 학생들은 억지로 운율을 맞춘 것 같은 4행시 형식과 문방구 편지지에 인쇄된 문구 수준의 감상성밖에 보지 못하는 경우가 많다. 하지만 정말 시를 아는 사람은 평범해 보이는 시구 밑에서 상상으로도 다 포괄하기 힘든 광대한 우주의 축소판을 발견한다. 디킨슨은 모순투성이다. 겉으로는 지극히 소심하지만 그녀의 내면은 대담하기 이를 데 없다.

외양과 실재, 겉보기의 단순함과 여러 층위의 복잡함. 이런 불일치는 디킨슨의 생애와 작품에 모두 존재하며, 작품의 중심 주제로 등장한다.

외부는 내면으로부터
그 규모가 결정되기 마련.
공작公爵이든 난쟁이든,
그 속에 있는 마음가짐에 따라 달라진다.

바퀴를 좌지우지하는 건
정교하고 매끈한 바퀴 축.
하지만 바퀴살 돌아가는 것이 더 두드러지며
내내 흙을 튕겨낸다.

내면이 외면을 그려낸다.
붓은 손 없이도
그림을 찍어낸다. 내면의
모양새와 정확하게 들어맞는.

섬세한 동맥의 캔버스 위에
볼 위에, 아니면 이마 위에
호수 속에 있는 별들의 모든 비밀은
눈이 알 수 있는 것이 아니었다.

『로렐 시선집』 중에서

이 시 자체가 디킨슨의 주제를 그대로 보여준다. 이 작품의 '외형적' 인상(명확하고, 규칙적이며, 매끈하게 다듬어진 삼보격의 시) 때문에 학생들은 처음에는 노래 읽듯 눈으로 대충 훑는다. 시의 '비밀'은 '호수' 표면 아래를, 눈보다 생각으로 더듬어보기 전에는 드러나지 않는다. 에밀리 디킨슨과 동일한 사고의 흐름을 따라 생각한다는 건 누구에게도 쉽지 않은 난공불락의 과제다. 디킨슨은 시로 수수께끼를 내기도 한다. 그 시들은 굳게 잠긴 방 같다. 방 안의 멋진 가구와 장식을 제대로 감상하려면 우선 자물쇠를 열어야 한다. 들어갈 수 있으리란 보장은 어디에도 없다. 디킨슨은 방문객을 아주 까다롭게 선별한다.

영혼은 자신이 거할 사회를 선택하고
이후 문을 굳게 닫는다.
그녀는 신성한 다수의 앞에
더 이상 모습을 드러내지 않는다.

미동도 않은 채, 그녀는 자기 집 낮은 문 앞에

마차가 와서 서는 것을 본다.
아무런 감정 동요 없이, 황제가 그녀의 현관 매트 위에
무릎 꿇는 모습을 본다.

나는 그녀가 광대한 나라에서
한 사람을 선택했음을 안다.
이후 그녀는 관심의 밸브를 잠근다,
돌처럼 단단히.

『로렐 시선집』 중에서

이 작품으로 수업할 때 나는 어떤 단어가 가장 강한 인상을 주냐고 묻는다. 학생들의 의견은 대개 '밸브'로 모인다. 이 단어의 멋진 이중적 의미 때문이다. '심장 판막'도 밸브라고 하지만, 차갑고 영혼 없는 기계에도 밸브가 있다. 이 두 의미가 시 전체에서 공명한다. 눈앞에서 문이 쾅 닫히는 느낌이 들만큼 무뚝뚝하게 끝나는 마지막 문장은 시어의 배치가 내용을 강화시킨다는 사실을 다시 깨닫게 한다.

디킨슨을 좋아하는 학생들은 군더더기 없는 간결함과 뛰어난 예술적 표현력을 높이 평가하며, 특히 가끔씩 튀어나오는 깜짝 놀랄 만한 표현들에는 엄지손을 세운다. 다른 사람도 아닌 디킨슨이 "머리 뚜껑이 열리는 것 같은 느낌이 온 몸으로 올 때면 나는 그것이 시임을 안다."(『디킨슨의 편지』 중에서)고 말했다는 것이 놀랍지 않은가. 디킨슨의 작품에는 작은 방에서 일어나는 조용한 굉음 같은 폭발력이 있다. 그녀의 시를 읽는 건 파인애플로 위장

한 수류탄을 손에 쥐고 있는 것과 같다. 독자들이 정체를 알아차리고 안전 핀을 뽑기 전까지 겉으로 보기엔 전혀 위험하지 않다.

어떤 고문도 나를 괴롭힐 수 없다,
내 영혼은 자유이니,
언젠간 죽고 말 이 뼈 뒤
거기에서 어떤 대담한 것이 짜여진다.

그대는 톱으로 자를 수도,
언월도로 쪼갤 수도 없다.
그러므로 두 개의 몸이 그렇게 존재하니,
하나를 묶으라, 그러면 하나가 도망가리라.

둥지의 독수리도
그대보다 더
쉽게 벗어나서
하늘에 다다를 수는 없으리라,

그대 자신을 제외하곤
그대의 적일 테니,
포로는 의식이며,
자유도 그러하다.

『디킨슨의 편지』 중에서

디킨슨이 젊은이들에게 주는 가장 큰 가르침은 자유와 자유의 근원에 관한 것이다. 청소년들은 '자유'를 '이동의 능력'과 동일시하는 경우가 많다. 자동차 열쇠는 이 관계의 상징이다. 운전석에 앉아 어딘가로(어디로든) 차를 몰고 가는 날을 청소년은 꿈꾸며 그린다. 이제 자신들은 어른이고, 더 이상 부모나 보호자에게 의존할 필요가 없다는 믿음에 대한 확인도장이기 때문이다. 하지만 디킨슨은 그런 외적인 것들이 자유라는 견해에 찬물을 끼얹는다. 달랑 네 단어로 이루어진, 하지만 많은 의미를 품고 있는 이 시의 마지막 두 줄, '포로는 의식이며,/ 자유도 그러하다. Captivity is consciousness,/ So's liberty.'를 읽고, 한 학생이 비슷한 말을 분명 전에 본 적 있다며, 아주 낯익은데 언제 어디서 봤는지 모르겠다고 안타까워한 적이 있다. 반 아이들의 도움을 받아 여기저기 뒤져보고 조사한 끝에 "세상엔 좋은 것도 나쁜 것도 없다. 단지 생각이 그렇게 만들 뿐이다."(『햄릿』 중에서)라는 햄릿의 유명한 대사였음을 알아냈다. 실제로 셰익스피어와 디킨슨 모두 '이제 우리의 자유를 위협하는 것은 더 이상 외부의 제약이 아니라 내면의 부족함'이라는 현대인의 딜레마를 예견했던 사람이었다. **윌리엄 블레이크**는 이를 "생각이 만들어낸 족쇄"(『**런던**London』 중에서)라고 표현했다.

교사들은 '나의 노래' 수업을 마치고 나면 12학년들이 어딘지 모르게 달라진다고 느낀다. 물론 아직도 진학에 대한 스트레스 때문에, 숙제 때문에, '유치한' 학교 규칙을 따라야 한다는 것 때문에 불평을 늘어놓기는 하지만, 이제 많은 아이가 개인적인 독특한 취향과 단점을 변명하거나 눈치 보지 않고, 지적으로 호기심을 갖고 탐구하려 하며, 에머슨이나 소로, 호손, 휘트먼, 디킨슨의 사상을 접하기 전보다 자신의 모순을 내적으로 편안히 받아들이고 인정하기 시작한다. 이제 자신이 스스로 인생을 써 내려가는 작가라는 개념을 받아들일 힘이 한층 성숙한 것이다.

악과의 조우 『파우스트』

자신의 행동에 얼마나 책임감을 갖는가를 보면 그 사람의 성숙도를 짐작할 수 있다. 그래서 우리는 12학년들에게 앞서 열거한 미국 작가들의 글과 괴테의 『파우스트』를 비슷한 시점에 읽게 한다. 『파우스트』는 아이들이 스스로 인생을 써 내려가는 작가라는 개념을 한층 더 예리하게 통찰하게 만들기 때문이다. 『파우스트』는 본질적으로 '인간으로서의 책임'에 관한 이야기다. 줄거리는 그저 유명한 수준을 넘어 인간의 원형이라 할 수 있을 정도다. 한 뛰어난 학자가 인생에 대한 회의와 정신적 깨달음에 이르지 못한 자신의 무능에 대한 깊은 환멸로 자살을 결심한다. 때마침 부활을 찬양하는 천사들의 합창이 들려오고 그 덕분에 목숨을 건지지만, 그가 나약해진 틈을 타고 악마가 찾아온다. 처음에 악마는 개의 모습으로, 다음에는 파우스트와 꼭 닮은 차림의 여행하는 학자로 나타난다.

이 장면에서 한두 명의 아이는 호손의 단편소설 『젊은 굿맨 브라운』에서 나왔던 악마도 주인공과 놀랄 만큼 닮았던 것을 기억해내곤 한다.

> 요모조모 뜯어본 결과 이 두 번째 여행자의 나이는 쉰 살가량에, 분명히 굿맨 브

라운과 같은 계층에 속한 인물로, 용모보다는 표정에서 굿맨 브라운과 아주 닮은 점이 많았다. 누가 봐도 아버지와 아들이라고 보일 법했다.

『젊은 굿맨 브라운』 중에서

인간적인 것과 악마적인 것이 이처럼 닮았다는 건 어떤 의미일까? 메피스토가 하는 말에서 그 답을 짐작해볼 수 있다. "옛 사람들이 보던 북방 도깨비는 자취를 감추었다/ 뿔도, 꼬리도, 발톱도 보이지 않는다…/ 그 악마는 사라졌지만, 악마들은 여전히 존재한다…"(『파우스트』 중에서) 지금의 악마는 '목표 집단'에 좀 더 자연스럽게 섞여 들어가려고 익숙한 인간의 모습으로 위장하고 있다는 뜻이다. 이게 사실이라면, 사람들이 악마를 이 세상과 멀리 떨어진 어떤 초자연적인 영역에서 무조건 나쁜 짓만 하는 흉악한 형상의 존재라고 생각하거나 아예 그 존재 자체를 부인할 때, 악마는 인간을 상대로 손쉽게 승리를 거둘 것이다. 옛말에 '악마의 가장 큰 거짓말은 사람들에게 악마가 존재하지 않는다고 믿게 만드는 것'이라고 했다.

괴테의 『파우스트』에서 파우스트 박사는 악마와, 이번 생에서는 악마 메피스토가 파우스트를 '섬기는 하인'이 되고, 죽은 뒤에는 서로의 역할을 바꾼다는 계약을 맺는다. 내세에 대해 아무런 미련이 없던 파우스트는 악마의 이런 제안에 망설임 없이 동의한다.

이 생 너머에 대해 나는 전혀 개의치 않네…
내 기쁨은 이 지구에서 샘솟을 뿐, 그곳,

저 태양은 내 절망 위에서 타오르지.
이것들과 헤어질 수 있다면, 어찌 되든 상관없지…

『파우스트』 중에서

나는 내가 한때 추구했던 앎을 증오한다.
욕정의 깊고 어두운 나라에서
우리의 열정을 마음껏 채우리라.

『파우스트』 중에서

이렇게 악마는 파우스트를 손에 넣는다. 둘은 함께 인생의 쾌락을 '가장 고통스러운 무절제'로 마음껏 즐기기 위한 여행길에 나선다. 불멸의 영혼을 걸고 계약을 맺은 파우스트는 메피스토의 힘에 완전히 종속된다. '하인'의 지대한 영향 속에서 파우스트는 그레첸이라는 젊은 아가씨와 불같은 사랑에 빠지지만, 그 사랑은 순식간에 파멸로 떨어진다. 파우스트는 뜻하지 않게 그레첸의 어머니에게 치명적인 수면제를 주어 죽게 만들고, 그녀를 유혹해 타락시키고, 그레첸의 오빠와 칼싸움을 하다가 그를 죽이고, 그레첸이 임신한 사실도 모른 채 메피스토와 도망가 버린다. 파우스트가 그레첸 곁을 떠나 메피스토와 마녀, 온갖 악당들과 함께 환락에 빠져 정신이 없는 동안, 그레첸은 자신이 낳은 아기를 물에 빠뜨려 죽인 죄로 수감되고 사형을 선고받는다.

『파우스트』에서 벌어지는 사건들을 읽다보면 자기도 모르게 오늘날 세상에 만연한 악을 떠올리게 된다. 12학년들은 이 악의 향연을 거부하기보다는 즐긴다. 지금까지 상급과정 수업 속에서 자기 안의 온갖 어둠을 만나왔던 아이들은, 말할 수 없이 혐오스러운 동시에 너무나도 매혹적인 세상의 치부에서 눈을 떼지 못한다. 지금까지 읽었던 그 어떤 문학작품에도『파우스트』처럼 악의 맨얼굴이 뻔뻔스럽게 드러난 적도, 자기가 진두지휘해서 초래한 재앙을 보고 이토록 즐거워하는 악마가 등장한 적도 없었다. 하지만 이 이야기에서 가장 매력적인 요소는 메피스토의 악마성이 아니라 결점으로 가득한 파우스트의 인간성이다. 모두가 그러하듯, 파우스트 역시 영혼 안에 공존하는 고차의 힘과 저급한 힘 사이에서 갈등한다. 파우스트는 괴로워하며 이렇게 고백한다.

> 두 영혼이 살고 있네, 아하! 내 가슴속에,
> 하나는 자기 형제로부터 떨어져나가려 애쓰네.
> 거친 사랑의 열정으로 그 하나는,
> 갈퀴 같은 손길로 세상에 들러붙네.
> 다른 하나는 사력을 다하여 흙먼지를 벗어나 오르네,
> 숭고한 조상의 영역을 향하여*.
>
> 『파우스트』 중에서

그는 지금 인간 조건의 근본적 진실에 대해 말하고 있다. 이는 발도르프학교 12학년들에게는 낯설지 않은 주제다. 10학년 때 이들은『바가바드기타

* 『자유의 철학』(2007, 밝은누리, 최혜경 번역) p.29에서 인용

Bhagavad—Gita』*에서 영원불멸의 아트만Atman**에 대해 읽었다. 그 책은 모든 인간의 내면에 존재하는 신성한 불꽃인 아트만이 언젠가 때가 되면 필요 없어진 옷을 벗듯 입고 있던 물질 육체를 벗어버릴 것이라 했다. 같은 해에 10학년들은 신약 성서에서 "카이사르의 것은 카이사르에게, 하느님의 것은 하느님에게"(마태오의 복음서 22장 21절)라는 예수의 말씀을 읽었다. 이 역시 물질적 본성과 정신적 본성이 함께 존재함을 가리키는 말이다. 햄릿도 파우스트 이전에 인간됨의 모순에 대한 양가감정을 토로했던 인물이다.

> 인간이란 참으로 걸작이 아닌가! 이성은 얼마나 고귀하고,
> 능력은 얼마나 무한하며, 생김새와 움직임은 얼마나 깔끔하고
> 놀라우며, 행동은 얼마나 천사 같고, 이해력은 얼마나 신 같은가!
> 이 지상의 아름다움이요, 동물들의 귀감이지!
> 한데, 내겐 이 무슨 흙 중의 흙이란 말인가?
>
> 『햄릿』 중에서

앞서 살펴보았던 미국 작가들은 이런 인간의 이중성을 하나의 근본 주제로 전환시켰다. 이를 가장 단순명료하게 표현한 사람은 디킨슨이었다.

> 죽음은 정신과 흙
> 사이의 대화.

---

* 바가바드기타_ 베다, 우파니샤드와 함께 힌두교 3대 경전으로 꼽히는 철학서. 고대인도 대서사시 '마하바라다'의 일부

** 아트만_ 고대인도 우파니샤드 철학에서 브라만(범)과 함께 가장 중요한 원리. 아我, 또는 개별 자아를 뜻한다.

"사라져라"라고 죽음은 말하나, 정신은 "나리,
저에게는 다른 믿음이 있습니다."라고 말하네.

죽음은 이를 의심하며, 땅으로부터 외치니.
정신은 외면하며,
증거로써 그저 벗어버리네,
육신의 외투를.

『로렐 시선집』 중에서

이렇듯 인간이 정신적 유산과 물질적 유산 사이에 끼인 존재라는 개념 자체는 여러 문헌과 작품 속에서 변주되어왔다. 하지만 괴테의 『파우스트』는 악에 쉽게 굴복하는 본성을 지닌 인간이 자기 행동에 어떻게 책임을 져야 하느냐는 무거운 질문을 던진다. 마침내 자신이 무분별하게 쾌락에 탐닉한 결과, 얼마나 많은 비극이 꼬리를 물고 일어났는가를 알게 된 파우스트는 메피스토를 힐난한다.

파우스트	개자식! 파렴치한 괴물! … 그녀(그레첸)를 구해내라! 그렇지 않으면 네 놈은 성치 못할 것이다! 생각할 수도 없는 무시무시한 저주를 백만 년 동안 퍼부으리라!
메피스토	그녀를 구하라고요? 그녀를 파멸로 몰아넣은 게 누구였죠? 나였나요, 당신이었나요?

『파우스트』 중에서

메피스토의 대답에 작품 전체의 주제가 함축되어 있다. 파우스트는 자신의 행동으로 인한 파국에 대해 책임을 져야 하는가? 아니면 메피스토의 책임인가? 나쁜 짓을 저질러놓고는 '악마가 시켜서 한 짓'이라고 주장하는 사람에게 책임을 물을 수 있는가?

악은 12학년들에게 대단히 매력적인 토론 주제지만, 예상할 수 있듯 의견이 너무나 첨예하게 갈리기 때문에 하나로 모으기는 힘들다. 어떤 학생들은 종교적 광신도들이나 주장하는 시대에 뒤떨어진 사고방식이라며 '악'이라는 개념 자체를 거부한다. 그들의 주장은 말하자면 일종의 '도덕적 상대주의'이다. 예를 들어 어떤 문화에서는 인신 공양을 혐오하지만, 또 어떤 문화에서는 '사형'이라는 완곡한 표현으로 합법화하기도 한다는 것이다. 반면 선과 악은 절대적인 것이며, 가치관을 공유하는 사람들끼리는 그 차이가 분명하다고 생각하는 아이들도 있다. 도덕적 기준에 대한 확신이 그다지 강하지 않은 학생들은 근본적인 질문을 붙들고 씨름한다.

- 악은 인간 본성에 내재하는 것인가, 분리된 것인가?
- 악은 필수불가결한가?
- 악을 선택할 자유가 있는가?
- 악에도 경중이 있는가?

이들의 고민에 도움을 주고자 나는 90년대 중반 문학 평론가 론 로젠바움Ron Rosenbaum이 뉴욕 타임스 잡지에 기고한 『어둠의 가장 내밀한 핵심을 응시하다Staring into the Heart of the Heart of Darkness』라는 글을 읽어보게 한다. 세계를 뒤흔든 2001년 9.11 사건 발생 전에 쓴 이 글에서 저자는 오클라호마 시티 폭탄 테러 사건, 아이들을 물에 빠뜨려 죽인 수잔 스미스 사건, 제프리다머의 끔찍한 연쇄 살인, 메넨데즈 형제의 부모 살해 사건 등 악의 화신이라 부를 법한 사건들을 열거하면서, 도대체 사라질 줄 모르는 세상의 악을 접할 때마다 떠오르는 질문을 다시 던진다. "대체, 왜, 정말 신이 있다면, 아동 살해와 같은 악이 저질러질 때 간섭하지 않고 그냥 일어나도록 내버려둔단 말인가?"(『어둠의 가장 내밀한 핵심을 응시하다』 중에서)

이 형이상학적 질문을 파고들다 보면 대개 '자유 의지'에 생각이 머물게 된다. 『파우스트』에서 악마는 파우스트에게 접근해도 좋다는 하느님의 허락을 받아내기 위해 협상을 하면서, 하느님이 그 내기에 응한다면 "당신은 그 자를 제게 잃게 될 겁니다…"라고 호언장담한다.

> 하느님께서 대답하시길,
> "그가 지상에 사는 동안에는
> 네가 무슨 짓을 하든 말리지 않겠다.
> 인간은 노력하는 한 방황하는 법이니까."
>
> 『파우스트』 중에서

이 말에는 엄청난 의미가 담겨있다. ⑴악마 역시 하느님 수하에 있는 존재이며, 인간을 타락시키고자 할 때는 일종의 '허락'을 받아야 한다는 것, ⑵하느님은 지상에서 벌어지는 일들을 통제할 수 있으며, 이는 세상에 악이 존재하는 것을 허용하였다는 뜻, ⑶인간에게는 '노력'할 수 있는 힘이 있다. 다시 말해 인간은 악에 저항하고 선을 택할 수 있는 자유의지를 가지고 있다는 뜻이다. 어떤 신성한 존재 또는 악마적 존재가 인간 영혼을 두고 도박을 벌인다는 (1), (2)번 가설에는 많은 아이가 거부감을 표하지만, 자유 의지에 대해선 한 목소리로 열렬히 지지한다. 다음은 한 12학년 학생이 악의 본질에 관해 쓴 멋진 글의 일부이다.

> 사실, 인간 본성을 바꾸는 것보다 세상을 바꾸는 편이 더 쉽다.
> 우리에게는 타인을 직접 변화시킬 수 있는 힘이 없기 때문이다.
> 사람들에게는 언제나 선하든 악하든, 또는 이도 저도 아니든 자신이 선택한 길을 걸어갈 자유가 있다.
> 하지만 우리에게는 우리 자신을 바꿀 수 있는 힘이 있다. 행동의 결과를 조금만 의식할 수 있다면 가능하다. 우리는 우리가 자유라는 것을, 그리고 선을 행하는 데 그 자유를 사용할 책임이 있다는 것을 잊지 말아야 한다.
>
> – 릴리 채핀, 1997

이런 글을 읽으면 마음이 든든해진다. 도무지 줄어들 줄 모르는 테러와 폭력, 세계를 좀먹는 기아와 고통, 악에 깊이 물든 오늘날 세상 속에서도 많은 상급 학생이 자기들에게 그런 문제를 풀 수 있는 힘이 있음을 낙관한다. 위대한 문학의 샘물을 맛본 청소년들은 냉소주의나 절망에 쉽게 고개를 숙이지 않는다. 청소년들은 본래 인생의 한계보다는 무한한 가능성을 바라보고, 부풀어 오르는 이상에 짓눌리기보다는 거기서 힘과 용기를 얻고 길을 찾는 존재들이다. 『파우스트』를 읽은 12학년들은 인간 영혼 속에 깃든 어둠의 힘과 그 어둠에 맞설 수 있는 자아의 힘 모두를 인식하기 시작한다. 『파우스트』는 순간의 선택에 엄청난 의미가 담길 수 있음을, 그리고 그 선택의 결과는 자신뿐 아니라 개개인이라는 모든 원에까지 미친다는 사실을 일깨워준다.

시련을 통한 정신성의 회복_러시아 문학

서양 고전문학에 흐르는 개인주의에 깊이 젖어 있던 청소년들에게 러시아 작가들의 작품은 새로운 별천지와도 같다. 호메로스의 『오디세이아』부터 **토니 모리슨**Toni Morrison의 『**사랑하는 사람**Beloved』까지 서양 작가들은 자아를 찾아가는 여정과 그 과정에서 만나는 시련에 주목해왔다. 하지만 러시아 문학을 읽을 때 아이들은 작가가 아니라 러시아 민족혼을 만나는 느낌이라고 말하곤 한다. 도스토옙스키가 이 말을 들었다면 고개를 끄덕였을 것이다. 유럽 여행 중에 그는 '빵 덩어리에서 잘려나간 빵 조각 같은 기분'이 든다고 썼다. 서구의 다른 민족에 비해 러시아 사람들이 조국과 모국어, 동족에 대해 느끼는 유대감은 훨씬 강하고 끈끈해 보인다. 수 세기 동안 폐쇄된 사회로 살아왔던 것도 이런 성향에 한몫을 담당했을 것이다. 13세기에 몽골 타타르족의 침략을 받으면서 러시아는 동양 신비주의의 영향권에 들어가게 된다. 폭군 이반(이반 4세)이 15세기 말 타타르족을 몰아내지만, 그의 통치하에서 개인의 자유는 전혀 성장하지 못했고, 그 후로 몇 대에 걸쳐 차르(제정 러시아 시대의 전제군주)의 폭압과 세계 사회로부터의 고립이 이어졌다. 18세기에 피터대제(표트르 1세)가 마침내 서구에 문호를 개방하지만, 서양이 중세 중기와 르네상스, 종교 개혁을 거치면서 지성을 발달시키는 동안 러시아는 깊은 잠에 빠져 있었다.

'잠자는 거인'이라는 이미지는 혁명 이전 러시아를 잘 보여준다. 거인은 세계 여러 나라의 민담에서 흔히 볼 수 있는 모티브로, 의식이 깨어 있지 않은 상태를 상징하는 경우가 많다. 서사시 『길가메시』에서 주인공은 죽음의 바다를 건너 정신의 세계에 들어간 뒤 7일 동안 잠을 잔다. 그는 우트나피슈팀을 만나 영생의 비밀을 알아내려 했으나, 신성한 존재의 힘에 압도되어 뜻을 이루지 못한다. 마침내 길가메시는 '새 생명'을 줄 수 있는 꽃을 손에 넣지만, 또다시 잠들어버리고 그 사이에 뱀이 마지막 희망인 꽃을 먹어치운다. 『오디세이아』에서도 평소엔 늘 명민하고 빈틈없던 오디세우스가 결정적인 순간에 잠이 든다. 그 순간에 부하들이 그의 명령을 거스르면서 불행이 찾아온다. 아이올로스가 오디세우스에게 선물로 준, 길들여지지 않은 바람이 들어 있는 주머니를 부하들이 열자 큰 태풍이 일고 오디세우스는 그 후로 10년 동안 고향 이타카로 돌아가지 못한다. 그 뒤에도 오디세우스가 잠을 자는 동안 배고픔을 참지 못한 부하들이 그의 경고를 무시하고 아폴로 신의 신성한 소를 잡아먹는다. 또 한 번의 폭풍이 일어나고 오디세우스는 부하 대부분을 잃는다. 셰익스피어의 『템페스트』에서 프로스페로는 젊고 순진한 딸 미란다에게 자신들이 섬에서 살게 된 이유를 알려주고, 딸에게 주문을 걸어 잠을 자게 한 뒤 오랫동안 벼르던 복수를 거행한다.

앞의 두 경우에서는 잠 때문에 비극적 결과가 초래된다. 운전을 할 때처럼 깨어 있어야하는 상황에서 잠을 이기지 못하면 이렇게 된다. 하지만 『템페스트』에서 잠은 다른 역할을 한다. 이때의 잠은 새로이 알게 된 진실로 인한 미란다의 아픔을 달래주고, 프로스페로가 벌이는 엄청난 사건들을 보지도 겪지도 않게 막아준다.

몇 세기 동안 이어진 러시아의 잠은 이 양면을 모두 가지고 있다. 러시아는 중세 이후 서구의 특징인 개인의 자유와 풍요한 문화를 누릴 수는 없었지만, 한편으론(지난 세기까지는) 지나친 이성주의와 물질주의의 해악에서 보호될 수 있었으며, 그 결과 러시아 사람들은 정신적 삶에 대해 광신적이라 할 만큼 강한 동경을 키워왔다. 볼셰비키 혁명*이 잠자는 거인을 거칠게 흔들어 깨워 러시아 민중을 서구 산업화 물결 속으로 강제로 밀어 넣기 전까지 민중들은 순진무구함, 일종의 '미란다와 같은 의식상태'를 보존해왔다.

러시아 민담에는 이런 어린아이 같은 러시아의 민족혼이 선명하게 담겨 있다. 나는 12학년들과 러시아 문학 수업을 본격적으로 시작하기에 앞서 두 편의 러시아 동화, 『바실리사와 바바 야가』와 『불새』를 읽어보게 한다. 흔히 그렇듯 이 이야기들 역시 상실로 시작한다. 죽음이 바실리사에게서 어머니를 앗아가고, 『불새』에서는 도둑이 베렌다이 왕의 황금 사과를 훔쳐간다. 바실리사는 아버지가 멀리 떠나 있는 동안 계모와 두 언니에게 구박을 받는다. 그들은 제일 어린 바실리사에게 온갖 힘들고 어려운 일을 시킨다. 그중에는 무시무시한 노파 바바 야가의 오두막에 가서 불을 얻어오라는 위험천만한 과제도 있다.

* 볼셰비키 혁명_ 1917년 10월 블라디미르 레닌이 주도한 사회주의 혁명

이반 역시 세 형제 중 막내다. 두 형은 황금 사과나무 아래서 망을 보다가 그만 '잠이 들어' 도둑을 놓치지만, 이반은 정신을 바짝 차리고 깨어 있다가 불새가 사과를 따가는 장면을 목격한다. 왕은 세 아들에게 불새를 찾아오라고 명령한다. 길을 떠난 지 얼마 되지 않아 이반은 배고픈 늑대에게 말을 잃지만 늑대는 다시 나타나 이반의 부탁을 들어준다.

바실리사에게도 '도와주는 것'이 있다. 바로 어머니가 돌아가시기 전에 준 인형이다. 인형은 바실리사가 '잠자는' 동안 어려운 과제들을 해놓는다.

바바 야가는 사람의 뼈와 해골로 만든 집에 살며 어린아이들을 잡아먹는 무서운 노파다. 바실리사는 노파가 '잠자는' 동안 간신히 그 집을 빠져나온다. 꾀 많은 바실리사는 그 집에서 해골 하나를 가지고 나온다. 해골은 집에 돌아갔을 때 요긴하게 쓰인다. 눈에서 뿜어 나오는 날카로운 빛이 계모와 두 언니를 꼼짝 못하게 하기 때문이다. 그 빛은 그들을 천천히 태우다가 마침내 재만 남긴다. 바실리사가 해골을 묻은 곳에서 아름다운 장미 덩굴이 자라기 시작한다. 아버지가 돌아오고, 아버지와 딸은 그 뒤로 함께 행복하게 산다.

불새를 찾으러 떠난 이반이 당도한 첫 번째 왕국에서 늑대는 이반에게 불새를 가져오면서 절대로 황금 새장을 건드리지 말라고 경고한다. 그러나 이반은 눈부시게 빛나는 황금 새장의 유혹을 뿌리치지 못한다. 새장에 손을 대는 순간 왕의 경비병들이 이반을 잡아 왕에게 끌고 간다. 이반에게 내려진 '판결'은 두 번째 왕국으로 가서 황금 갈기를 가진 말을 잡아서 타고 오라는 것이었다. 늑대는 다시 이반을 돕기로 하고 황금 고삐는 만지지 말라고 주의를 준다. 과제는 순조롭게 진행되었으나 빛나는 고삐를 보자 이반은 또다시 손을 대고 만다. 체포된 이반은 세 번째 왕국의 황금 머리카락을 가진 공주를 데려오라는 과제를 받는다. 자책하는 모습에 마음이 풀린 늑대는 이반을 위해 직접 나서기로 한다. 모습을 자유자재로 바꾸는 능력을 가진 늑대는 세 왕국의 왕들을 속이고, '부탁만 하는' 이반에게 황금 보물 세 가지(공주와 말, 불새) 모두를 건네준다.

이 대목에서 12학년들은 이야기 전개에 분개하기 시작한다. 대체 그 보물들을 얻기 위해 이반이 한 일이 무엇이냐고 묻는다. 이반은 동화의 나라에서 가장 한심하고 가치 없는 '영웅'이다! 지금까지 한심할 정도로 충동을 자제하지 못하는 모습밖에 보여주지 않았다. 꼭 엄마 말을 지지리도 안 듣는 아이가 분명히 안 된다고 했던 과자를 몰래 훔쳐 먹었는데, 후회하고 반성한다고 한 마디 하니까 케이크를 상으로 받는 것 같다는 것이다.

하지만 동화에서는 인과응보의 법칙이 적용되기 마련이기에, 나는 아이들에게 이야기가 아직 끝나지 않았으니 기다려보라고 다독인다. 집으로 돌아가는 길에 이반은 빈손으로 돌아가는 두 형을 만난다. 별다른 노력 없이 보물을 손에 넣은 이반을 시기한 형들은 이반을 죽이고 보물을 훔친다. 그들은 아버지의 왕국으로 돌아가서 자기들이 얻은 보물이라고 주장하고 공주에게는 침묵을 강요한다. 이반의 시체는 90일 동안 버려져 있었다. 다시 늑대가 그를 찾아내고 생명의 물로 이반을 살려낸다.

> 이반 왕자는 눈을 비비며 일어나 앉았다.
> "정말 잘 잤구나" 왕자는 큰 소리로 말했다.

"저는 왕자님이 영원히 잠들어버리신 줄 알았습니다."

회색 늑대가 대답했다.

『불새』 중에서

죽음의 문턱을 넘어갔다가 '부활'한 이반은 왕국으로 돌아와서 공주와 형의 결혼식을 거행되기 직전에 가까스로 막는다. 사랑하는 왕자를 보는 순간 공주는 형들의 악행을 밝히고 왕은 형들을 왕국에서 제일 깊은 지하 감옥에 가둔다. 이반과 공주는 결혼해서 그 후로 행복하게 산다.

발도르프학교 12학년 학생들에게 동화는 지적인 과제인 동시에 어린 시절을 떠올리게 하는 감상적인 여정이 된다. 아이들 대부분은 저학년 때 모든 수업의 근간을 이루던 동화를 따뜻하게 기억한다. 글자를 처음 배울 때, 숫자, 형태그리기 모두 이야기를 통해 흘러나왔다. 이제 12학년이 된 아이들은 동화에 담긴 심오한 의미를 알고 싶어한다.

아이들은 이 동화들 속에 오랫동안 보호되어 온 순진무구한 러시아 민족혼이 어떻게 그려지고 있는지 감상하기 시작한다. 『불새』에서 이반은 다른 사람의 물건에 자꾸 손을 대고, 일을 저지른 뒤 반성은 하지만 다시 그런 기회가 생겼을 때 자제하지는 못하는 어린아이이다. '죽음 같은 잠'을 겪지 않았다면 늑대가 자신을 위해 애써 얻어준 행운을 누릴 자격이 없는 인간이었을 것이다. 그 정신적 시련 덕에 마지막엔 보물을 갖기에 부끄럽지 않은 사람으로 거듭난다. 하지만 동화는 늑대가 다시 찾아오지 않았다면 그는 '영원히 잠들어' 버렸을지도 모른다고 말한다. 이 문장에서 아이들은 늑대가 인간의 깨달음, 각성을 상징한다는 결론을 이끌어낸다. 어떤 아이는 늑대가 모든 민족이 겪었던 지적인 발달 과정을, 꿈꾸는 어린아이에서 의식이 깨인 청년으로 성장해가는 과정 자체를 상징한다는 대담한 의견을 제시하기도 했다.

바실리사의 아이 같은 특성은 들고 다니는 인형과 바바 야가의 개와 고양이, 자작나무, 문에게 보여준 소박하고 순수한 친절(이들 모두 바실리사가 탈출할 때 큰 도움을 준다)에서 특히 두드러진다. 하지만 동화를 들으며 자란 발도르프학교 12학년 학생들에게 가장 눈에 띄는 특징은 결말이다. 동화는 대개 왕자와 공주의 결혼, 즉 남성성과 여성성의 합일로 마무리되곤 한다. 하지만 여기서는 바실리사와 결합할 왕자는 아무도 없고, 아버지와 함께 여생을 보내는 것으로 끝나는 게 아닌가! 지난 600년 동안 서양의 이성주의와 물질주의 사고방식에 빠지게 했던 정신의 흐름에서 스스로를 지키고, 정신적인 순결을 지키고 싶어하는 러시아의 민족혼을 이보다 더 잘 그려낸 그림이 또 있을까!

죽음과 재탄생의 강렬한 이미지도 아이들의 마음을 사로잡는다. 『바실리사와 바바 야가』에서 해골은 파괴의 힘(해골에서 나온 이글거리는 빛이 계모와 두 언니를 재로 만들어버린다)인 동시에 재생의 힘(해골을 파묻은 곳에서 아름다운 장미 덩굴이 자란다)이다. 아이들은 『불새』의 늑대도 이중적인 역할을 한다는 것을 알아챈다. 여행 초반에 이반의 말을 삼켜버릴 때 늑대는 죽음을 부르는 사신이었지만, 나중에는 이반을 죽음에서 되살린다. 해골과 영리한 늑대 모두 사고와 밀접하게 연결된 이미지다. 사고에는 끊임없는 분석과 해부를 통해 세상의 통합성을 '파괴'할 수도, '사물 속에 존재하는 생명을 꿰뚫어봄'으로써 세상의 전체성을 회복시킬 수도 있는 힘이 깃들어 있다.

두 동화의 또 다른 특징은 시종일관 이어지는 시련이다. 물론 다른 동화와 민담에도 항상 시련이 등장하지만, 러시아인들에게 시련은 존재를 규정하는 특질이라 할 수 있다. 노벨 문학상 수상자이자 당시 러시아 망명 작가인 **알렉산드르 솔제니친**Alexander Solzhenitsyn은 1978년 하버드 대학에서 〈**분열된 세계**A World Split Apar〉라는 제목의 유명한 연설을 한다. 거기서 그는 시련에 대한 러시아 민족혼의 힘을 이렇게 말한다.

> 나는 현재 이 상태의 당신들의 사회가 우리 러시아가 변혁해나가야 할 이상향이라고 보지 않습니다. 러시아는 극심한 시련을 겪으며 높은 정신의 발달을 이룩했기 때문에 정신적으로 고갈된 현재의 서구 사회가 매력적으로 보이지 않습니다. 서구 사회에서는 인간이 점점 약해지고 있지만, 동양에서 인간은 갈수록 강하고 굳건해지고 있다는 것은 반론의 여지없는 사실입니다. 우리는 서구 사회의 경험을 훨씬 앞지르는 정신적 훈련을 겪어왔습니다. 삶의 복잡함과 죽음의 무게는, 표준화된 서구의 복지 속에서보다 훨씬 강하고, 깊이 있고, 흥미진진한 특성을 갖게 했습니다.
>
> 〈분열된 세계〉 중에서

솔제니친은 이 문제에 대해 권위 있게 말할 수 있는 사람이었다. 서방으로 추방되기 전, 10년 동안 소련의 강제 노동 수용소 생활과 유배로 험난한 세월을 보냈다. 하지만 역경과 노력보다 안락과 편리함을 중시하는 문화 속에서 자란 청소년들은 서구의 가치관에 대한 솔제니친의 비판을 충격으로 받아들이는 경우가 많다. 솔제니친이 민주주의의 근본을 공격했다고 오해하는 아이들도 있다. 그의 비판은 탐욕스런 대중 매체와 지나친 소비주의, 신을 두려워하지 않는 인본주의처럼 자유 사회에 있을 수 있는 일부 극단적인 모습에만 해당된다고 반박하기도 한다.

> 인간은 행복하기 위해 태어났다고 선언하는 인본주의가 옳다면 인간은 죽지 않아야 할 것입니다. 언젠가 죽을 수밖에 없는 육신을 갖고 태어났다면 지상에서 인간의 과제는 분명 더욱 정신적인 것이어야 합니다. 매일의 삶은 한도 끝도 없이 즐기는 것일 수 없습니다. 물질적 재화를 손에 넣을 최선의 방법이나 거기서 한푼이라도 더 끌어내려고 기를 쓰는 것일 수 없습니다. 인간의 과제는 영원하면서도 진지한 의무를 완수하는 것이 되어야 하며, 그랬을 때 한 인간의 인생 여정은 도덕적 성장의 길이 될 수 있을 것이며, 시작했을 때보다 조금은 더 나아진 인간으로 생을 마감할 수 있을 것입니다.
>
> 〈분열된 세계〉 중에서

솔제니친의 연설은 자신의 미래에 대해 12학년들이 품고 있는 많은 질문의 핵심에 정면으로 칼을 겨눈다. 상급과정을 마치자 마자 대학이나 음악 학교 아니면 요리 학교로 직행해서 고소득 직장과 아메리칸 드림의 실현을 향한 지름길에 오를 것인가? 여행을 하거나, 농장이나 봉사활동을 할 수 있는 기관을 찾아 일하면서 인생의 의미와 목표에 대해 생각해보는 시간을 가질 것인가?

문학에서 이런 문제에 대한 길안내를 찾을 때, 19, 20세기 러시아 작가들은 동시대 미국 작가들과 다른 독특한 관점을 제시한다. 두 나라 작가를 비교할 때 가장 먼저 눈에 띄는 점은 글의 종류이다. 미국 작가들은 수필, 저널, 서간문, 시, 단편 소설, 장편 소설 등 분야를 가리지 않고 글을 쓰는 반면, 러시아 작가들의 작품은 거의 시와 소설밖에 없다. 왜 그럴까? 차르 시대와 뒤이어 등장한 소비에트 연방 시절 모두 검열이 철저했던 러시아는 정권에 비판적인 발언을 전혀 용납하지 않았기 때문에 러시아 작가들은 자신의 견해를 시와 소설 형식 속에 감출 수밖에 없었다. 러시아 출신 희극인 야코프 스미르노프Yakov Smirnoff는 이렇게 농담처럼 빈정거렸다. "러시아에서는 시가 말도 못하게 중요합니다. 시 때문에 사람들을 죽이기도 한다니까요!"

러시아 민족이 역경 속에서 정신이 강하게 단련되었다는 솔제니친의 연설은 두 나라 작가의 본질적 차이를 더욱 뚜렷하게 보여준다. 미국 작가들도 개인적으로 상실이나 고난을 겪었을 수 있지만, 적어도 그들은 자아의 무한한 가능성을 마음껏 찬양하면서도 투옥될 걱정 따위는 할 필요가 없었다. 하지만 푸시킨Pushkin부터 **이리나 라투쉰스카야**Irina Ratushinskaya를 비롯한 러시아 작가들은 험난한 투옥과 유배를 겪어야 했고, 이런 시련은 그들의 작품에서 동시대 미국 작가들의 작품에서 찾기 힘든 강렬함으로 타올랐다. 에머슨은 '지혜의 불변의 표식은 평범한 것 속에서 기적을 보는 눈'이라는 것을 일종의 계몽적 초연함을 가지고 관찰할 수 있었다. 하지만 이리나 라투쉰스카야가 소비에트 형무소 비누 조각에 새긴 같은 주제의 시 **『아니, 난 무섭지**

않아No I'm not Afraid』는 읽는 이에게 전율을 불러일으킨다.

그리고 나는 질문받을 것이다. 무엇이 우리를 살게 해주는가,
편지도 없고 아무런 소식도 없을 때 – 오직 벽과
독방의 냉기, 그리고 나불대는 정부의 거짓말과
배신에 대한 대가로 주어지는 구역질나는 약속들밖에 없을 때.
그리고 나는 수감 후 내가 본 최초의 아름다움에 대해 말할 것이다.
서리가 내려앉은 창!
엿보는 구멍도 없고, 벽도 없고,
철창도 없고, 오래도록 시달리던 고통도 없이 –
오직 손톱만한 유리 위 파란 광채뿐…
이런 선물은 오직 한 번만 받을 수 있는 것,
그리고 어쩌면 오직 한 번만 필요한 것.

『아니, 난 무섭지 않아』

소로는 시골 마을 콩코드 유치장에서 하룻밤을 보내면서 자신의 영혼은 자유롭다며 의기양양하게 외쳤지만, 도스토옙스키는 지하 언론에 연루되었다는 죄목으로 체포되어 8개월 동안 독방에 갇혀 있다가 사형대에 오르기 위해 모질게 추운 어느 12월 이른 새벽 자던 중 끌려 나간다. 아침 해가 눈밭을 붉게 물들이며 떠오를 때 그는 다른 죄수들과 함께 낯익은 광장까지 몇 마일을 덜커덕거리는 수레를 타고 간다. 긴 소매의 하얀 리넨 셔츠를 받아 입은 그는 총을 든 병사들 앞에 줄지어 서서 다가올 죽음을 떨면서

기다린다. 그렇게 10분, 20분, 40분…. 그런데 총이 발사되기 직전에 형 집행을 정지하라는 황제의 명령이 떨어진다. 그 뒤로 4년 동안 그는 시베리아 형무소에서 담요도 없는 널빤지 위에서 잠을 자고 바퀴벌레가 떠다니는 수프를 먹으면서, '부활의 환희, 노래와 같은 무엇'이라 불렀던 정신적 힘의 원천, 아무도 손댄 적 없는 마르지 않는 샘을 경험한다.

러시아 작가들이 겪었던 고난을 생각하면 그 문학에 담긴 흉내 낼 수 없는 강렬함을 이해할 수 있다. 러시아 문학 수업 동안 12학년들은 여러 편의 장, 단편 소설을 전부 혹은 발췌해서 읽는다. **푸시킨**Pushkin의 **『청동 기마상**The Bronze Horseman**』**, **고골**Gogol의 **『외투**The Overcoat**』**,**『검찰관**Grand Inquisitor**』**, **도스토옙스키**Dostoevksy의 **『카라마조프 가의 형제들**The Brothers Karamazov**』** 중 일부, **솔로비요프**Soloviev의 **『적그리스도**Anti–Christ**』** 등. 이 중 시련 속에 인간을 변형시키는 힘이 깃들어 있다는 생각을 가장 잘 보여주는 작품은 단연 **레프 톨스토이**Lev Tolstoy의 **『이반 일리치의 죽음**The Death of Ivan Ilych**』**이다.

이 작품은 이반 일리치의 장례식 장면을 시작으로 45세로 죽기까지 그의 삶에서 일어난 사건들을 거꾸로 되짚어간다. "이반 일리치의 생애는 더없이 단순하고 더없이 평범했고, 그 때문에 더없이 끔찍했다."(『이반 일리치의 죽음』 중에서) 처음엔 태어난 환경의 영향으로, 나중엔 스스로의 선택으로 이반 일리치는 성공을 향한 세상의 관습을 착실히 따른다. 가정생활에선 조금 달랐지만 적어도 일에 있어선 그랬다.

법률학교 시절에 이미 뛰어난 면모는 잘 드러났다. 그는 유능하고 쾌활하며 서글

서글하고 사람 사귀길 좋아하지만 의무라고 생각하는 일은 엄격하게 실천하는 그런 사람이었다. 그러나 그가 의무로 생각하는 것은, 모두 높은 자리에 있는 사람들이 중요하다고 생각하는 것들이었다.

『이반 일리치의 죽음』 중에서

이반 일리치는 일반적으로 세상의 통념이 중시하는 모든 목표를 성취한다. 유명한 재단사가 지은 최신 유행의 옷을 입고 다니고, 좋은 집안의 여자와 결혼했고 아이도 있다. '위엄 있고 냉철'하게 일을 처리하는 존경받는 판사이기도 하다. 그 일상에 끼어드는 약간의 불쾌감은 아내가 시간을 내달라고 요구할 때 뿐이다. "부인이 신경질적이고 잔소리가 심해지자, 이반 일리치는 자기 삶의 중심을 점차 일로 옮기기 시작했다."(『이반 일리치의 죽음』 중에서) 공무 속으로 도피하면서 아내와의 사이에 점점 커져만 가는 '막연한 적대감의 바다'를 못 본 척 외면하며 살아간다. 부부는 겉으로는 행복하고 부족한 것 없는 관계를 연출한다.

승진에서 누락됐을 때도 이반 일리치는 좀 더 보수 좋고 안정된 자리를 찾겠다는 목표를, 이를 악물고 얼마 안 되어 어렵지 않게 달성한다. 사회적 지위가 높은 사람들이 사는 동네에 있는 넓고 우아한 집으로 이사도 한다. 손님들을 초대해 저녁 만찬을 베풀고, 잡담을 주고받으면서, 전체적으로 "그의 인생은 마땅히 그래야 한다는 자신의 믿음대로 흘러갔다. 어려움 없이, 유쾌하게, 그리고 고상하게."(『이반 일리치의 죽음』 중에서)

하지만 건강이 악화되면서 삶의 허위가 조금씩 무너진다. 사다리에서 떨어져 다친 옆구리의 통증이 갈수록 심해진다. 많은 의사를 찾아다니고, 한 주먹이나 되는 약을 타서 먹지만, 밤이면 참을 수 없는 통증이 조금이라도 가라앉기만을 기도하면서 뜬눈으로 지낸다. 시간이 지나면서 자신이 조만간 죽을 거라는 무서운 현실을 직시하기 시작한다.

> 내가 존재하지 않게 될 때, 어디로 가게 될까? 아무것도 남지 않겠지. 내가 더 이상 내가 아닐 때 나는 대체 어디에 있게 된단 말인가? 어떻게 내가 죽어가고 있을 수 있지? 아니, 난 죽고 싶지 않아!… 모든 인간이 이런 끔찍한 공포를 겪어야 할 운명이라니… 어떻게 이런 일이 있을 수 있지…
>
> 『이반 일리치의 죽음』 중에서

하지만 그의 괴로움은 그칠 줄 모르는 통증 때문이기도 했지만, 더 큰 원인은 '기만'이었다. "죽어가고 있는 게 아니라 단지 병에 걸렸을 뿐, 그저 조용히 입 다물고 치료받다 보면 아주 좋은 일이 일어날 거"(『이반 일리치의 죽음』 중에서)라는 거짓말 때문이었다. 오직 건강하고 활력 넘치는 순박한 농부 게라심과 함께 있을 때만 이반 일리치는 조금이나마 마음의 위안을 얻었다. 게라심이 이반의 다리를 자신의 튼튼한 어깨 위에 올려놓아 주면 통증도 눈에 띄게 가라앉았다. 그와 같이 있을 때 말고는 자기 연민과 절망, 비통함 속에서 허우적거렸다.

고통이 막바지에 이르러서야 이반 일리치는 성찰이라는 중차대한 작업을 시작한다. 그는 신에게 이 모든 시련의 이유를 묻고, 그 답을 듣고자 침묵한다.

그것은 마치 목소리로 하는 말이 아니라 영혼의 소리, 그의 내부에서 끓어오르는 생각의 흐름을 듣는 것 같은 자세였다.

"네가 원하는 것이 무엇인가?"

이것이 그가 들은 것 중 말로 표현할 수 있는 첫 번째 명확한 질문이었다.

"무엇을 원하느냐고? 고통 없이 살고 싶다." 그는 대답했다.

"살고 싶다고? 어떻게?" 내면의 목소리가 물었다.

"예전처럼 살아야지. 만족스럽게, 유쾌하게."

"전에 살았던 것처럼, 만족스럽게, 유쾌하게 말이지?"

그 목소리가 되묻는다.

『이반 일리치의 죽음』 중에서

이렇게 내면의 소리를 들으면서 이반 일리치는 지나온 삶의 자취를 되짚기 시작한다. 태어나서 처음으로 자신이 자랑스러워하던 모든 것이 얼마나 하찮고 거짓되고 가치 없는지를 깨닫는다. 이반 일리치는 고통의 마지막 단계로 접어든다. 그는 숨막히는 검은 주머니에서 벗어나기 위해 몸부림친다.

그는 보이지도 않고, 당해낼 수도 없는 힘에 밀려 들어간 그 검은 자루 속에서 허우적거린 것이다. 그는 사형수가 사형집행인의 손 안에서 몸부림치듯 버둥거렸다. 절대 살아날 수 없다는 것을 알면서도. 그리고 매 순간 아무리 애를 써도 모골이 송연해지는 그것 쪽으로 점점 가까워지고 있음을 느꼈다.

『이반 일리치의 죽음』 중에서

죽기 전 사흘 동안 이반 일리치는 한순간도 멈추지 않는 고통 때문에 비명을 지른다. 두 개의 닫힌 문 너머에서도 그 소리를 들을 수 있을 정도였다. 하지만 그의 내면은 이상하리만치 차분해지기 시작한다. 마침내 자루에서 빠져나와 발견한 것이 죽음이 아니라 빛이었기 때문이다. 그것을 깨달은 것은 눈물범벅이 된 아들이 이반의 손에 입맞추는 바로 그 순간이었다.

> 그는 눈을 뜨고 힐끔 아들을 보았다. 그러자 아들이 가엾어졌다…
>
> 가엾은 이들에게 상처를 주지 않아야 한다. 이 괴로움에서 이들을 구해내고 자신도 벗어나야 한다. '얼마나 상쾌한 기분이냐! 얼마나 간단한 일이냐!' 그는 생각했다. '그런데 고통은? 어떻게 된 거지?'
>
> '그렇지, 여기 있구나. 뭐, 그게 어때서? 아플 테면 아파보라지.'
>
> '그런데… 죽음은? 죽음은 있는 거냐?'
>
> 그는 이제 친숙해져버린 죽음의 공포를 찾아보았으나 보이지 않았다.
>
> '죽음은 어디 있지? 죽음이란 무엇이냐?'
>
> 아무 공포도 없었다. 죽음이 없었기 때문에…
>
> 『이반 일리치의 죽음』 중에서

이반 일리치가 마지막 순간에 보여준 통찰은 12학년 학생들이 지금껏 주변 사람들과 문학작품을 통해 늘 만나왔던 진실을 재확인시킨다. 누구나 어느 정도의 고통은 피할 수 없다는 것을 아이들은 일찍부터 배운다. 고통은 인생이 자아의 변형과 성장을 위해 마련한 장치이며, 개인의 아픔에 갇히지 않고 그것을 넘어설 수 있다면 그 경험을 통해 다른 사람들과 하나가 될 수 있고 자비와 연민을 베풀 수 있는 힘을 얻는다. 도스토옙스키가 시베리아 수용소에서 지옥 같은 몇 년을 보내고 평생 동안 간질 발작에 시달리는 삶을 살면서도, 푸시킨을 추모하는 자리에서 다음과 같은 유명한 연설을 남길 수 있었던 것은 바로 고통이 가진 이런 변형의 힘에서 기인한다.

"진정한 러시아인이 된다는 것은… 모든 인간의 형제가 된다는 것을 의미할 뿐이다."

졸업연극 『변신 이야기』

지난 해 12학년들은 상급과정을 총망라하는 수업으로 작가 겸 연출가인 **메리 짐머만**Mary Zimmerman이 **오비디우스**Ovidius의 고전 신화 **『변신 이야기**Metamorphoses』를 각색한 작품을 무대에 올렸다. 처음엔 아이들 대부분이 현대와 너무나 동떨어진 작품이라며 탐탁해 하지 않았다. 하지만 대본을 정독하고 나서는 짐머만이 선택해서 현대극으로 각색한 이야기들 모두 오늘날의 현실과 통하는 점이 많다는 데 의견을 같이했다. 탐욕 때문에 딸마저 황금 동상으로 만들어버린 '마이다스' 이야기는 오늘날 기업과 정부의 탐욕 때문에 꼬리를 물고 이어지는 사건들을 새로운 눈으로 보게 한다. 아폴론의 아들 파에톤은 아버지의 태양 마차를 몰고 하늘을 한 바퀴 돌아보려다가 파멸한다. 파에톤 이야기는 10대 청소년의 독립에 대한 욕구라는 현대적 주제에 대한 심리치료 과정에 빠지지 않고 등장하는 단골 메뉴가 되었다.

다른 이야기들은 현대적이라기보다 시대를 초월한 것들이다. 오르페우스는 사랑하는 에우리디케를 만나기 위해 지하 세계로 가지만, 삶과 죽음을 가르는 경계를 넘는 순간에 그녀를 돌아보고 싶은 마음을 억제하지 못한 탓에 그녀를 영원히 잃고 만다. 이 이야기에는 청소년들에게 정말로 익숙한, 때론 억누르기 힘들 만큼 솟구쳐 오르는 욕망과 조급함, 그리고 가눌 수 없는 슬픔이 겹겹이 담겨 있다. 이성의 마음을 사로잡으려 벌이는 어리석은 짓에 관한 이야기도 있다. 계절을 관장하는 로마의 신 베르툼누스는 사랑스러운 나무의 님프 포모나에게 잘 보이고 싶어 우스꽝스럽고 별 볼 일 없는 여러 모습으로 변신하여 나타난다. 결국엔 그동안 가면을 쓰고 나타났던 것을 안 포모나가 그를 나무라고, 베르툼누스는 자신의 본 모습을 드러낸 후에야 그녀의 마음을 얻을 수 있었다. 이 또한 아이들이 어렵지 않게 이해할 수 있는 명확한 은유다.

이 모든 이야기를 하나로 연결해주는 것은 이야기의 중심마다 담겨 있는 '변형'이라는 요소다. 죽음이 연인을 갈라놓지만 두 사람 모두 물새로 변하면서 새로운 삶을 시작한다. 신들에게 오만방자하게 군 죄로 배고픔의 벌을 받은 사람은 자신의 마지막 식사가 된다. 게다가 실제 연극을 진행하는 동안 배역을 맡았던 젊은 배우들에게는 막이 바뀔 때마다 역할을 통째로 변형시키는 과제까지 주어졌다. 신화 속 인물이 되는 것뿐만 아니라, 엄마였다가 어린 소녀가 되었다가, 신이었다가 거지가 되었다가, 인간이었다가 물이나 나무, 금덩어리가 되는 식으로 자신을 바꾸어야 했다.

변화의 폭이 클수록 연습 과정 중 깨닫게 되는 진실이 더욱 분명해진다. 신의 존재와 도움을 믿건 아니 건 아이들은 이 연극을 통해 변형이 가진 힘을 온몸으로 체득한다. 변형은 인간에게 주어진 크나큰 선물인 동시에 인간이기에 치러야 하는 크나큰 대가다. 한 12학년 학생의 말을 빌자면 삶이 우리에게 끊임없이 성장할 기회를 준다는 것은 좋은 소식이며, 나쁜 소식은 우리가 그 성장의 기회를 자주 불신하고, 때로는 전혀 알아보지 못한다는 것이다.

아이들도 '이러지도 저러지도 못하는' 상황에 처할 때, 지금의 이 절망이 절대 사라지지도 상황이 절대 변하지도 않을 거라는 생각이 들 때, 죽을 것 같은 마음의 고통을 겪는다. 불쌍한 어린 딸 미르는 아버지를 꾀어 잠자리를 같이한 뒤 가슴이 찢어질 듯 견딜 수 없는 죄책감을 안고 평생을 살아간다. "저를 바꾸어주소서, 다른 존재로 만들어주소서, 부디 저를 완전히 변형시키셔서 이 마음에서 벗어날 수 있게 하소서."(『변신 이야기』 중에서) 라고 신에게 간곡히 기도한 뒤, 그녀는 강물 속으로 걸어 들어가고, 녹아 없어진다. 삶을 부정하는 도피, 이것 역시 일종의 변형이다. 영원히 사라지지 않을 고통 앞에서 자살은 너무나 매혹적인 대안처럼 보이기도 한다. 하지만 연극 전체의 흐름은 삶을 가장 긍정하는 형태의 변형으로 끝을 맺는다.

필레몬과 바우키스는 남편과 아내로 함께 늙어갔다. 이들에게 거지꼴을 한 두 사람이 찾아온다. 사실 이들은 진정으로 마음이 따뜻한 인간을 찾으러 지상에 내려온 두 명의 신이었다. 신들은 수없이 많은 집을 두드렸지만 문전박대를 당했다. 바우키스와 필레몬은 자신들을 찾아온 손님을 집으로 청해 보잘 것 없는 음식이지만 함께 나눈다. 이들의 넉넉한 마음에 대한 보답으로 신들은 부부에게 한 가지 소원을 들어주겠다고 한다. 두 사람은 재물이나 영원한 젊음 같은 것을 달라고 하는 대신, 한 날 한 시에 죽게 해달라는 소원을 빌기로 한다. 필레몬은 이렇게 말한다. "제 아내의 무덤을 보고 싶지도, 아내가 제 무덤 앞에서 울게 하고 싶지도 않습니다."(『변신 이야기』 중에서)

신들은 그들의 소원을 허락한다. 바우키스와 필레몬은 더 늙도록 함께 살았다. 그러던 어느 날 두 사람은 자신들의 몸에서 잎이 자라고, 팔다리는 나뭇가지가 되어 서로 얽히기 시작하는 것을 보았다. 나무껍질에 입이 덮이는 순간 두 사람은 서로에게 작별인사를 한다. 짐머만의 연극에서 배우들 주위에 둘러선 코러스는 아직도 밤이 되면 이런 소리를 들을 수 있다고 말한다.

> 나무 위 서로 엉킨 나뭇가지 사이에서 살랑거리는 소리를,
> 그것은 바우키스와 필레몬의 간절한 기도.
> 두 사람은 속삭인다, '내 사랑이 죽는 순간에 나를 죽게 하소서.'
> 두 사람은 속삭인다, '사랑할 수 있는 힘이 다하면 그만 가게 하소서.'
> 두 사람은 속삭인다, '사랑하는 상태로 죽게 하소서, 그래서 결코 죽지 않게 하소서.'
>
> 『변신 이야기』 중에서

이것이 오비디우스의 『변신 이야기』에서 12학년들이 배우는 마지막 교훈이다. 사실 인간의 조건을 그린 모든 이야기가 그러하다. 안네 프랑크, 오디세우스, 길가메시, 파르치팔, 프로스페로, 늙은 뱃사공, 이반 일리치, 그

밖에 많은 인물처럼 아이들도 사랑이야말로 세상에서 가장 강력한 변형의 힘이라는 것을 이해한다. 인간의 가장 저급한 물질 욕구의 화신이라 할 수 있는 마이다스 역시 『변신 이야기』의 마지막 장면에 담긴 진실에 이른다. 자신 때문에 갇히게 된 딸을 황금 감옥에서 풀어주고자 그는 별빛이 비치는 연못을 찾아 세상 끝까지 걸어간다. 그 연못에서 지치고 겸손해진 그는 몸을 굽혀 손을 씻는다. 그 순간 기적처럼 딸은 다시 생명을 얻는다.

하늘의 빛이 반사되는 지상의 연못과도 같은 인간들의 이야기를 읽으면서 아이들 역시 생명을 얻는다, 가끔씩은.

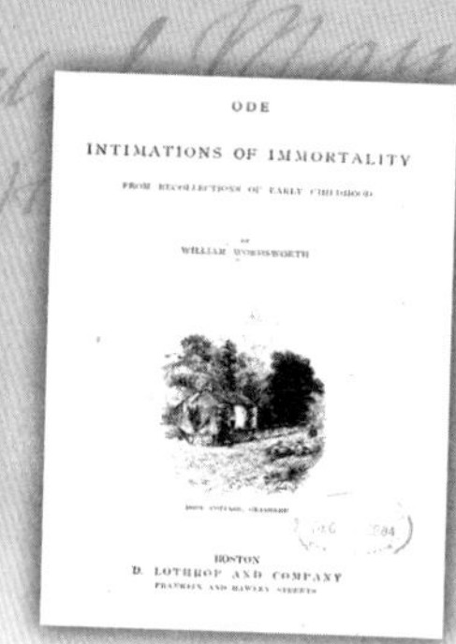
ODE

INTIMATIONS OF IMMORTALITY

WILLIAM WORDSWORTH

BOSTON
D. LOTHROP AND COMPANY

윌리엄 워즈워스
『송가_불멸성에 대한 암시 *Ode_Intimations of Immortality*』 중에

Our birth is but a sleep and a forgetting:
The Soul that rises with us, our life's Star,
Hath had elsewhere its setting,
And cometh from afar:
Not in entire forgetfulness,
And not in utter nakedness,
But trailing clouds of glory do we come
From God, who is our home:
Heaven lies about us in our infancy!
Shades of the prison-house begin to close
Upon the growing Boy,
But he beholds the light, and whence it flows,
He sees it in his joy;
The Youth, who daily farther from the east
Must travel, still is Nature's priest,
And by the vision splendid
Is on his way attended;
At length the Man perceives it die away,
And fade into the light of common day.

우리의 태어남은 한갓 잠이며 망각일 뿐
우리와 함께 솟아나는 영혼, 우리 인생의 별은
다른 세상에선 서산 너머로 졌다,
그리고 멀리에서 다가온다 –
완전한 망각이나
완전히 벗은 상태가 아니라,
우리는 찬란한 영광의 구름을 이끌고
우리 본향인 신에게서 현세로 왔다.
유년시절에는 천국이 우리 곁에 있었다!
성장하는 아이 위로
감옥의 그림자가 조여오기 시작한다.
그러나 아이는 그 빛을 본다, 그리고 그것이 흘러나오는 원천을,
아이는 환희 속에서 바라본다.
청년은, 하루하루 동쪽에서 멀어지며
걸어가야 하지만, 아직은 자연의 사제.
그리고 찬란한 미래의 꿈이
그 길을 동행한다.
오랜 시간이 지난 뒤 성인은 그것이 사멸하고 있음을,
평범한 하루의 빛으로 스러져가고 있음을 지각한다.

작가와 작품

호메로스 Homeros (B.C.8세기 경) 그리스
유랑시인
『오디세이아Odysseia』『일리아드The Iliad』(번역본 다수)

소포클레스 Sophocles (B.C.496~B.C.406) 그리스
고대 아테네의 비극시인
『오이디푸스 왕Oedipus Rex』
『콜로노스의 오이디푸스Oedipus at Colonus』『안티고네Antigone』(번역본 다수)

오비디우스 Obidius. Publis Naso (B.C.43~A.D.17) 로마
시인
『변신 이야기Metamorphoses』

볼프람 폰 에셴바흐 Wolfram von Eschenbach (약 1170~1220) 독일
중세시대의 궁정 서사시인, 작가
『파르치팔Parzival』(2005, 한길사)

단테 알리기에리 Dante Alighieri (1265~1321) 이탈리아
시인
『신곡The Divine Comedy』(번역본 다수)

윌리엄 셰익스피어 William Shakespeare (1564~1616) 영국
극작가, 시인
『한여름 밤의 꿈A Midsummer Night's Dream』『햄릿Hamlet』『템페스트The Tempest』
(번역본 다수)

요한 볼프강 폰 괴테 Johann Wolfgang von Goethe (1749~1832) 독일
작가, 철학자, 과학자
『파우스트Faust』(번역본 다수)

윌리엄 블레이크 William Blake (1757~1827) 영국

시인, 화가

『런던London』 『옥스포드 영시 선집The Oxford Anthology of English Literature』 4권: 낭만시와 산문Romantic Poetry and Prose (Oxford: Oxford University Press, 1973)

윌리엄 워즈워스 William Wordsworth (1770~1850) 영국

낭만파 시인. 계관시인

『송가: 불멸성에 대한 암시Ode: Intimations of Immortality』 『우리는 너무 세속에 치우쳐 있다The World is Too Much with Us』 『서정 가요집 서문Preface to Lyrical Ballads』 『틴턴 사원Tintern Abbey』 『옥스포드 영시 선집The Oxford Anthology of English Literature』 4권: 낭만시와 산문Romantic Poetry and Prose (Oxford: Oxford University Press, 1973) 『서정 민요와 몇 편의 다른 시Lyrical Ballads, with a Few other Poem』

사무엘 테일러 콜리지 Samuel Taylor Coleridge (1772~1834) 영국

시인, 비평가

『늙은 뱃사공의 노래The Rime of the Ancient Mariner』 『쿠블라 칸Kubla Khan』 『옥스포드 영시 선집The Oxford Anthology of English Literature』 4권: 낭만시와 산문 Romantic Poetry and Prose (Oxford: Oxford University Press, 1973) 『서정 민요와 몇 편의 다른 시Lyrical Ballads, with a Few other Poem』 (2012, 이담북스)

알렉산드르 세르게예비치 푸시킨 Aleksandr Sergeevich Pushkin (1799~1837) 러시아

시인, 소설가

『청동기마상The Bronze Horseman』 (1999, 열린책들)

랄프 왈도 에머슨 Ralph Waldo Emerson (1803~1882) 미국

시인, 사상가

『랄프 왈도 에머슨 선집Selections from Ralph Waldo Emerson』 Stephen Whicher 엮음 (New York: Houghton Mufflin, 1960), 『자연Nature』 (2014, 은행나무)

너새니얼 호손 Nathaniel Hawthorn (1804~1864) 미국

소설가

『너새니얼 호손 단편집Short Stories』 『주홍글씨The Scarlet Letter』 (번역본 다수)

니꼴라이 바실리예비치 고골 Nikolai Vasilievich Gogol (1809~1852) 러시아
작가
『외투The Overcoat』『검찰관Grand Inquisitor』(번역본 다수)

헨리 데이비드 소로 Henry David Thoreau (1817~1862) 미국
철학자, 시인, 수필가
『월든Walden』『시민 불복종Civil Disobedience』(번역본 다수)

허먼 멜빌 Herman Melville (1819~1891) 미국
소설가, 수필가, 시인
『모비 딕Moby Dick』(2011, 작가정신)

월트 휘트먼 Walt Whitman (1819~1892) 미국
시인, 수필가, 기자
『풀잎Leaves of Grass』『나 자신의 노래Song of Myself』(번역본 다수)

표도르 도스토옙스키 Fyodor Mikhailovich Dostoyevsky (1821~1881) 러시아
소설가
『카라마조프 가의 형제들Yhe Brothers Karamazov』(번역본 다수)

레프 니콜라예비치 톨스토이 Lev Nikolayevich Tolstoy (1828~1920) 러시아
소설가, 시인, 사상가
『이반 일리치의 죽음The Death of Ivan Ilich』(번역본 다수)

에밀리 디킨슨 Emily Dickinson (1830~1886) 미국
시인
『에밀리 디킨슨 시 전집The Complete Poems of Emily Dickinson』(Boston: Back Bay Books, 1976)

블라디미르 솔로비요프 Vladimir Soloviev (1853~1900) 러시아
제정 러시아의 철학자, 신비주의자
『적 그리스도Anti Christ』

루돌프 슈타이너Rudolf Steiner (1861~1925) 오스트리아
학자, 인지학 창시자
『오늘날의 정신생활과 교육Gegenwärtiges Geistesleben und Erziehung』 (GA 307)
『A Modern Art of Education』 (Ilkeley, 1923. 8.5~17)
『교육예술의 정신·영혼적 기본이 되는 힘Die geistig-seelischen Grundkräfte der Erziehungskunst』 (GA 305) 『Spiritual Ground of Education』 (Oxford, 1922. 8.16~25)
『인생의 변형으로서의 죽음Der Tod als Lebenswandlung』 (GA 182) 『천사는 우리의 아스트랄체 속에서 무엇을 하는가?』 (1917. 11.29~1918. 8.16)
『젊은이의 앎의 과제Die Erkenntnis-Aufgabe der Jugend』 (GA 217a) 『Youth's Search in Nature』 (Koberwitz, 1924. 6.17)

로버트 리 프로스트 Robert Lee Frost (1874~1963) 미국
시인, 뉴햄프셔 농장에서 생활하며 아름다운 자연을 맑고 쉬운 언어로 표현
퓰리처상 4회 수상
『불과 얼음 Fire and Ice』 『소리와 감각: 시의 입문Sound and Sense: An Introduction to Poetry』 Laurence Perrine, Thomas Arp 엮음 (New York: Harcourt, 1991)

윌리엄 카를로스 윌리엄스 William Carlos Williams (1883~1963) 미국
시인. 과장된 상징주의 대신 관찰을 기본으로 한 객관적인 시를 주장
『빨간 외바퀴 손수레The Red Wheelbarrow』 『소리와 감각: 시의 입문Sound and Sense: An Introduction to Poetry』 Laurence Perrine, Thomas Arp 엮음 (New York: Harcourt, 1991)

토마스 스턴스 엘리엇 Thomas Stearns Eliot (1888~1965) 영국
시인, 극작가, 비평가
『4개의 사중주Four Quartets』로 1948년 노벨문학상 수상. 『이스트 코커East Coker』는 계절과 생의 리듬을 통해 생성과 소멸에 대해 노래하는 명상시

윌리엄 깁슨 William Gibson (1914~2008) 미국
희곡 작가
1959년 헬렌 켈러의 자서전을 토대로 희곡을 썼고, 이 희곡은 1962년 영화로 만들어졌다.
『기적을 행한 사람The Miracle Worker』 (New York: Pocket Books, 1988)

그웬돌린 브룩스 Gwendolyn Brooks (1917~2000) 미국
흑인 소녀의 삶을 그린 연작시 『애니 앨런Annie Allen』으로 1950년 흑인 최초 퓰리처상을 수상한 여성 시인
『우린 진짜 멋져We Real Cool』 『소리와 감각: 시의 입문Sound and Sense: An Introduction to Poetry』 Laurence Perrine, Thomas Arp 엮음 (New York: Harcourt, 1991)

알렉산드르 솔제니친 Alexander Solzhenitsyn (1918~2008) 러시아
소설가, 극작가, 역사가
〈분열된 세계A World Split Apart〉 하버드 대학 연설, 1978 『수용소 군도Arkhipelas Gulag』 (2009, 열린책들)

포리스트 카터 Forrest Carter (1925~1979) 미국
『내 영혼이 따뜻했던 날들The Education of Little Tree』 (2009, 아름드리 미디어)

하퍼 리 Nelle Haper Lee (1926~2016) 미국
작가
『앵무새 죽이기To Kill a Mockingbird』 (번역본 다수)

앨버트 허프스티클러 Albert Huffstickler (1927~2002) 미국
시인
『의심의 벼랑 끝The Edge of Doubt』

안네 프랑크 Anne Frank (1929~1945) 독일
유대인 소녀
『안네의 일기TheDiary of Anne Frank』 (번역본 다수)

로레인 한스베리 Lorraine Hansberry (1930~1965) 미국
극작가
『태양 속의 건포도A Raisin in the Sun』 (1998, 동인)

닐 포스트먼 Neil Postman (1931~2003) 미국
매체 이론가, 문화 평론가. 미디어 생태계라는 용어를 처음 만들었으며, 미디어 환경에

관해 연구했다.
『죽도록 즐기기Amusing Ourselves to Death』 (2009, 굿인포메이션)

토니 모리슨 Tony Morrison (1931~) 미국
1993년 노벨문학상 수상한 소설가
『빌러비드Beloved』(2014, 문학동네)

웬델 베리Wendell Berry (1934~) 미국
시인, 농부, 문명 비평가, 기술을 신봉하는 현대 문명과 거대 자본으로 짓는 산업 농업에 대해 의문을 던지는 글을 많이 썼다.
『기러기The Wild Geese』『웬델 베리 시선집The Selected Poems of Wendell Berry』 (Washington DC: Counterpoint Press, 1998)

이리나 라투쉰스카야Irina Ratushinskaya (1954~) 러시아
시인, 작가. 1982년 소비에트 반대 운동으로 체포되어 노동 수용소에 투옥
『아니, 난 무섭지 않아No, I'm Not Afraid』 (Chester Springs, PA: Dufour Editions, 1992)

메리 짐머만Mery Jimmerman (1960~) 미국
연극감독

『길가메시Gilgamesh』
고대 메소포타미아 수메르 왕조 초기 시대인 우르 1왕조의 전설적인 왕(기원전 3000년경으로 추정)에 대한 서사시. Herbert Mason 번역 (New York: New American Library, 1972)

『성서The Holy Bible』
국제가톨릭성서공회 편찬, 2004

『루돌프 슈타이너의 청소년 관찰Rudolf Steiner's Observations on Adolescence』
데이비드 미첼David Mitchell, 크리스토퍼 클라우더Christopher Clouder 엮음
(슈타이너가 여러 강연에서 청소년기에 대해 했던 발언을 모아 편집한 책)
(Fair Oaks, CA:AWSNA Publications, 2001)

추천의 글 리타 테일러_ 전, 영남대학교 영어영문학과 교수

『청소년을 위한 발도르프학교의 문학 수업』(이하 『문학 수업』)은 고등학교 학생들에게 영미 및 세계문학을 가르치려는 이들을 위한 훌륭한 입문서이자 상세한 안내서이다. 독자를 9학년부터 12학년까지 청소년 발달단계에 대한 이해를 토대로 한 발도르프 상급과정 문학 수업 속으로 안내한다.

사춘기의 혼돈을 거치면서 청소년들은 시기별로 다른 고민과 요구를 겪고, 이는 12학년을 마칠 무렵 자아의식의 깊이 있는 성장으로 정점에 이른다.

이 책이 특별한 이유는 사춘기 아이들의 발달과정에 대한 깊은 이해를 바탕으로 한다는 점이다. 인간은 이야기와 문학을 통해 스스로를 자각한다. 문학 속에는 삶의 문제, 실패, 가능성과 잠재력, 갈등, 시련, 삶과 죽음의 대립이 보편성의 맥을 건드리거나 개별 인간의 성장에 집중하는 방식으로 펼쳐진다.

인류의 정신 속에서 지치지 않고 떠오르는 질문들이 있다. 인간 존재의 본질은 무엇인가? 나는 누구인가? 위대한 문학작품은 청소년들이 자아정체성을 위한 탐색의 길에서 맞닥뜨리게 되는 모든 질문을 담고 있다. 이 사실은 우리에게 자극과 위안을 동시에 선사한다.

데이비드 슬론은 마약과 알코올 의존증, 가족의 학대로 상처받은 청소년들을 위한 기숙학교에서 몇 년을 일했고, 그 경험은 문학이 청소년 삶에 지니는 의미를 폭넓게 이해하는 시선을 갖는데 훌륭한 밑거름이 되었다.

『문학 수업』은 추상적 이론을 나열하는 책이 아니라, 전적으로 저자가 교사, 부모로서 쌓은 경험과 아이들이 개별적으로 지닌 잠재력을 발달과정 안에서 최대한 끌어내는 것을 목표로 하는 발도르프 교육에 대한 깊은 이해에서 나왔다.

저자는 서문에서 이렇게 밝힌다. "문학은 사춘기 아이들의 내면 깊숙한 곳에 자리한 질문들, 자기 자신과 인간관계와 인간 존재의 조건에 대해 말을 건넨다." "나는 문학이 영혼의 양식을 갈망하는 청소년들의 지성을 일깨우고 감성을 풍성하게 가꾸어주는 것을 목격해왔다."

〈현대 문명의 해독제〉에서 저자는 두 번째 문장의 의미를 명확히 한다. 인포테인먼트(전자 미디어를 통한 인포메이션_정보 + 엔터테인먼트_오락)의 현대 사회는 인간 영혼을 메마르게 한다. 가상현실 속으로 깊이 몰입하면서 사람 사이의 대화와 만남은 깊이와 의미를 잃어가고 있다. 이런 이유로 저자는 "인생의 시련을 슬기롭게 극복한다는 면에서 컴퓨터 세대의 아이들이 과거의 청소년들보다 오히려 준비가 많이 부족하다"고 생각한다. 문학은 이런 결핍을 보충할 수 있다.

이어지는 4개의 장에서 슐론은 9학년부터 12학년까지 학년별로 어떤 종류의 문학이 학생들의 성장과정을 완성시키는지를 길고 상세하게 서술한다. 이를 통해 독자는 학년별로 아이들에게 가장 큰 도움을 주는 작품이 무엇인지와 더불어 상급과정 4년의 여정에 있는 청소년들의 마음과 육체, 영혼과 정신의 상태에 대해 알게 된다.

수업 소재로 작품을 선정할 때는 아이들의 상태를 근거로 한다. 물론 교과과정은 개별 국가의 문화와 문학에 따라 조금씩 달라진다. 그래서 저자는 교사들에게 자아와 정체성을 향한 탐색의 길에 선 청소년들의 상태를 적절히 반영한 문학작품을 고르는 기본원칙을 알려준다. 먼저 학생들의 욕구를 3가지로 정리한다. 자신의 삶과 세상의 의미를 알려는 욕구, 인간관계와 세상의 모든 것이 유의미한 내적 연관성을 맺고 있다는 느낌에 대한 욕구, 자신이 세상을 변화시킬 수 있다는 느낌에 대한 욕구가 그것이다. 이는 기본적인 인간의 욕구이며, 온전한 인간이 되어가는 여정의 일부이기도 하다.

문학 교수로서 보낸 세월과 청계 자유 발도르프학교에서 영어교사로 상급 학생들을 만났던 경험을 통해 나 역시 문학이 인간의 삶을 변화시키는 모습을 무수히 만나왔다. 문학작품은 독자에게 이상, 양극성, 내적 모순과 선과 악이라는 피할 수 없는 대립적 힘을 향해, 다시 말해 인간 본성의 빛과 어둠을, 또 인간이라는 조건 속에서 작용하는 강력한 힘을 향해 문을 열어준다. 청소년들은 자신의 영혼을 들여다보고, 어둠을 뚫고 나갈 자신만의 길을 찾아야 한다. 위대한 문학작품은 이 과정에서 밝은 등불과 같은 역할을 한다. 우리에게 절망을 헤치고 나갈 길을 보여주며, 본질적인 가치를 향한 길잡이가 되어준다. 문학은 우리를 단련시키며, 이해, 열정, 위안과 희망을 주는 동시에 자극과 영감, 삶의 초월적인 가치들을 일깨워준다.

또한 문학을 즐기고 공부하는 것은 우리 자신의 창조적 원천을 이끌어내도록 도와준다. 따라서 문학 수업은 창의적 글쓰기와 뗄 수 없는 관계다. 학생들이 수필과 자유로운 글쓰기를 통해 각자의 진실을 털어놓을 수단을 얻는 데도 문학의 도움이 필요하다. 상급과정에서 시는 학생들이 자기 영혼의 보물창고를 열어 표현하도록 돕는 특별한 역할을 한다. 이를 통해 아이들은 생각을 말로 표현하는 능력, 균형감, 자기인식의 힘을 키운다.

따라서 문학의 세계는 전자매체 과용에서 드러나는 기술문명의 폐해에 대한 강력한 해독제일 뿐 아니라 세계 갈등의 심오한 의미를 찾는 길이 되어준다.

교사와 학부모, 그리고 문학을 사랑하는 사람들이 이 책을 꼭 읽어보기를 진심으로 권한다.

추천의 글 유영종_ 인하대학교 영어영문학과 교수

평소 유머를 좋아했던 마크 트웨인은 고전에 대한 유명한 정의를 남겼습니다. 고전은 모든 사람들이 관심을 갖지만 아무도 읽지 않는 작품이라고 말입니다. 고전뿐만이 아닙니다. 우리는 문학작품을 읽는 사람들이 점점 줄어드는 사회에 살고 있습니다. 책을 읽더라도 문학보다 단순한 정보를 얻기 위한 책을 선호합니다. 문학작품은 어려울 것이라는 생각을 갖고 처음부터 멀리합니다. 한참 전부터 문학의 위기, 아니 문학의 죽음에 대한 이야기가 나오고 있는 이유입니다.

문학의 죽음에 대한 우려는 두 가지 다른 방향에서 이야기되고 있습니다. 어떤 사람들은 문학이 기술의 발전 속도를 따라가지 못했기 때문에 위기를 맞고 있다고 합니다. 영상매체와 멀티미디어 등 다양한 즐길 거리가 나타나기 시작하면서 문학은 경쟁력을 잃게 되었다는 것이지요. 그래서 대중적인 작품에서 문학의 활로를 찾아야 한다고 주장합니다. 하지만 가라타니 고진 같은 유명한 일본 문학평론가는 문학의 대중화에 반대합니다. 원래 종교적이고, 혁명적이었던 문학이 현대 사회에 이르러 종말을 고하고 상업적인 작품만 난무한다고 한탄합니다. 문학이 제 역할을 하지 못했기 때문에 스스로 위기를 초래했다는 것입니다.

현대 사회에는 문학이 더 필요합니다. 우리는 과거 사람들과 비교할 때 엄청난 힘과 가능성을 지니게 되었습니다. 지구를 촘촘한 네트워크 망으로 엮었을 뿐 아니라 우주까지 날아가 멀리 있는 별을 탐사하기도 합니다. 유전자 지도를 연구해 새로운 종을 만들어 내고, 물질의 비밀을 파헤쳐 새로운 에너지원을 찾아 사용하기도 합니다. 이런 엄청난 기술적 발전을 이루었음에도 불구하고 현대인의 삶이 어딘지 모르게 부족하고 공허하다고 느끼는 사람들이 많습니다. 우주에서 길을 잃고 혼자가 된 아이처럼 불안해합니다.

이런 불안에는 여러 가지 원인이 있을 것입니다. 그 중에서 정신적인 발전이 기술의 발전을 따라가지 못한 것이 큰 이유로 보입니다. 과학의 눈부신 발전은 세계관과 윤리관의 급격한 변화를 가져왔습니다. 동시에 정신적 혼란도 커졌습니다. 과학 기술은 세상이 작은 원소로 이루어져 있다는 것은 밝혀냈지만, 이야기로 구성되어 있다는 사실은 잊게 만들었습니다. 원래 세상은 이야기로 가득 차 있었습니다. 꽃 한 송이, 나무 한 그루, 별 하나, 세상 그 어느 것에도 신비로운 이야기가 얽혀있지 않은 것은 없습니다. 하지만 그런 이야기들은 점점 잊혀가고 있습니다. 과학적인 설명만 진리라고 합니다.

현대인은 고도로 발달된 문명의 이로운 기기들을 아직 제대로 사용할 줄 모르는 아이처럼 보입니다. 그래서 세상을 엮은 네트워크 망은 증오에 가득 찬 말들로 채워지고, 새로운 기술은 곧 위험을 가져오는 도구가 되기도 합니다.

문학은 현대 사회가 초래한 문제들을 해결하는 역할을 할 수 있습니다. 문학은 정신을 기술의 발전과 발 맞추게 도와줍니다. 문학작품을 읽는 것은 세상에 대한 호기심을 키우고 경이로움을 다시 배우는 과정입니다. 문학에 담겨있는 상상의 힘은 세상 모든 말하지 못하는 것들에 대한 신비로움을 느끼며 공감하는 법을 가르쳐줍니다. 그뿐만이 아닙니다. 문학은 홍수처럼 쏟아지는 정보를 비판적으로 분석할 수 있는 능력도 길러줍니다. 다양하고 상반되는 정보를 비교 분석해 숨은 의미를 찾아내는 훈련을 자연스럽게 시켜줍니다. 발도르프 교육은 "틀을 벗어나 생각하고, 하나의 편협한 생각이 아니라 더욱 넓은 관점에서 문제를 바라보는 것"(212쪽)을 추구합니다. 사실 이것은 발도르프학교 뿐만이 아니라 모든 교육의 목표가 되어야 할 것입니다. 문학은 이런 목표를 성취하는데 도움을 줍니다.

청소년기는 어린이에서 어른으로 성장하는 시기입니다. 변화를 미룰 방법은 없습니다. 문학은 이런 여정을 떠나야 하는 청소년들에게 좋은 길잡이가 됩니다. 문학작품에는 다양한 모험을 한 사람들의 이야기들로 가득 차 있습니다. 성배를 찾아 떠난 파르치팔, 월든 호숫가에서 자연친화적인 삶을 실험한 소로, 흰 고래를 세상 끝까지 쫓아간 에이허브 선장, 이들에게는 영웅적인 면모가 보이기까지 합니다. 전 세계에 널리 퍼져있는 신화들을 비교 연구한 신화학자 조지프 캠벨은 모든 영웅 신화에는 공통적으로 찾을 수 있는 하나의 원형이 있다고 주장합니다. 바로 깨달음을 향한 모험입니다. 영웅들은 힘든 모험을 무사히 마치고 정신적 성장을 이룹니다. 이런 모험은 특별한 사람들만 하는 것이 아닙니다. 사람은 누구나 언젠가 자아를 찾는 여정을 떠나기 때문입니다. 모험은 꼭 물리적 거리가 먼 곳으로 떠나야 하는 것은 아닙니다. 자신 안의 목소리에 귀를 기울이는 것이 이런 모험의 시작입니다.

『청소년을 위한 발도르프학교의 문학 수업_자아를 향한 여정』은 청소년들이 자신의 내면을 향한 모험을 시작할 때 도움이 될 서양 문학작품들을 소개하고 있습니다. 그리스 신화부터 현대 시까지 다양한 문학작품 속에서 청소년의 자아와 감수성의 발달 단계에 맞는 작품들을 제시하고, 수업과 토론에 그런 작품들을 활용한 예를 자세히 들려줍니다. 자신의 목소리를 찾는 모험 길에 나선 청소년, 그리고 그런 청소년들에게 나침판이 되어주고 싶은 부모와 선생님은 이 책에서 많은 영감과 실질적인 도움을 함께 얻을 수 있을 것입니다.

옮긴이의 글

작년에 아주 재미있게 읽은 책이 있다. 어린 시절 지진아였지만 아이들에게 글 읽기의 즐거움을 가르치는 교사가 된 경험을 담은 다니엘 페낙의 자전 에세이 『학교의 슬픔』(문학동네, 2014)이다. 특히 인상 깊었던 건 수업을 대하는 저자의 태도였다. 도무지 못 알아듣겠다고 좌절하는 학생에게 저자는 '알파벳 한 글자를 익히는 데 1년이나 걸렸던' 자신의 어린 시절을 이야기하며 위로하지 않는다. 아이가 항의하며 했던 말을 받아쓰기 문장으로 만들어 그 문장으로 문법과 철자를 이해하도록 돕는다. 아이에게 하고 싶은 말을 '가르치는 과목의 언어로만' '지금 현재, 여기, 수업시간 동안, 교실 안에서' 이야기해야 한다고 믿기 때문이다.

인간은 성인이 되어 세상에 나가기까지 20여년에 걸쳐 교육을 받는다. 본래의 의미로 볼 때 학교는 그 성장을 돕기 위한 기관이었겠지만, 현재 한국에서 학교 수업은 인간의 성숙을 위한 '교육'보다는 시험이나 사회가 요구하는 기술 습득의 장으로 전락한 지 오래다. 그 결과 아이들에게 모든 교육 활동은 낱낱이 해체되었다. 학교 수업과 점수 따는 공부가 다르고, 성장 과정에 따른 고민과 교과서 내용이 전혀 연결되지 않는 것을 당연하게 여긴다. 문학 작품은 논술이나 국어 시험을 위한 재료일 뿐이므로 나이와 상관없이 가능한 한 빨리, 많이 읽는 것이 좋다고 여기고, 그것도 문학 자체보다 시험 문제를 잘 풀 수 있는 방향으로 읽는 법을 배운다. 하지만 다니엘 페낙의 말을 빌자면 '우리는 과목들로 빚어졌으며, 심지어 모든 과목의 재료'다. 교과와 지식에 아이를 맞추는 것이 아니라, 아이가 건강한 자아를 가진 존재로 성장하기 위해 학교 공부가 필요한 것이다.

사춘기를 바라보는 시선은 또 어떤가. 중2가 무서워서 외계인(또는 다른 나라)도 쳐들어오지 못한다는 농담은 사실 우리가 그들을 이해하지도 못하고 도와줄 능력도 없다는 고백에 불과하다. 사실 그 무렵부터 시작되는 사춘기는 태아가 모태 밖으로 나오는 탄생만큼이나 어렵고 고통스럽고 중요한 과정이다. 출생 후에 신생아들은 무수히 넘어지고 일어나기를 반복하면서, 그리고 엄청난 끈기와 긍정적인 태도로 실패를 반복하고 연습하면서 조금씩 신체를 통제하는 법을 배우다가 마침내 두 발로 세상을 딛고 일어선다. 사춘기 아이들이 겪는 변화도 이와 다르지 않다. 하지만 첫 번째 탄생과 달리 청소년 시기의 탄생(내면세계의 탄생)은 우리 눈에 보이지 않으며 온전히 그들의 몫이다. 새로 탄생한 내면세계는 신생아처럼 넘어지고 일어서기를 (실수와 실패를) 무수히 반복하면서 세상을 탐색하다가 마침내 자아로 세상에 우뚝 선다.

『청소년을 위한 발도르프학교의 문학 수업』은 미국의 한 발도르프 문학교사가 문학의 언어로 사춘기 아이들의 성장을 돕고 자극하며 동행한 이야기다.

이 책에는 『길가메시』 『오이디푸스 왕』 『신곡』 『햄릿』 『파우스트』 등 필독도서 목록에 흔히 오르는 유명한 작품이 많이 등장한다. 독자 개인이라는 맥락이 빠진 필독도서 목록은 건강에 좋은 식품목록처럼 현실적 도움보다는 의무감이나 불안함만 자극하는 경우가 많다. 시대 배경과 문체가 낯선 고전문학은 읽기가 쉽지 않다. 언어와 문화까지 다르면 어려움은 한층 배가된다. 하지만 외국어 익히듯 색의 언어, 음악의 언어를 익히고 나면 전혀 다른 세계가 보이고 들리기 시작하듯이 문학도 마찬가지다. 문학은 인류가 겪어왔던 의식 발달의 원형적 기록이기에 현재 그 의식 발달의 길을 걷고 있는 청소년(과 나이는 성인이지만 그 점에선 그들과 크게 다르지 않은 우리)들에게 자신의 모습을 비춰주고 지향점을 찾게 하는 중요한 수단이다. 이 책은 청소년과 성인 모두에게 정작 읽어볼 엄두는 내지 못한 채 마음 한구석에 담아두었던 위대한 문학작품들을 선뜻 집어 들게 할 수 있는 좋은 안내서다.

이 책의 또 다른 장점은 세심한 관찰과 오랜 경험으로 9~12학년 청소년들의 발달상의 특징을 섬세하게 구별해준 것이다. 단순히 영유아기라고 해서는 기어 다니는 아기와 걸음마 하는 아기의 차이를 인식하기 어렵듯이, 생후 첫 3년만큼 짧은 시간 안에 엄청난 변화가 일어나는 청소년기를 13~18세 시기 또는 사춘기라고 단순화시켜서는 한 해 한 해 그들의 눈빛이나 내적 요구가 달라지는 것을 파악하기 어렵다. 물론 모든 아이가 저마다의 속도와 모습으로 성장하지만 그래도 공통된 큰 흐름은 분명히 존재한다.

사실 이 책은 문학 수업을 위한 지침서라기보다 (발도르프 상급과정 문학교사를 제외하고는) 청소년의 발달을 이해하고 싶은 사람들에게 권하고 싶은 책이다. 한국의 발도르프학교에서 12년째 아이를 키우고 있는 학부모로서 역자는 천사 같던 어린아이들이 어느 날 갑자기 (밤새 누가 바꿔치기라도 한 듯) 몰라보게 달라지는 과정과 12학년이 되면서 또 갑자기(!) 위태위태하던 눈빛이 차분하고 진지해지는 기적 같은 변화를 몇 해째 지켜보았다. 2010년 학교 번역팀으로 처음 이 책의 번역을 시작했다가 출판을 위해 처음부터 다시 번역을 하고 다듬는 동안 어느덧 아이는 12학년이 되었다. 책에서 미리 읽었다고 해도 현실에서 겪는 일은 늘 새롭고 허둥지둥하기 마련이다. 그래도 그 몇 년 동안 번역을 위해 이 책을 수십 번 되풀이 읽었던 것은 내게 말할 수 없이 큰 힘이 되어주었다. 이제 독자들에게도 그 따뜻한 위로와 통찰이 전해지기를 바란다.

서두에서 아이가 건강한 자아를 가진 존재로 성장하기 위해 학교 공부가 필요한 것이라고 했다. 하지만 주객이 전도되고 객이 주인을 지배한 세월이 너무도 오래라 이 당연한 말이 몽상가의 꿈처럼 들리는 것 또한 현실이다. 현재 한국에서 청소년들이 '건강한 성장을 위한 자극과 길잡이'로 문학 수업을 받기란 쉽지 않다. 하지만 이 책의 진정한 매력은 청소년이 아니라 부모와 교사가 스스로 여기 소개된 작품을 읽으며 자신의 인식을 새롭게 성장시키고 싶은 욕구를 느끼는 데 있다. 요즘 활발한 인문고전 읽는 움직임처럼 우리 스스로, 또 아이들과 함께 살아있는 교육을 통한 진정한 성장을 경험하다 보면 본문에서 반복해서 이야기하듯 '아이들 성장의 요구에 따라' 교과과정을 만들고 교육하는 것을 당연하게 여기게 될 것이다.

지금까지 몇 권의 책을 내면서 늘 새롭게 깨닫듯 한 권의 책은 수많은 사람들의 도움과 협력을 입어 탄생한다. 처음 이 책과 인연을 맺게 해주었던 이경을 비롯한 당시 번역팀의 송영옥, 오지원, 양숙녀, 이혜진님, 좋은 책으로 세상에 작은 빛을 밝히기를 바라며 열악한 환경 속에서 웃으며 나가는 사랑하는 출판사 식구들, 건강한 교육을 실현시키고자 애쓰는 발도르프 교사들, 그리고 무엇보다 12년 동안, 아니 그 훨씬 이전부터 나를 오늘 여기에 이르도록 영감을 주고 이끌었던 아들과 늘 든든한 언덕이 되어준 남편에게 사랑과 감사를 전한다.

2015년 6월 14일 일요일

하주현

발도르프 교과 시리즈

발도르프학교의 미술 수업 1~12 학년

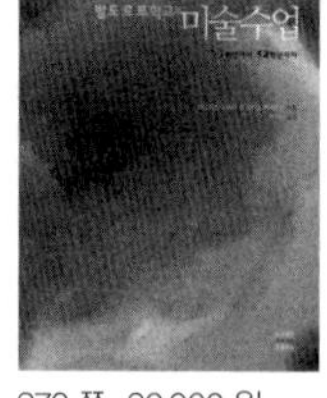
270 쪽 30,000 원

마그리트 위네만, 프리츠 바이트만 지음 **하주현** 옮김

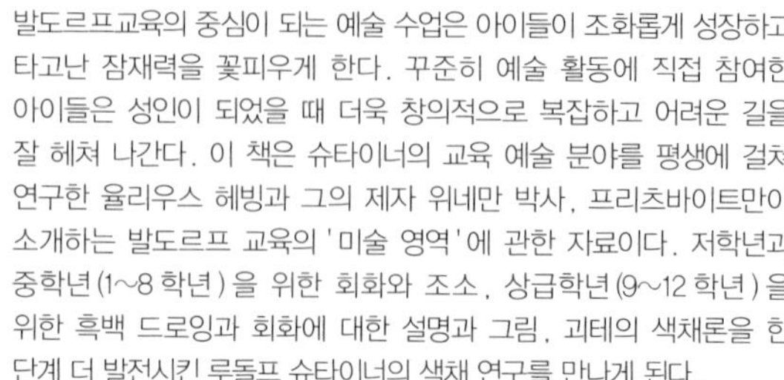
발도르프교육의 중심이 되는 예술 수업은 아이들이 조화롭게 성장하고 타고난 잠재력을 꽃피우게 한다. 꾸준히 예술 활동에 직접 참여한 아이들은 성인이 되었을 때 더욱 창의적으로 복잡하고 어려운 길을 잘 헤쳐 나간다. 이 책은 슈타이너의 교육 예술 분야를 평생에 걸쳐 연구한 율리우스 헤빙과 그의 제자 위네만 박사, 프리츠바이트만이 소개하는 발도르프 교육의 '미술 영역'에 관한 자료이다. 저학년과 중학년(1~8 학년) 을 위한 회화와 조소, 상급학년(9~12 학년) 을 위한 흑백 드로잉과 회화에 대한 설명과 그림, 괴테의 색채론을 한 단계 더 발전시킨 루돌프 슈타이너의 색채 연구를 만나게 된다.

발도르프학교의 수학 수학을 배우는 진정한 이유

400 쪽 25,000 원

론 자만 지음 **하주현** 옮김

아라비아 숫자보다 로마숫자로 산술 수업을 시작하는 것이 좋다, 사칙 연산을 통해 도덕을 가르친다, 사춘기 시작과 일차 방정식은 무슨 상관이 있을까? 세상의 원리를 알고 싶어 눈을 반짝거리는 아이들이 11 세 ~14 세, 17 세 나이가 되면 왜 수학에 흥미를 잃는가. 40 년 동안 발도르프학교에서 수학을 가르쳐온 저자가 수학의 재미를 찾아 주는 통찰력 있고 유쾌한 수학 지침서. 초보 교사들도 자신감 있게 수업할 수 있도록 아동기부터 사춘기까지 발달에 맞는 수학 수업을 제시하고 일상을 바탕으로 만든 수학 문제와 풍부한 예시를 실었다.

8 년간의 교실 여행 발도르프학교 이야기

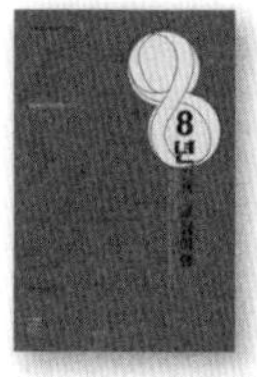
264 쪽 14,000 원

토린 M. 핀서 지음 **청계자유발도르프학교** 옮김

한국의 첫 발도르프학교를 꿈꾸며 함께 공부하며 만든 책. 8 년 동안 같은 아이들의 담임을 맡아 지내 온 한 교사의 교실 여정

머리말에서 _이 책이 오늘날의 또 그들과 함께 길을 가는 행운을 누리고 있는 교사들에게 발도르프 교육이 지닌 뛰어난 치유력을 보여 주었으면 한다.

루돌프 슈타이너 저서 강의록

꿀벌과 인간

루돌프 슈타이너 강의 **최혜경** 옮김

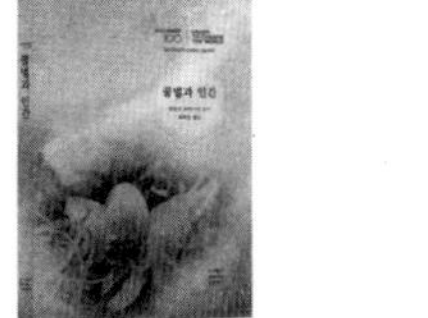
236쪽 20,000원

발도르프교육 100주년 기념 출간. 괴테아눔 건축 노동자를 위한 강의 중 '꿀벌' 주제에 관한 강의 9편 모음. 양봉가의 질문으로 시작되는 이 강의록에서 노동자들의 거침없는 질문에 답하는 루돌프 슈타이너를 만난다. 꿀벌과 같은 곤충과 인간과 세계의 연관성을 설명하고, 이 연관성을 간과하고 양봉과 농업이 수익성만 중시한다면 미래에 어떤 일이 일어날 수 있는지 경고한다. GA351

신지학 초감각적 세계 인식과 인간 규정성에 관하여

루돌프 슈타이너 강의 **최혜경** 옮김

304쪽 20,000원

이렇게 인간은 세 가지 세계의 시민이다. 신체를 통해서 지각하는 세계에 자신의 신체를 통해서 속한다. 인간은 영혼을 통해서 자신의 세계를 구축한다. 이 두 세계를 초월하는 세계가 인간에게 정신을 통해서 드러난다. 감각에 드러나는 것만 인정하는 사람은 이 설명을 본질이 없는 공상에서 나온 창작으로 여길 것이다. 하지만 감각 세계를 벗어나는 길을 찾는 사람은, 인간 삶이 다른 세계를 인식할 때에만 가치와 의미를 얻는다는 것을 머지않아 이해하도록 배운다.(본문에서) 인지학 기본서로 꼽힌다. GA9

내 삶의 발자취

루돌프 슈타이너 지음 **최혜경** 옮김

760쪽 35,000원

루돌프 슈타이너가 직접 어린 시절부터 1907년까지 인생노정을 돌아본 글. 〈인지학 협회〉가 급속도로 성장하자 기이한 소문이 돌기 시작하고 상황을 염려스럽게 본 측근들 요구에 따라 주간지에 자서전형식으로 78회에 걸쳐 연재하였다. 인지학적 정신과학의 연구 방법이 어떻게 생겨나 완성되어 가는지 과정을 파악하는데 중요한 자료. GA28

교육서 성인

인생의 씨실과 날실

베티 스텔리 지음 **하주현** 옮김

336 쪽 25,000 원

너의 참모습이 아닌 다른 존재가 되려고 애쓰지 마라. 한 인간의 개성을 구성하는 요소인 4 가지 기질, 영혼 특성, 영혼 원형을 이해하고 인생 주기에서 나만의 문명으로 직조하는 방법을 모색해 본다. 미국 발도르프 교육기관에서 30 년 넘게 아이들을 만나온 저자의 베스트셀러

책속에서 _ 타고난 재능과 과제, 삶을 대하는 태도, 세상을 바라보는 눈은 우리도 깨닫지 못하는 사이에 인생에서 씨실과 날실이 되어 독특한 문양을 만들어낸다.

우주의 언어 기하 기본 작도 연습

존 알렌 지음 **하주현** 옮김

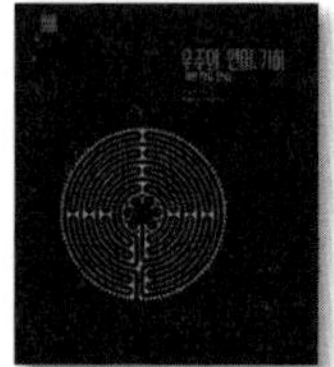

104 쪽 18,000 원

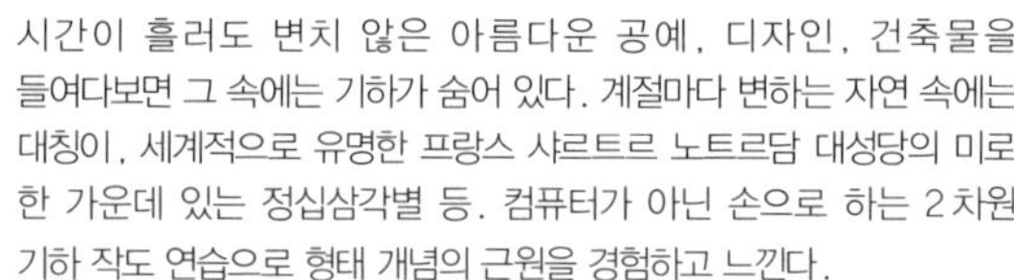

시간이 흘러도 변치 않은 아름다운 공예, 디자인, 건축물을 들여다보면 그 속에는 기하가 숨어 있다. 계절마다 변하는 자연 속에는 대칭이, 세계적으로 유명한 프랑스 샤르트르 노트르담 대성당의 미로 한 가운데 있는 정십삼각별 등. 컴퓨터가 아닌 손으로 하는 2 차원 기하 작도 연습으로 형태 개념의 근원을 경험하고 느낀다.

배우, 말하기, 자유

피터 브리몬트 지음 **이은서 하주현** 옮김

282 쪽 15,000 원

연극을 위해서 인물 분석에 몰두하기 보다는 인물의 '말하기' 속에 있는 고유한 역동을 느끼고 훈련하는 것이 중요하다고 강조하고, '루돌프 슈타이너가 제안하는 6 가지 기본 자세' 등 움직임에 대한 이론과, 적용을 위한 연습 30 가지 소개. 저자가 소개하는 연습 방법에 따라 셰익스피어 작품 주요 장면을 읽다 보면 알지 못했던 작품의 매력이 성큼 다가올 것이다. 연극 수업 추천도서

Thomas Cole ,1842 _Oil on canvas _132.8cm × 198 .1 cm

장년기 MANHOOD

시커먼 하늘과 비바람 속에서 배는 급류를 향해 내려간다.
천사는 보이지 않는 곳에서 지켜보고 있다

Thomas Cole ,1842 _Oil on canvas _133.4 cm × 196.2 cm

노년기 Old Age

장식이 손상된 낡은 배가 잔잔한 물 위를 헤치며 나간다.
수호천사는 다시 가까이에서 노인을 빛으로 안내한다.
멀리서 또 다른 천사가 마중 나오고 있다